高等学校创新创业课程系列教材

大学生创新创业基础

DAXUESHENG CHUANGXIN CHUANGYE JICHU

主　编　肖　强　陈　刚　褚庆柱
副主编　王乐昌　王　帅　刘奕辰

中国教育出版传媒集团
高等教育出版社·北京

内容提要

本书是高等学校创新创业课程系列教材之一。全书共九章，分别是创新创业基础概论、创业时代、创业者、创业机会、创业团队、商业模式、创业计划书、创业资源、新企业的创办与管理。

本书体系完整、内容翔实、案例丰富、结构合理，既可作为普通高等学校创新创业课程教材，也可作为社会人士自学用书。

图书在版编目(CIP)数据

大学生创新创业基础/肖强，陈刚，褚庆柱主编.—北京：高等教育出版社，2023.1

ISBN 978-7-04-054829-7

Ⅰ.①大… Ⅱ.①肖… ②陈… ③褚… Ⅲ.①大学生-创业-高等学校-教材 Ⅳ.①G647.38

中国版本图书馆CIP数据核字(2020)第143657号

策划编辑 张正阳 **责任编辑** 张正阳 **封面设计** 张文豪 **责任印制** 高忠富

出版发行	高等教育出版社	**网　址**	http://www.hep.edu.cn
社　址	北京市西城区德外大街4号		http://www.hep.com.cn
邮政编码	100120	**网上订购**	http://www.hepmall.com.cn
印　刷	江苏凤凰数码印务有限公司		http://www.hepmall.com
开　本	787 mm×1092 mm 1/16		http://www.hepmall.cn
印　张	14.25		
字　数	297千字	**版　次**	2023年1月第1版
购书热线	010-58581118	**印　次**	2023年1月第1次印刷
咨询电话	400-810-0598	**定　价**	35.00元

物 料 号 54829-00

前　言

为积极响应国家“大众创业，万众创新”的号召，更好地贯彻落实国务院办公厅《关于深化高等学校创新创业教育改革的实施意见》（国办发〔2015〕36号）精神，把创新创业教育贯穿人才培养全过程，将创新创业教育与专业教育相结合，将创新创业教育与职业发展相结合，将创新创业教育与学生兴趣爱好相结合，培育学生创新精神，激发学生创业意识，提升学生创造能力，培养具有“创意思维、创新精神、创造能力、创业本领”的“四创”人才，这是编者组织编写本教材的主要目的。

2015年5月13日，国务院办公厅下发《关于深化高等学校创新创业教育改革的实施意见》，要求各高校面向全体学生开发创新创业基础等方面的必修课和选修课，并纳入学分管理。这标志着中国的创新创业教育由精英教育向通识教育的转变。为满足高校创新创业通识教育的新需求，编写一本既符合我国当代大学生创新创业教育实际和发展需求，又融合国内外创新创业教育的最新理念和优秀成果的教材，编写组历时一年时间，查阅了大量创新创业的教材和研究著作，咨询了多位创业管理和创业基础教育的专家学者，并借鉴了多所国外大学创新创业课程的先进理念和教学方法，如百森商学院的“管理和创业基础”、麻省理工学院的“科学创业”、斯坦福大学的“设计思维”等，在此基础上，编者对我国当代大学生创新创业教育做了很多本土化的思考、研究和尝试，最终完成了本教材的编写。

本教材是大学生创新创业教育的基础教材，有助于学生了解创新创业的基本内容和流程，培养学生的创新思维方式、创造方法、创新创业精神、创业技能，播下创新创业的种子。教材系统阐述了创新创业的基本概念、创业者和创业团队、创业机会和创业风险、创业资源、创业计划、新企业的开办等主要创新创业教育内容。本教材具有以下特色：

（1）以引导为目标，突出可读性。教材以创业实际需要为基础，凸显实操性；融入鲜活案例故事，可读性强；理论扎实，语言通俗化，整体风格通俗易懂，能够更有效地引导学生去思考和感悟。

（2）以问题为导向，突出针对性。教材以问题为导向，教学针对性强。内容遵循青年学生群体认知规律，解答学生特别关注的一些问题和困惑，并提出中肯的建议。

（3）先案例，后理论，再反思。教材在章节编排上以本章要点—创业语录—章节导图—案例导读—正文—延伸阅读—课堂讨论—模拟实训—本章小结—给大学生的建议为序，多种形式激发学生的思维活跃度。

本教材适用于不同的专业、不同的年级对创新创业基础知识的学习，对学生的基础知识和学科背景没有要求。教师也可根据教学对象和授课学时不同，灵活选择相关内容进行重点学习。

本教材是教育部产学合作协同育人项目“创新创业基础课程建设与实践研究”（201802086080）、青岛科技大学2018年度教学改革研究项目“创新创业基础课程教学与实践融合模式研究”（2018MS08）的研究成果。本教材是全体编写人员共同努力的成果。肖强、陈刚负责拟定编写框架，确定编写内容。全书共分为九章，第一章由肖强、吕英涛编写，第二章由王乐昌、褚庆柱编写，第三章由王乐昌、王卉卉编写，第四章由王聪、王帅编写，第五章由王卉卉、刘奕辰编写，第六章由王聪编写，第七章由王伟欣编写，第八章由林琳编写，第九章由肖强、王乐昌编写。肖强、王乐昌对全书进行统稿，王帅、刘奕辰负责文稿校对。

本教材在编写过程中，借鉴和参考了许多学者的研究成果，虽已尽量随文注出，但未能注明的一定还有，在此一并表示感谢和歉意。为丰富教材的内容，增强可读性和时效性，本教材还引用了众多网络公开的创业案例故事，在此对案例的编写者表示感谢，向案例故事中的创业者致敬！

由于时间仓促和编者的理论水平及实践经验有限，书中难免存在纰漏和不当之处，敬请广大读者批评指正。

编　者

2022年12月

目　录

第一章　创新创业基础概论

本章要点

- 创业的概念是什么，创业要素有哪些。
- 什么是创业精神，什么是创新精神。
- 创新与创业的关系是什么。

创业语录

处处是创造之地，天天是创造之时，人人是创造之人。

——中国著名教育家　陶行知

人的时间有限，不要把宝贵的时间浪费在重复其他人的生活上，人活着就是要找到你真正所爱的东西，让每天都精彩绝伦，人活着就是要改变世界！

——苹果公司联合创办人　史蒂夫·乔布斯

章节导图

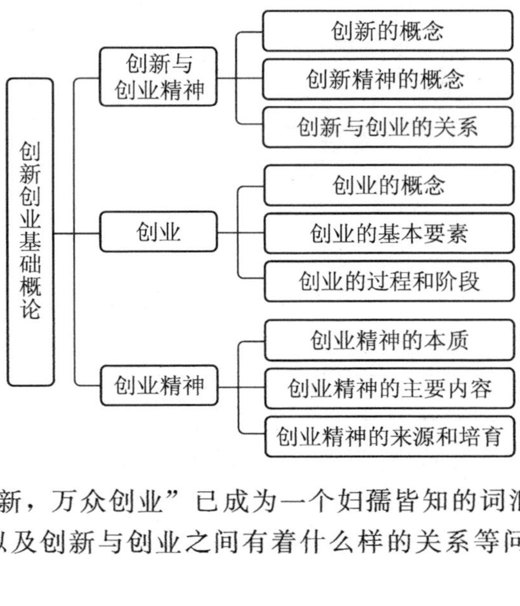

近年来，“大众创新，万众创业”已成为一个妇孺皆知的词汇。但是，对于什么是创新，什么是创业，以及创新与创业之间有着什么样的关系等问题，还有很多人不明

白，不了解，还有很多人认为创新与创业离自己很遥远，我可能没有这个能力去创新、创业。作为本书的开篇，我们首先带大家来认识创新与创业，揭开创新创业的面纱。

第一节 创新与创新精神

案例导读

华为式创新实践

华为的创新实践之一——技术创新

华为在欧洲等发达国家市场的成功，得益于两大架构式的颠覆性产品创新：一个叫分布式基站，一个叫 Single RAN。后者被沃达丰的技术专家称作“很性感的技术发明”。这一颠覆性产品的设计原理，是在一个机柜内实现 2G、3G、4G 三种无线通信制式的融合功能，理论上可以为客户节约 50%的建设成本，也很环保。华为的竞争对手们也企图对此进行模仿创新，但至今未有实质性突破。因为这种多制式的技术融合背后有着复杂无比的数学运算，并非简单的积木拼装。

华为的创新实践之二——“工者有其股”的制度创新

从常理上讲，任正非完全可以拥有华为的控股权，但创新一定是反常理的。从华为创立的第一天起，任正非就给知识劳动者的智慧——这些非货币、非实物的无形资产进行定价，让“知本家”作为核心资产，成为华为的股东和大大小小的老板。到目前为止，华为有将近 8 万名股东。最新的股权创新方案是，外籍员工也将大批量地成为公司股东，从而实现完全意义上的“工者有其股”。这无疑是人类有商业史以来未上市公司中员工持股人数最多的企业，也无疑是一种创举，既体现着创始领袖的奉献精神，也考验着管理者的把控能力：如何在如此分散的股权结构下，实现企业的长期使命和中长期战略，满足股东阶层、劳动者阶层、管理阶层的不同利益，从而达成多种不同诉求的内外部平衡，这其实是极富挑战的。从这一意义上看，这种颠覆性创新具有独特的标本性质。

华为创新实践之三——市场与研发的组织创新

市场组织创新，即所谓的“一点两面三三制”。什么叫作“一点两面”呢？尖刀队先在“华尔街的城墙”（任正非语）撕开口子，两翼的部队蜂拥而上，把这个口子从两边快速拉开，然后，“你离成功就不远了”。“三三制”指的是组织形态。华为在市场组织建设上的这种模仿式创新，对华为 20 多年的市场成功助益甚多，至今仍然被市场一线的指挥官们奉为经典。

研发体制创新。固定网络部门用工业的流程在做研发，创造了一种模块式组织——把一个研发产品分解成不同的功能模块，在此基础上成立不同的模块组织，每个组织由四五个精干的专家组成，分头进行技术攻关，各自实现突破后再进行模块集成。这种研发体制的优势在于：第一，大大提高了研发速度。第二，每一模块的人员都由精英构成，所以每个功能模块的错误率很低，集成的时候相对来说失误率也低。

华为创新实践之四：决策体制的创新

轮值首席运营官（COO）是华为独特的决策体制创新，即7位常务副总裁轮流担任COO，每半年轮值一次。

任正非远离经营，甚至远离管理，变成一个头脑越来越发达，“四肢越来越萎缩”的领袖。真正的大企业领袖在企业进入相对成熟阶段时一定是“畸形”的人，头脑极其发达，聚焦于思想和文化，以及企业观念层面的建设；“四肢要萎缩”，四肢不萎缩，就会时常指手画脚，下面的人就会无所适从。华为的轮值COO、轮值首席执行官（CEO）制度，从体制上制约了山头文化的做大，为公司包容、积淀了很多来自五湖四海的杰出人才。同时这种创新体制也使整个公司的决策过程越来越科学化和民主化。华为已经从早年的高度集权演变到今天的适度民主加适度集权的组织决策体制。

一、创新的概念

“创新”一词在《现代汉语词典》中的解释是：抛开旧的，创造新的。在《辞海》中的解释是：“创”是创始、首创；“新”是初次出现或改旧、更新。

对于创新的理解一直以来就有许多误区。在有些人眼中创新就代表着高科技，新的技术与发明；有些人感觉创新是一件风险非常高的事情，一旦投入可能会给自己带来巨大的损失；也有人认为创新是极少数具有超人才智与天赋的人类精英的特权。

现代管理大师彼得·德鲁克用自己的思考消除了人们的这些偏见。在他的眼中，创新既不是科学，也不是艺术，而是一种实践，是人们系统化地思考和利用新的机遇满足人类的需求的行动。高科技仅仅是创新活动中很小的部分，准确地讲，创新应当是“新科技”，是将知识全新地应用到人类工作中的结果。另外，创新并不意味着高风险，大量的失败案例表明，很多著名公司的衰亡都是源于对创新机会的忽略，创新与创业的风险很大程度上来源于创业者自身的不足，在他们当中，很少有人知道自己正在干什么，他们缺少方法论的指导，并违背了基本且众所周知的规则。

创新更不是某些天才人物的特权，而是来源于系统化的思考。系统化的思考就是有目的、有组织地寻求变革，以及对于这类变革可能提供给经济和社会创新的机遇进行系统化地分析。创新与创业精神的本质就是对于现状的不满足，不断地思考，努力进取的态度与精神。

一个成功的创新始于对机遇有目标、有系统地分析，而不仅是一个个聪明的创意；成功的创新都是从小事做起，围绕某一特定事物展开，而不是一开始就规模庞大，或一次开始多种创新；成功的创新是为现在而创新，目的在于取得市场的领导地位，而不是为了未来而创新。除此之外，成功的创新还需要勤奋、毅力和奉献。创新必须接近市场，以市场为中心展开。为赢得创新的成功，创新者必须充分发挥自身的长处。

二、创新精神的概念

创新精神属于科学精神和科学思想范畴，是进行创新活动必须具备的一些心理特征，包括创新意识、创新兴趣、创新胆量、创新决心，以及相关的思维活动。

创新精神是一种勇于抛弃旧思想和旧事物，创立新思想和新事物的精神和行为。主要表现在以下方面：不满足已有认识（掌握的事实、建立的理论、总结的方法），不断追求新知；不满足现有的生活和生产方式、方法、工具、材料、物品，根据实际需要或新的情况，不断进行改革和革新；不墨守成规（规则、方法、理论、说法、习惯），敢于打破原有框框，探索新的规律、新的方法；不迷信书本、权威，敢于根据事实和自己的思考，质疑书本和权威；不盲目效仿别人，不人云亦云，坚持独立思考，说自己的话，走自己的路；不喜欢一般化，追求新颖、独特、异想天开、与众不同；不僵化、呆板，灵活地应用已有知识和能力解决问题等，这些都是创新精神的具体表现。

创新精神提倡独立思考、不人云亦云，并不是不倾听别人的意见、孤芳自赏、固执己见、狂妄自大，而是要团结合作、相互交流，这是当代创新活动不可或缺的方式；创新精神提倡胆大、不怕犯错误，并不是鼓励犯错误，只是强调错误认识是科学探究过程中不可避免的；创新精神提倡不迷信书本、权威，并不反对学习前人经验，任何创新都是在前人成就的基础上进行的；创新精神提倡大胆质疑，而质疑要有事实和思考的根据，并不是虚无主义地怀疑一切。总之，要用全面、辩证的观点看待创新精神。只有具备创新精神，才能在未来的发展中不断开辟新的天地。

三、创新与创业的关系

以前我们经常将创新与创业割裂开来谈，而将创新与创业放在一起，作为一个词汇来谈不过是近几年的事情。那么，这两者之间是什么关系，我们为什么将两者紧密地联系在一起？

关于创新和创业之间关系的探讨，可以从熊彼特和德鲁克的研究中得到一些启示。熊彼特的创新理论指出：创新来源于创业，创新应该成为评判创业的标准。在他看来，企业家的职能就是实现创新，而创业活动则是创造竞争性经济体系的重要力量。熊彼特把新组合的实现称为创业，把以实现新组合为基本职能的人称为企业家。德鲁克基于对美国社会如火如荼的创业现象和大量案例的研究，提出“企业家从事创新，而创新是展现创业精神的特定工具，是赋予资源一种新的能力，使之成为创造财富的活动”。可见，管理学大师们早已注意并努力探索创新与创业之间的联系。实质上，创新和创业之间有着无法分割的关系。

(一)创新是创业的动力和源泉

创新是创业的源泉,是创业的本质。创业通过创新拓宽商业视野、获取市场机遇、整合独特资源、推进企业成长。要进行创业必须具备一定的条件,创新能力、技术、资金、创业团队、知识和社会关系等都是重要的创业资本,但其中创新能力可以说是最重要的创业资本,创业者在创业过程中需要具有持续旺盛的创新精神、创新意识,需要独特、活跃、科学的思维方式,这样才可能产生富有创意的想法或方案,才可能不断寻求新的思路、新的方法、新的模式、新的出路,最终获得创业成功。创业企业的不断发展壮大更是必须依靠持续创新。纵览世界,绝大多数今天的工业巨擘,四五十年前大都是名不见经传的小公司,有的甚至尚未创建。它们之所以能够获得今天的辉煌,其根本原因在于以创新开始创业,以不断创新追求卓越,从而推进了企业持续快速发展。

(二)创新的价值在于创业

从某种程度上讲,创新的价值就在于将潜在的知识、技术和市场机会转化为现实生产力,实现社会财富增长,造福人类社会。实现这种转化的根本途径就是创业,否则,创新也就失去了意义。创业者可能不是创新者或发明家,但必须具有能发现潜在商业机会并敢于冒险的特质。创新者也并不一定是创业者或企业家,但科技创新成果必须经由创业者推向市场。使其满在价值市场化,创新成果才能转化为现实生产力。历史上每次划时代的创新成果往往都是通过创业进入市场,进而催生出一个或若干庞大的产业部门,为社会、企业和创业者带来巨额财富。如 1876 年发明的电话成就了全球通信产业和诺基亚、摩托罗拉、贝尔、朗讯等大批跨国公司;1885 年发明的汽车造就了通用、福特等一批世界级汽车业巨头;1903 年发明的飞机开创了波音、空中客车等公司辉煌的业绩;1946 年制造出来的第一台计算机使得 IBM 和英特尔成了世界的霸主;个人计算机诞生于 1981 年,催生了成长业绩惊人的微软、戴尔等世界级企业;1995 年前后电子商务投入市场,亚马逊、阿里巴巴等一批网络企业应运而生。

(三)创业必然蕴含着创新

很多创业者依靠创新的产品或服务而创业,并努力将创新产品或服务推向市场,创造财富,造福社会。从这点看,创业实际上是一种不断挑战自我的创新过程,正如德鲁克所说,创业精神是个创新过程,在这个过程中,新产品或服务机会被确认、被创造,最后被开发出产品并创造新的财富。现存企业要想取得持续竞争优势,求得更大的生存发展空间,就必须进行组织战略上的优化更新、经营业务上的拓展更新或生产技术上的发明创造等来增强其竞争能力,我们将这些创新活动称为企业的内创业活动。内创业也就是在一个现存企业内进行的创造或创新活动的过程,包括新产品、新服务、新技术的开发和创造。从这个意义上来看,作为创业类型之一的内创业本质上也是一种创新，所以创业必然蕴含着创新。

（四）创业推动并深化创新

创业可以推动新技术、新产品、新服务的不断涌现，创造出新的市场需求，从而进一步推动和深化科技创新，提高企业或是整个国家的创新能力，推动经济增长。美国国家科学基金会和美国商业部等机构在20世纪80年代和90年代发表的报告表明，第二次世界大战以后，美国创业型企业的创新占美国全部创新的一半以上和重大创新的95%。

延伸阅读

熊彼特和德鲁克的创新理念

奥地利经济学家熊彼特是创新理论的奠基者，他早在1911年出版的德文版《经济发展理论》一书中，就论述了关于经济增长非均衡变化的思想，此书译成英文时，使用了“创新”（innovation）一词。按照熊彼特的观点，所谓“创新”，就是建立一种新的生产函数，即把一种新的生产要素和生产条件重新组合起来，并引入新的生产体系。在他看来，作为资本主义“灵魂”的“企业家”的一项重要职能就是不断实现“创新”，引进“新组合”。所谓“经济发展”也就是指整个资本主义社会不断地实现这种“新组合”。熊彼特所说的“创新”“新组合”或“经济发展”，包括引进新产品、引用新技术、开辟新市场、控制原材料的新供应来源、实现企业的新组织。这五种类型的创新都是技术创新。20世纪末，创新已成为经济发展、社会进步的原动力，创新的内涵也越来越丰富。人们普遍认为，创新是人类在各种创造性活动中，凭借个性直觉，利用已有的知识和经验，提出新颖而独特的问题并解决问题的过程，进而提出新概念、新知识、新价值等。现代社会人们的各种创新活动已成为经济发展的主要因素。因此，创新理论成为一种经济发展观。

现代管理大师彼得·德鲁克在《动荡年代的管理》一书中发展了创新理论。他认为，创新的含义是有系统地抛弃昨天，有系统地寻求创新机会，在市场薄弱的地方寻找机会，在新知识萌芽时期寻找机会，在市场的需求和短缺中寻找机会。创新是赋予资源新的创造财富能力的行为。任何使现有资源的财富创造潜力发生改变的行为，都可以称为创新。他还在《创新与创业精神》一书中提出，创新是企业家的特定工具。他们利用创新改变现实，作为开创其他不同企业或服务项目的机遇。德鲁克曾一针见血地指出，要进行系统化的创新，企业需要在每隔6～12月就打开企业的天窗，看一看外面的世界。德鲁克将“机会的窗口”分类归纳为七项，并指出这七扇窗是任何一家公司都可以进行的、可靠的创新来源。德鲁克认为，对于大企业来说，创新是有意识、有目的地寻求机会的结果。而这七扇窗的打开毫无疑问为大企业的创新带来了这样的机会。这七扇窗分别是意外事件、不协调的事件、程序需求、行业和市场变化、人口结构的变化、认知上的变化、新知识。

课堂讨论

1. 说说你是如何理解创新与创业定义的？与书中的定义相比，有什么不同？
2. 将自己理解的创新与创业和同学的观点相比较，有什么不同？

第二节 创 业

案例导读

青春最是创业时

杨健，大连海事大学博士生，大米科技＆九维健康创始人、董事长。创办、收购了七家公司，业务从IT到动漫，企业员工达200多人，企业产值居国内动漫领域前列。但曾经身无分文的他，靠透支信用卡为唯一的员工发工资，创业的艰辛一次次把他抛向失败的绝境，但坚持，让他最终赢得成功的辉煌。

杨健的创业意识始于大学二年级。那时，他和同学一起做学校的学生门户网站，随后又创办了自己的网站，一度成为校内规模最大的学生网站。本科毕业后他以综合排名第一被保送读研究生，同时，还获得了出国留学的机会。但杨健却做了一个令人意想不到的决定——参加中国青年志愿者扶贫接力计划研究生支教团，远赴青海做一年的志愿者。他说，创业，需要经过基层的磨炼，需要经受艰苦的洗礼，需要培养百折不挠的精神。

2005年夏天，志愿服务结束，杨健回校读研究生，也踌躇满志地开始了创业生涯。在政府提供的4万元创业资金的扶持下，杨健创办了他的第一家公司。可因为摊子铺得太大，不但没有迅速打开局面，还在现实中碰得头破血流。更可怕的是，就在公司举步维艰的时候，更大的打击接踵而至：网站服务器磁盘阵列出错，丢失了多年积累下的大量网络资源；租赁的写字楼到期；公司从鼎盛时的60多人衰落到只剩下一名员工。

就这样半途而废吗？“不！要坚持下去。”不曾泯灭的创业理想让杨健心中充满对成功的渴望。他没有被困难打倒，反而比任何时候都更加努力。

杨健把公司搬到了学校临时借给他的一间旧房子里。在这里，他和唯一的员工夜以继日地做开发、测试。他把所学的法学专业知识和软件开发结合起来，开发出国内首套具有自主知识产权的律师事务所信息管理系统。由于适应了市场的需求，很短时间内就卖出了20多套，使濒临死亡的公司重获新生。

2008年，与一家文化传媒企业的合作不顺，再一次把杨健抛进了失败的境地。但这一次，他在失败中看到了动漫产业的前景，一鼓作气创办和并购了多家动漫公司。由于抓住了动漫产业快速发展的先机，公司在短短的两年时间里，迅速发展成为动漫领域的知名企业。公司的十几部原创动漫作品在法国、德国、英国、新加坡等地发行。如今，拼搏创业的经历让杨健获得了辽宁省大学生自主创业先进个人等多项荣誉。

2017 年 10 月，杨健作为 20 名中国青年杰出代表之一，应邀请参加“金砖国家青年论坛”，并代表中国青年企业家参加“第七届中英青年领导者圆桌会议”。

“青春最是创业时！”尝过失败的滋味，此时的杨健更懂得成功的真谛。他无限感慨地说：“我们是风华正茂的大学生，我们精力充沛，我们拥有知识，我们就该敢闯敢拼。”

一、创业的概念

关于“创业”，我国最早出现于《孟子·梁惠王下》：“君子创业垂统，为可继也。”诸葛亮也曾在《出师表》中写道：“先帝创业未半，而中道崩殂。”以上两处提到的“创业”均为创立功业和基业。《辞海》对创业的解释是“创立基业”。“业”字内涵丰富，《现代汉语词典》的解释为：行业、学业、职业、产业、财产等。“创”字主要强调开端和开创的艰辛和困难，突出过程的开创和创新意义，侧重于在前人的基础上有新的成就和贡献。可以这样理解，创业是指开创基业或创办事业，是自主地开拓和创造业绩与成就。

概括地说，创业有狭义和广义之分。狭义的创业是指开创新的企业，在英文中常用“startup”一词。人们当下所说的创业多是狭义的创业，即创办一家企业。创业是谋划、创建和运营企业的过程，例如创建一家提供产品或服务的企业的过程。创业的人有能力且愿意谋划、组织和管理一家风险和利益并存的创业企业。

广义的创业是指开创新的事业，在英文中常用“entrepreneurship”一词。在广义的创业中，除了强调创业行为外，更强调在创业行为中所体现的创新创业的精神对于创业行为的重要性。相比起狭义的创业，广义的创业涵盖的范围和深度都有所扩展。创业是一个寻找机会、开发产品、利用资源、制订和实施计划的不断试验和往复循环的过程，这个过程包含很多通用的思考和推理的行动和方法。这个定义不仅仅意味着创办新企业、筹集资金和提供就业机会，还意味着孕育人类的创新精神和改善人类的生活。

在当今创业大潮下，人们往往更加关注创建企业本身，每天苦于对创业机会、创业资源的寻觅和开发，投入大量的时间和金钱在创业实践当中，而忽视了对于影响创业本身的创业精神和创业技能的学习。甚至有些人认为创业精神和技能是天生的，是不能讲授的。而著名管理学家彼得·德鲁克（Peter F. Drucker）曾说过，“创业不是什么魔术，它既不神秘，也与基因无关。”创业是一门学科，同其他学科一样，是可以通过学习掌握的。越来越多的创业者参与到创业课程的学习中来，世界范围内也有越来越多的大学开设创业类课程。随着竞争的加剧和信息技术的普及，未来的创业家不再是纯粹经验型的，而是理论和实践兼备的。因此，在当今“大众创业、万众创新”的浪潮下，需要知行合一，理论联系实际，既要参与创业实践，也要注重创业基本理论的学习。

基于教学需要，本书使用的创业均指狭义的创业，即创办一家企业。

二、创业的基本要素

除了上面介绍过的创业的定义外，还有两个问题对理解什么是创业有帮助：哪些要素对创业活动至关重要？创业要做什么？前者涉及创业的关键要素，后者涉及创业的活动过程。

创业教育先驱杰弗里·蒂蒙斯（Jeffry A. Timmons）在长期的教育研究工作中提炼出创业要素模型，被称为蒂蒙斯模型，如图 1-1 所示。该模型简洁明了地提炼了创业的三大关键要素：创业机会、创业资源和创业团队。创业机会的识别和评价是整个创业过程的核心。创业者对创业机会采取行动，根据创业机会的需求进行资源整合和开发。整个过程最为重要的是在面对不确定的环境时，创业机会、创业团队和创业资源三者间的平衡。在蒂蒙斯模型中，创业机会是起点，是创业初期的主要驱动力，有了创业机会的驱动，整个创业过程才得以运转。初期阶段，创业机会相比创业团队和创业资源会更重要些。在创业活动过程中，需要创业者带领创业团队应对瞬息万变的外部环境，整合关键资源和因素，才能保持由创业机会、创业资源和创业团队构成的倒三角模型得以平衡和稳定，使创业活动能够有效开展。

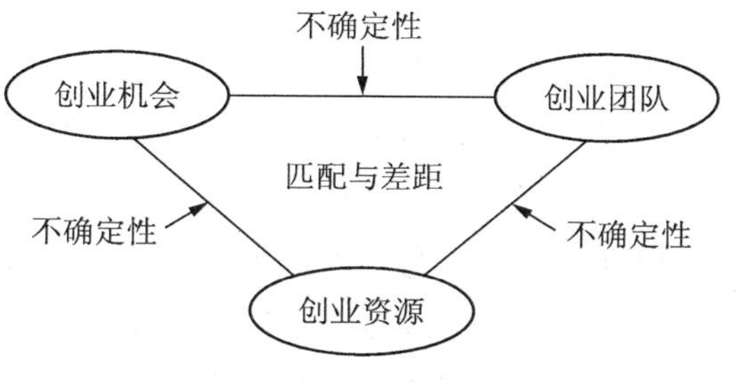

图 1-1 蒂蒙斯模型

创业机会是创业者可以利用的商业机会。从创业过程角度来说，创业机会是创业的起点，创业过程就是围绕机会进行识别、开发、利用的过程。

创业团队是指在创业初期（包括企业成立前和成立早期）由一群才能互补、责任共担、愿为共同的创业目标奋斗的人所组成的特殊群体。

创业资源是指新创业企业在创造价值的过程中需要的特定资产，包括有形与无形的资产，它是新创企业创立和运营的必要条件，主要表现形式为创业人才、创业资本、创业技术和创业管理等。

由该模型可以看出，在创业活动中，这三个要素都是不可或缺的。没有机会，创业活动就成了盲目的行动，很难实际创造价值；机会虽然普遍存在，但如果没有创业者去识别和开发机会，创业活动也不可能发生；创业者不仅要把握合适的机会，还需要资源，否则机会将无法被开发和利用。三者之间的关系如下。

（1）创业机会是创业过程的重要驱动力，创业者或创业团队是创业过程的主导者，资源是创业成功的必要保证。创业过程是始于创业机会，而不是始于资金、战略、网络、团队或商业计划。开始创业时，创业机会比资金、团队的才干和能力及合适的资源更重要。在创业过程中，创业资源与创业机会之间经历着一个适应—差距—适应的动态过程。商业计划是沟通创业者、创业机会和创业资源三个要素间匹配平衡的语言和规则。

（2）创业过程是创业机会、创业者和创业资源三个要素匹配和平衡的结果。创业者要善于配置和平衡，借此推进创业过程，包括对创业机会的理性分析和把握、对风险的认识和规避、对资源的合理利用和配置、对工作团队适应性的认识和分析。

（3）创业是一个连续不断地寻求平衡的行为组合。创业过程要保持发展，必须追求一种动态的平衡。

总之，创业者必须在推进业务的过程中，在模糊和不确定的动态创业环境中提高捕捉商机、整合资源、构建战略和解决问题的能力。

三、创业的过程和阶段

（一）创业的过程

创业过程是由包括创业者从产生创业想法到创建新企业并获取回报，涉及识别机会、组建团队、寻求融资等一系列活动组成的流程。通常包括以下六个主要环节：

1. 产生创业动机

创业动机是创业机会识别的前提，是创业的原动力，它推动创业者去发现和识别市场机会。创业活动的主体是创业者，创业活动首先取决于个人是否希望成为创业者。当然，不少人是因为看到了创业机会，由于潜在收益的诱惑，才产生了创业动机，进而成为一名创业者或创业团队人员。一个人能否成为创业者，会受三方面因素的影响：

（1）个人特质。每个人都可能具有创业精神，但其创业精神的强度不同，强度的大小有遗传的成分，更受环境的影响。

（2）创业机会。创业机会的增多会形成巨大的利益驱动，促使更多的人尝试创业。社会经济转型、技术进步、政策制度的变革等多方面的因素在使创业机会增多的同时，也会降低创业门槛，进而促成更大的创业热潮。

（3）创业的机会成本。人们如果能从其他工作中获得高收入和满足需求，创业意愿就低。比如，科学家和公务员辞职创业的机会少，因为他们已经获得了稳定的工作，收入有保障，所以很少愿意再去冒创业的风险。

2. 识别创业机会

识别机会是创业过程的核心环节。识别创业机会包括发现机会来源和评价机会价值。一般有以下几个问题：机会来自哪里？影响创业者识别创业机会的相关因素有哪些？创业机会的价值何在？创业者能通过何种形式或途径使机会变成实际价值？创业者要围绕这些问题，多观察，多思考，多行动，多交流，多分析，发现机会、识别机会和抓住机会。

3. 整合创业资源

整合资源是创业者开发机会的重要手段。对于创业者来说，资源不在于多少，而在于如何去整合，资源整合过程是企业生存发展的重要策略选择，当企业快速成长或参与竞争时，这些策略选择会对其产生重要影响。

一般情况下，创业者可以直接控制的可用资源往往很少，创业几乎都会经历白手起家，从无到有的过程。对创业者来说，整合资源往往意味着需要借船出海，要善于尝试依靠盘活别人掌握的资源来帮助和实现自己的创业起步。人、财、物都是开展创业活动所必需的基本生产要素。创业者需要整合的资源，首先是组建团队，凝聚一批志同道合的人；其次是能进行有效的创业融资；最后是要有创业的基础设施，包括创业的活动场所和平台。创业是创业者在面对资源约束的情况下开展的具有创造性的工作，面临着很大的不确定性，所以，创业者在创业初期乃至新企业成长的很长一段时间里，都要把主要精力放在资源的获取上，以解决企业的生存问题。此外，创业者还需要围绕创业机会设计出清晰的有吸引力的商业模式，有时还需要制订详细的创业计划，以此向潜在的资源提供者陈述或展示，以获取更多的资源支持。

4. 创建创业企业

新企业的创建是创业者的创业行为最为直接的标志。创建新企业包括公司制度设计、企业注册、经营地址的选择、进入市场途径的确定，包括选择完全新建企业还是加入或收购现有企业等。值得注意的是，许多创业者在创业初期迫于生存的压力，以及对未来缺乏准确预期，往往容易忽视这部分工作，结果给以后的发展留下隐患。

5. 提供市场价值

创业者识别机会、整合资源、创建新企业等行为的目的是实现自己的创业目标，但真正能促成创业目标最终实现的是创业者提供的市场价值。这是创业过程中的重要环节，关系新企业的生存与成长。因此，创业者必须面对挑战，采取有效措施，使创业的市场价值得到充分实现，不断地让客户得到收益，从而获得企业的长期利润，逐步把企业做活、做好、做大、做强。

6. 收获创业回报

收获回报是创业活动的主要目的，对回报的获取有助于促进创业者的事业发展，一般情况下，不求回报是做人的美德，但对开展创业活动的创业者来说，这样的“美德”是不值得提倡的。对创业者来说，创业是一种载体，是获取回报的手段和途径，而不是目的本身。回报可以是多种多样的，而创业者对回报的满意程度在很大程度上取决于创业动机。调查发现，多数创业者的创业动机首先是自己当老板，然后才是追求利润和财富，对这些人来说，当老板的感受就是回报。对以追求财富为主要动机的创业者来说，把自己创建的企业在短期内培养成为一家快速成长的企业，并成功上市，是获取回报的理想途径之一。

现实中，创业者随着创业活动的持续，会对自己创建的企业甚至经营的产品融入越来越多的情感，甚至将其视为生命的一部分，淡化甚至忘却了对回报的追求，结果可能不仅没有收获回报反而约束了企业的健康发展。

（二）创业的阶段

根据对以上创业过程的分析和大量创业实践案例的研究，可以归纳出：一个全过程的创业可大致划分为四个主要阶段，即机会识别、资源整合、创办新企业、新企业生存和成长。

上面介绍的创业过程所包含的环节中，产生创业动机、识别创业机会主要属于机会识别阶段；整合创业资源、创建创业企业分别属于资源整合阶段、创办新企业阶段；而提供市场价值、收获创业回报则属于新企业生存和成长阶段。

第一阶段，机会识别，包括建立创业设想、进行市场调研和分析、制订初步经营方案等。

第二阶段，资源整合，包括组建团队、财务融资、企业筹建等。

第三阶段，创办新企业，包括创业初期的市场营销、产品设计和规划、财务和售后服务体系建立等。

第四阶段，新企业生存和成长，包括市场开拓、制度完善、股权融资、企业上市等。

本书所强调的创业是一个从 0 到 1，从无到有的过程，从创业者产生创业动机、识别创业机会开始，到整合和利用所需资源将新企业创办起来，然后再到新企业的生存和成长；至于新企业从 1 到 100 直至 1 000 的成长过程，则属于商科的研究范畴，属于 MBA 培养的授课内容。

延伸阅读

谁可以成为一名“创客”？

因为创新创业，从而诞生了“创客”。在“大众创新、万众创业”的时代做一名“创客”似乎是一件很时髦的事情，但对于谁是创客、创客都做什么，很多人不是很了解。

“创客”一词来源于英文单词“maker”，是指出于兴趣与爱好，努力把各种创意转变为现实的人。创客以用户创新为核心理念，是创新 2.0 模式在设计制造领域的典型表现。创客们作为热衷于创意、设计、制造的群体，最有意愿、活力、热情和能力。创客最重要的标志是掌握了自生产工具。他们是一群新人类，坚守创新，持续实践，乐于分享并且追求美好生活。简单地说，就是玩创新的一群人。创客就是那些愿意动手实现自己的想法的人，“动手实现”和“自己的想法”是创客这一概念的两大核心。

创客在创造的过程中常常伴随着创新，但没有动手实现创新的不能称为创客。因此发明家通常是创客，因为他们通常会作出自己发明的原型来验证自己的想法。创客做的事情也不见得都是创新。你做了一把椅子，改了一件衣服，你也可以是创客，只要这个动手的过程实现的是你自己的想法。全世界有成千上万的人做过弹弓，只要你做的弹弓是出自你“想要做一个弹弓”的意愿，这个弹弓是由你自己设计（或不设计）制作的，那你就是创客。

有些创客出于对某种现存方案的不满，或基于某个研究成果或开源项目，做出了一些东西正好满足了某个特定的市场需求，于是将其变成产品并在商业上取得了一定的成功，从而成为一名创业者。Makerbot3D 打印机就是最典型的例子：纽约的创客扎克·霍尔根·史密斯觉得 Reprap 开源 3D 打印机很酷，但很难用，于是自己倒腾，慢慢设计出了更易用的 3D 打印机 Makerbot。亚当·迈耶斯和布雷·佩蒂斯也觉得 3D 打印很酷，于是加入了扎克的研发工作。三人发现，有很多人喜欢易用的 3D 打印机，于是一起向市场推出了 MakerBot 的第一代产品 Cup Cake，从而踏上了创业之路。

像扎克这样的创客很多，在一些众筹平台的帮助下，成功创业的也很多。这个现象给大家带来了一种错觉，好像创客就是为创业而存在的。殊不知，在创业成风的美国，99%的创客都是以业余爱好的形式存在，只做自己喜欢的事情，完全不考虑所做的项目是否适合创业，有无市场。这才是创客的原本形态——为了自己内心的满足而创造，而不是为了任何其他因素。当然，这并不是说如果你是那 1%进入创业阶段的人，你就不再是创客了。只要你还在为自我满足而进行创造，不管这个创造跟你的创业项目是否相关，你仍然是创客。

资料来源：陈中正. 创客：商业革命中的创业与创新［M］. 北京：电子工业出版社，2016.

课堂讨论

1. 请你给“创业”作一定义。

以六七人为一组的若干小组，请每位同学列举生活中属于创业行为的例子，然后每组提炼出最能反映创业行为的三个关键词，并用关键词串成一句话。

2. 列举出创业要素并进行排序，说说哪些是最核心要素？

第三节　创业精神

案例导读

"选择了就要坚持"——李彦宏谈创业家

或许你不关注时政，不关注金融股市，也不关心娱乐时尚，可只要你接触过网络，你就一定用过它——百度。作为现今实力最强劲的中文搜索引擎，十年来百度经历了从无到有，从小到大的发展壮大过程。下面，让我们来听听百度创始人李彦宏讲述他的创业历程。

中国有四亿多网民，而其中90%都是百度的客户。百度能取得今天的成就，得益于李彦宏独到的眼光和坚定的信念，用他的话说就是："认准了就去做！"十年前，他放弃了美国"硅谷"的优厚待遇选择回国创业，一心想要创建一个中文的搜索引擎。依据当时中国所处的国际国内环境，他觉得中文搜索引擎一定会有大发展。但他身边的很多人却并不看好这个项目，有些人甚至表示反对。但他并没有因为别人不理解就轻易放弃，他表示之所以选定这个项目是基于对市场的深入调查和分析，正是因为别人还没注意到这块有潜力的市场，他才要去做。"既然认准了，就不能轻易掉头，更别说放弃。"他笑言。创业是一个高风险高回报的事，就好比百慕大三角，它神秘、迷人，但想要走出来既要有运气又要有技术。这个过程总是伴着艰辛和阻碍，从来没有什么一帆风顺。百度也一样，经历了困境和艰难。2001年、2002年所有的互联网企业运营都很艰难，面对全球的泡沫经济很多企业选择掉头或是压缩成本以求赢利，这种做法限制了那些公司的发展以致后来都没做长。李彦宏说道："直到2001年，我们还在大规模投入，并没有急于赢利，但不急于赢利并不代表一直不赢利，如果企业不追求利益的话，那它就去做慈善了。"

对于百度的成功，很多人说是因为百度是最先做的——the first，所以它成功了。但李彦宏说其实不是，当时他创建百度的时候其实已经有好多家中文搜索引擎公司了，百度之所以成功是因为他相信在当时中国的环境下，中文搜索一定有前途，所以它始终坚持。而其他做中文搜索的同行却不这样认为，他们中途掉头或放弃，所以他们失败了。

一、创业精神的本质

德鲁克在其经典著作《创新与创业精神》中指出，并非每一个新创办的小型企业都属于企业家行为或者代表了创业精神。下面我们通过德鲁克在书中列举的一个例子体味一下什么是创业精神。

一对夫妇在美国郊区开了一家熟食店或者墨西哥餐厅，他们的确要冒一点风险。不过，他们是企业家吗？他们所做的事情以前被重复了许多次。他们预测在其居住的区域内，在外就餐的人数会日益增加，而这就是他们要冒的风险。然而，他们既没有创造出一种全新的满足，也没有创造出新的消费需求。从这个角度来看，即使他们开办的是新企业，他们也不能称为企业家。

麦当劳所表现出来的却是"创业精神"。毫无疑问，它没有发明任何东西。早在好多年以前，美国任何一家高档餐厅就已经开始生产麦当劳日后制造的最终产品。然而，通过运用管理观念和管理技术（思索顾客对于"价值"的理解），将"产品"标准化，设计科学的制作过程及操作工具，并且从工作流程的分析出发，合理设定所需要的员工，制订培训标准，这样，麦当劳不但大幅度地提高了资源的产出和效益，还创立了一个全新的市场氛围和新的顾客群体，这就是创业精神。

创业精神的本质仍着重于一种创新活动的行为过程，而非企业家的个性特征。创业精神的主要含义为创新，也就是创业者通过创新的手段，将资源更有效地利用，为市场创造出新的价值。虽然创业常常是以开创新公司的方式产生，但创业精神不一定只存在于新企业。一些成熟的组织，只要创新活动仍然旺盛，该组织依然具备创业精神。

创业精神类似一种能够持续创新成长的生命力，一般可区分为个体的创业精神及组织的创业精神。所谓个体的创业精神，指的是以个人力量，在个人愿景引导下，从事创新活动，并进而创造一个新企业；而组织的创业精神则指在已存在的一个组织内部，以群体力量追求共同愿景，从事组织创新活动，进而创造组织的新面貌。

创业是创业者依自己的想法及努力工作来开创一个新企业，包括新公司的成立、组织中新单位的成立，以及提供新产品或新服务，实现创业者的理想。创业本身是一种无中生有的历程，只要创业者具备求新、求变、求发展的心态，以创造新价值的方式为新企业创造利润，那么就能说这一过程中充满了创业精神。

创业精神所关注的在于创造新的价值，而不在于设立新公司，因此创业管理的关键在于创业过程能否将新事物带入现存的市场活动中，包括新产品或服务、新的管理制度、新的流程等。创业精神指的是一种追求机会的行为，这些机会还不存在于资源应用的范围，但未来有可能创造资源应用的新价值。因此可以说，创业精神即是促成新企业形成、发展和成长的原动力。

二、创业精神的主要内容

创业精神是一个与愿景、变革和创造有关的动态过程，要求人们充满活力、满怀热情地创造并实施新想法和创造性的解决方案。构成创业精神的重要因素包括愿意承担时间、股权或职业等可预见性风险；能够组建有效的创业团队；具备调配所需资源的创造性技能；具备制订可靠的商业计划的基本技能；具备能够在他人看来充满混乱、矛盾和困惑的环境中发现机遇的洞察力。具体来看，创业精神主要包括以下几个方面的内容。

(1) 理想主义情怀。一个没有理想、没有梦想、没有抱负的人是不可能成为创业者的，要想成为一个真正的创业者，一定要有理想、有抱负、有属于自己的伟大梦想。

(2) 执着精神。执着是创业精神的本色。英特尔前首席执行官葛洛夫有句名言："只有偏执狂才能生存。"创业的过程必然伴随着各种艰辛和曲折，因此创业者必须坚持不懈、咬定青山不放松。创业实践表明，往往只有偏执者才能在创业中生存下来。

(3) 冒险精神。冒险是创业精神的天性。没有甘冒风险和承担风险的魄力，就不能成为创业者。无数创业者的经历证明，创业者虽然生长环境、成长背景和创业机缘各不相同，但无一例外都是在诸多不确定性因素条件下敢为人先，勇于创新的实践者。当然，这里的冒险不是指盲目的冒险，而是指理性的冒险精神。

(4) 创新精神。创新是创业精神的灵魂。熊彼特关于企业家是从事"创造性破坏(creative destruction)"的创新者观点，凸显了企业家精神的实质和特征。一个企业最大的隐患，就是创新精神的消亡。创新被认为是创业精神的具体表现。创业者具有创新精神，才可能创建新颖独特的企业，并保持一个企业的特色和可持续发展。

(5) 契约精神。市场经济是法制经济，更是信用经济、诚信经济、契约经济。没有诚信的商业社会将充满极大的道德风险，显著抬高交易成本，造成社会资源的巨大浪费。不管你做的是小生意还是大买卖，都要讲诚信，具备契约精神，尤其是对一个创业者而言，没有诚信就无法立足于这个社会，更何况是竞争残酷的市场。

(6) 合作精神。合作是创业精神的精华。社会发展到今天，行业分工越来越细，没有谁能一个人完成所有创业需要完成的事情。真正的创业者善于合作，能将合作精神扩展到企业的每个员工，面临困境时，团队成员间团结一心，奋力拼搏。

三、创业精神的来源和培育

创业精神能够激发人们进行创业实践的欲望，是心理上的一种内在动力机制。它在很大程度上决定着一个人是否敢于投身创业实践活动，支配着人们对创业实践活动的态度和行为，并影响着态度和行为的方向及强度。创业精神能够渗透到三个广阔的领域产生作用：个人成就的取得（个人如何成功地创建自己的企业）、大企业的成长（大公司如何使其整个组织都重新焕发创业精神，以具有更强的竞争力和创造高成长）和国家的经济发展（帮助人民变得富强）。创业精神的力量能够帮助个人、企业，乃至整个国家或地区在面对21世纪的竞争时走向成功和繁荣。

(一) 创业精神的来源

创业精神的形成与发展受相应文化环境、产业环境、机制环境、生存环境等的影响。

1. 文化环境

创业本身是一种学习，创业者离不开现实文化环境。作为学习者，其所生活区域的文化就是学习的重要内容之一。因此在一个商业文化氛围浓厚的地方，潜在的创业行动者容易培养创业精神。以温州为例，温州十分发达的商业文化传统孕育了当今温州商人的创业精神。

2. 产业环境

不同的产业环境会对创业精神产生影响。对于垄断行业而言，企业缺少竞争，就容易抑制创业精神的产生。而在一个充满竞争的市场结构中，企业间优胜劣汰，竞争激烈，容易形成创业精神。比如，电信行业和零售业的例子，电信行业由于较严格的准入限制，竞争较少，导致内部创新不足，可供选择的产品和服务较少；而零售业创新的销售和售后服务方式不断推出，竞争因此非常充分，使消费者享受到了低价格下的高品质服务。

3. 机制环境

创业精神产生于特定的机制环境中，竞争的机制环境有利于创业精神的产生。世界长寿企业和其他企业，如默克公司、杜邦公司、通用公司、福特公司等都有着鼓励创新、允许失败的企业机制。

4. 生存环境

常言道："穷则思变。"从生存环境来看，资源贫瘠、条件恶劣的区域往往能激发人的斗志。从创业视角分析，在资源贫瘠的地方，人们为了改善生存状况而寻求发展机会，整合外界资源，进而催生创业念头，激发创业精神。由于可利用的自然资源少、人均耕地少、国家投入少、交通条件差等原因，温州改革开放政策得到了深入贯彻执行，大量的农业剩余劳动力转向第二产业、第三产业，形成了小商品、大市场的发展格局，带动了一方百姓致富，带动了当地经济发展。

（二）创业精神的培育

当代管理大师德鲁克认为："任何敢于面对决策的人，都可能通过学习成为一个创业者并具有创业精神。创业是一种行为，而不是个人性格特征。"因此，创业精神可以培育。

创业精神的培育常常从培育创业人格、培养创新能力和强化创业实践等方面进行。

1. 培育创业人格

个性特征对创业者个体来说非常重要，尤其是独立性、坚持性、敢为性等。所以，人格塑造与创业精神培养相辅相成。大学生要树立心理健康意识，优化心理素质，增强心理调适能力和社会生活的适应能力，自觉培养坚韧不拔的意志品质和艰苦奋斗的精神，提高承受和应对挫折的能力；此外，还可以根据创业案例解剖创业者的人格特征，进行心理训练等，掌握形成心理素质与优良人格特征的途径和方法。

2. 培养创新能力

创新是创业精神的核心。大学生要通过保持个性发展和好奇心求知欲，勇于突破自己、突破书本、突破老师。通过学习创新创造类课程、参加主题技能竞赛，感受、理解知识产生和发展的过程，培养科学精神和创新思维，提高自身创新力。凡事多问“why not”，不畏权威，多问问题，积极思考，从而保持自己的个性发展，培养自己的创新能力。

3. 强化创业实践

“纸上得来终觉浅，绝知此事要躬行”，大学生应该利用课余时间参加一定的创业模拟和社会实践活动，增强对企业的了解和对社会的适应能力。比如，在校内外开展创业竞赛活动、与社会企业联合开展学生的实习见习等，在实践中磨炼自己形成正确的创业认知，培育创业精神，提升解决问题的能力

延伸阅读

史玉柱：创业精神缔造财富神话

创业精神之一：才思敏锐，精细过人

创业家的成功，很大程度上取决于他们对机会具备天生的敏锐感和判断力。正如经济学家柯兹纳所言：“机会源于信息不对称。”正是这种精细和敏锐使创业家能够抓住眼前稍纵即逝的机会，并且常常先于平常人看到这些机会的苗头，从而为采取行动赢得先机。在史玉柱身上，我们看到了很多这样的“敏锐”：20 世纪 80 年代末创业初期看准汉字桌面系统软件开发，90 年代初期开发保健品市场，2003 年出售公司拳头保健产品的知识产权及其营销网络 75%的股权转而投资股票市场，2004 年进军网络游戏……尽管这个过程中，史玉柱也有过失误和沉痛的教训，但是，在每一个经济发展时期，他似乎都抓住了熊彼特所说的“具有吸引力”的产业，而且善于将这些机会与企业资源有效地匹配起来，从而为他未来的财富帝国找到立足的根基。

创业精神之二：首创精神和冒险精神

创业家怀揣着一种梦想和意志，企图建立起一个属于自己的“王国”，他们不甘人后思想和行动常常先于天下，这为创业家们创造财富提供了“先动”优势。冒险精神是创业家身上表现出的突出特质之一，创业家的血液中流淌着对“生意”的激情，他们具有创造的激情，追求成功的激情，施展个人能力和智谋的激情，他们喜欢挑战，迎接变革，敢于冒险去追求成功。在史玉柱的传奇经历中，从他创业之初倾其所有为自己的产品做广告，到后来在其产品营销中惯用的高强度广告攻势，以及不断探索新的业务领域和经营模式都充分地体现了这种冒险精神。企业家的冒险是在精心“计算”基础之上的理性决策，他们胆大心细又才智过人。对于这一点，我们在经历了从成功到失败，再从失败到成功的史玉柱身上看到了明显的表现。

创业精神之三：不断创新，不断变革

经济学家威廉·鲍莫尔提出，资本主义的独特之处在于创新而非发明。熊彼特认

为，创新是发现一种有利可图的机会，并且不断地追寻这种机会直到使它们在实践中得到运用。创新就是实现资源的“新组合”，这是创业精神最重要的特征，即以新的形式和方法，把资本、技术等要素有效地组合起来，创造性地应用到企业生产和管理过程中去。史玉柱的创业成功历程就是一个个不断创新行动的联结，也是他传奇式成功最重要的原因。例如，“脑黄金”“脑白金”“黄金搭档”准确的产品市场定位；极富创意和人气响应的广告设计；《征途》网络游戏产品设计和销售模式中的诸多创新点；以及企业不断根据外部环境变化调整、开辟新业务领域，从最早的软件行业到保健品行业，再到资本市场投资，以及现在的网络游戏行业，都体现出一种极强的应变能力、学习能力和遗忘能力。一个企业如果具备核心能力但缺乏应变和遗忘能力，则可能陷入核心能力僵化陷阱而丧失竞争优势，这正是时下许多大型公司面临的创业难题。

创业精神之四：渴望成功，百折不屈

熊彼特认为，只有不甘平庸，而且具有强烈成功欲的人，才有成为企业家的资格。创业家具有征服的意志，证明自己比别人优越的冲动，他求得成功不是为了成功的结果而是为了取得成功的过程。从史玉柱的创业经历中，我们看到，正是在成功和理想驱动下的百折不挠的创业精神和永无止境的探索与奋斗，使他从平庸中崛起，从失利与逆境中重新奋起。

资料来源：张映红：《史玉柱：创业精神缔造财富神话》，创业网，摘选时有改动。

课堂讨论

1. 分析李彦宏创业案例“选择了就要坚持”，请你总结创业者应具备哪些创业精神？

2. 根据自己的认知，请你说说如何培育创业精神，创业精神在哪些情境下适用？

模拟实训

团队任务：

任务 1：团队成员共同分享有关创业的给你印象最深刻的一件事（可以是家人的、朋友的，也可以是公众人物的事件）。谈一谈为什么这件事对你来说是重要事件，你从中受到什么启发。

任务 2：团队成员共同分享有关创业的对你影响最大的人（可以是家人朋友，也可以是公众人物）。谈一谈为什么这个人对你影响最大，他有什么精神值得我们去学习。

任务3：学生自由结组，组成创业团队，在现有的大环境下，确定一个明确的创业方向。

任务4：确定方向后，向其他创业团队展示自己团队的创业想法。

个体任务：

任务1：明确创业的概念、要素和过程。

任务2：清楚了解自己，明确自己是否适合创业。

任务3：作为创业团队中的一员，清楚自己的优势和劣势，明确自己的分工。

任务4：关注国内外的创业环境。

本章小结

1. 创新是一种实践，是人们系统化地思考和利用新的机遇满足人类的需求的行动，高科技仅仅是创新活动中很小的一部分。

2. 创新不等同于发明创造，能够商业化的发明创造才是真正的创新。

3. 创业不单单是创办一家企业，创建一项事业、岗位创业都是创业。

4. 创业的实质就是创新。创新是创业的动力和源泉，是创业的主要标志。

5. 创新与创新精神是社会发展的不竭动力和源泉，是成功的企业家必备的素质之一。

6. 创新与创业精神是一个过程，是一种行动，只有在实践中才能培养创新与创业精神。

7. 理想主义情怀和精神、坚定的信念和坚持的精神、笃定执着的精神、大胆与冒险精神、创新精神、契约精神、合作精神是创业精神的具体体现。

8. 创业精神也叫企业家精神，它是企业核心竞争力的源泉。任何一个成功的企业家都具有创新创业精神。

9. 每一个人，在任何岗位上，做任何事情都需要发扬创新创业精神。

给大学生的建议

1. 立足于专业学习，积极参与科技创新活动，尝试着在生活中寻找问题，用创新的方法解决问题。

2. 尝试做一名创客，充分利用学校的开放实验室、众创空间等平台，创造性地制作一些产品，或者加入一个创客团队，共同实现些想法。

3. 积极参加各类创新竞赛活动，在参与中学习新的知识，掌握新的技能。

4. 参加一些创业活动和课程，学习创业的相关知识，为创业奠定良好的知识基础。

5. 以学业为主，不拘于形式，积极参加各类社会实践和创造性活动，培养创新精神。

6. 以学校的社团或大学生创业园为依托，与有同样志向的人一起进行创业实践，在实践中逐步培养创业精神。

7. 抓住机会利用假期进入自己心仪的企业，了解企业的管理模式。

8. 积极参与创业论坛等企业家交流活动，了解企业家的创业故事，培育企业家精神。

第二章　创业时代

本章要点

- 为什么创新创业是当今社会发展的趋势。
- “互联网＋”是什么，互联网思维下的创业模式有哪些。
- 什么是职业生涯规划，在职业生涯发展中如何进行创业选择。

创业语录

创业其实很简单，一个强烈的欲望就是说我想做什么事情，我想改变什么事情。你想清楚之后，你永远坚持这点。创业者最大的快乐就在于创业过程中去学习、去提升。

——马　云

教育最主要的目的不是教我们如何挣得面包，而是让我们每一口面包吃得更香甜。

——著名教育家，耶鲁大学校长　詹姆斯·罗兰·安吉尔

章节导图

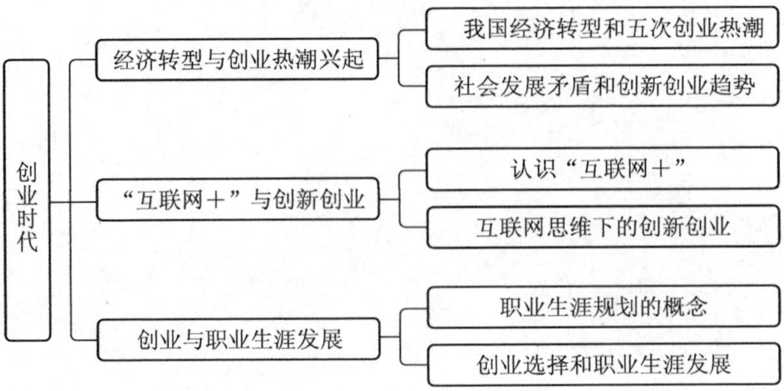

当前，创新创业已经成为一种社会发展的趋势。美国哈佛大学教授杰弗里·蒂蒙斯曾这样来描述这种趋势："我们正处在一场悄悄的大变革中——它是全世界人类创造力和创新精神的胜利。我相信它对 21 世纪的影响将等同或超过 19 世纪和 20 世纪的工业革命。"创新创业大潮正向我们涌来。如果在这个时代，我们能够挑战自我，能够创新创业，这个时代对我们来讲就是最好时代。

第一节　经济转型与创业热潮兴起

案例导读

豌豆荚

王俊煜于 1985 年出生。在不满 30 岁时，他所创立的"豌豆荚"已经是国内最大的安卓应用分发平台了。与人们经常听到的充满艰难坎坷的创业故事不同，24 岁就开始创业的王俊煜描述自己的创业之路如水到渠成般自然。在如今这样一个移动互联网黄金发展期、创业对于王俊煜这样一批年轻人而言，就是在一个正确的时间做出了一个正确的选择。

从一部 iPhone 手机的丢失开始

2007 年，大学毕业的王俊煜获得了一份令不少人羡慕的工作，进入了谷歌中国，任用户体验设计师。尽管这个工作环境在以后对于他和他的"豌豆荚"产生了很大的影响，但是当时他还没有萌生创业的打算。

转折发生在 2009 年。在那一年，一件非常偶然的事件成为了王俊煜产生创业念头的直接诱因。那年 5 月，王俊煜在丽江旅游时弄丢了自己的 iPhone 手机，于是他买了一台 HTC 的 G1，世界上第一款采用 Android 系统的智能手机。虽然他在谷歌工作，但却是第一次接触 Android 产品，按照他的话说"真的被震撼了"。当时的 iPhone 有很多功能无法实现，诸如收发邮件、挂 IM（即时通信），但是对于这些 Android 手机都可以做到。

"虽然很喜欢，但还是觉得当时的 Android 系统太粗糙了"这一发现与他大学时的想法产生了奇妙的化学反应。"这个东西（Android 手机）看起来挺靠谱的，但是我觉得可以让它变得更靠谱。尤其是在系统和用户的交互层面上。"王俊煜意识到，一个绝佳的机会出现在了自己的面前。于是就在这一年的年底，"豌豆荚"的雏形出现了，王俊煜也开始了自己的创业之路。

李开复帮助加入创新工场

尽管已经确定了要做基于 Android 平台提升用户体验的产品，但是当时摆在王俊煜面前的仍然有着几种选择。"我的想法除了自己创业，当时也想过能不能通过加入其他大公司来加以实现。"在他的心中，对创业并没有具体的概念，创业也并不是他实现目标的不二之选。

但是，在接触了一些互联网领域的大公司之后，王俊煜失望了。他发现，国内的互联网大鳄们做事的出发点并不是让用户享受到更好的服务，而是为了增加市场份额、增加利润、抢夺入口，在他看来是目的的东西在其他公司眼中只是手段。

就在犹豫自己该何去何从时，一次与朋友乘地铁时，王俊煜听到朋友介绍之前顶头上司李开复离开谷歌创建的“创新工场”，他心动了，在朋友的鼓动下，他与李开复进行了面谈。

虽然之前他们都在一家公司，但因为级别相差较远，王俊煜和李开复并不熟悉，然而见面之后，王俊煜才发现，李开复对于他的名字并不陌生。“之前在谷歌的时候，因为喜欢对工程师和设计师的工作挑毛病，人们没少在李开复面前告我的状，所以李开复对我的印象还挺深的。”在这次会面中，王俊煜向李开复倾诉了自己的想法。

“我当时也在几个选择中摇摆，创业去国外工作或者是继续读硕士，而李开复的一番话让我最终选择了创业。”李开复告诉他，人的一生当中，有的事什么时候做都可以，但是有的事情是讲势头的，势头来了如果不抓住可能会就此错过，而眼下正是移动互联网创业的势头所在。正是这一番点拨，让王俊煜加入了“创新工场”。

艰险故事从来没有碰到过

记者来到“豌豆荚”办公室的时候，看到的是一大片略显杂乱和拥挤的工位。“现在我们人数增加得比较快，原来的工位不够用了，已经把会议室都拆了改做工位了。”王俊煜介绍道。在公司成立的三年多来，他的团队在稳健地扩大着规模。2010 年初刚成立时有三个合伙人，到 2011 年初，“豌豆荚”变成一个 20 人左右的小团队；到 2012 年初，公司规模扩大到了 50 人左右；而现在，“豌豆荚”已经拥有了近 180 位员工。

当记者希望从王俊煜口中听到一些创业过程中发生的难忘故事时，他笑着说：“我知道你想听到那些千钧一发的、生死攸关的艰险故事，但是很抱歉，这些我都没有碰到过。”在他看来，创业是一个相当顺利的过程：在创业之初，由创新工场帮助解决各种令人头疼的琐事；到需要发展时，顺利地拿到了 800 万美元的 A 轮融资；产品推出后，市场反映相当良好。按照他的描述，在公司发展的过程中，甚至没有走过弯路。“我们是一个执行力很强的团队，在发展过程中如果发现哪一步走得不对，很快就能够调整过来。”

不同于很多成功企业家布满坎坷的创业历程，对王俊煜这样的“80 后”创业者们来说，创业并不是一部血泪史。“现在的创业机制已经很成熟，而且也正是一个移动互联网创业的黄金期。创业确实会比正常工作付出更多的时间和精力，但是并不需要个人作出特别多的牺牲。”

王俊煜在创业过程中遇到的最大的纠结，不过是放弃待遇优厚的谷歌职位。“不过仔细想想也没什么，如果创业不成功，再回去就是了，但好的机会过去就不在了。”这种进退自如或许就是如王俊煜这样年轻创业者们的底气所在。

一、我国经济转型和五次创业热潮

当今时代的一个显著特征就是知识成为比土地、劳动、资金更有意义的关键性生产要素，同时物质资本的地位相对下降，人力资本的地位相对上升，而创业家则是稀缺的知识和人力资本的拥有者和创造者。因此，经济转型是创业热潮兴起的深层次原因，中国的经济发展需要更多的创业英雄，需要越来越多的创业型组织，需要营造创业型经济环境。每一个大学生都应该了解创业，并且至少可以将其视为种职业、一种生活方式的选择。

（一）第一次创业浪潮

我国第一次创业热潮，发生在 20 世纪 80 年代，那时人们把创业称为“下海”。1984 年春天，邓小平视察深圳、珠海等及《中共中央关于经济体制改革的决定》的酝酿出台，为这股创业浪潮注入了催化剂。1984 年开始的这轮创业潮的代表人物有步鑫生、张瑞敏、柳传志、王石等，这些在当年站在创业和创业改革大潮潮头的弄潮儿，在今天有的已经销声匿迹，有的已经成了业界大佬，在自己所在领域里占据着举足轻重的地位。

柳传志曾这么评价他的创业时代：“下海确实很被人看不起，这是那些勇敢者做的事情，这些勇敢者在过去就是在社会上没有地位的人。”那个年代主流的创业者以个体户居多，大多数城镇待业人员被迫自谋生计，属于被动创业者。这一轮创业潮是以打破计划经济下的平均主义、解放思想、搞活商品经济为主旨的，也可以说是体制内的创业。1984 年的创业是一次勇敢者的拓荒游戏。

（二）第二次创业浪潮

第二次创业热潮发生在 1992 年。1992 年的创业土壤和气候同样与中国改革开放总设计师邓小平息息相关。1992 年春天，邓小平发表了著名的南方谈话，国务院修改和废止了 400 多份约束经商的文件，《人民日报》甚至还发表了《要发财，忙起来》的文章鼓励人们下海经商。这个时代的创业热潮在当时依然被称作“下海”，不过他们在市场经济的大海畅游时，比前辈幸运，可以选择非体制下的创业。1992 年 5 月，中国的《有限责任公司暂行条例》《股份有限公司暂行条例》相继出台。在此大气候下，全国兴起办公司热。这次的创业潮则更像一个社会精英的掘金潮。据《中华工商时报》统计，当年全国至少有 10 万党政干部主动下海经商。这年的创业者被冠以“92 派”之称。“92 派”的代表人物有陈东升（也是“92 派”一词的发明者）、田源（创办了第一家期货公司）、毛振华（创办中诚信国际信用评级有限公司，中国信用评估第一人），以及郭凡生、冯仑、潘石屹、易小迪等，他们原本是政府机构、科研院所、大专院校的知识分子，也有部分体育文化界精英，如李宁、那英、王朔等。1992

年全国房地产完成开发投资732亿元，比1991年猛增117%，“92派”的代表人物冯仑、潘石屹等如今都成了房地产大鳄。李宁创立的运动服装品牌至今依然在市场上很有影响力。

这一批人是中国现代企业制度的试水者，和之前的创业者相比，他们是中国改革开放以来，最早具有清晰、明确的股东意识的企业家代表。他们普遍具有企业现代管理意识，具有较强的资源整合能力，尤其懂得资本运作，对宏观环境变化有灵敏的嗅觉。郭广昌创立的复星集团可谓是“92派”企业的一个代表。

（三）第三次创业浪潮

第二次创业热潮发生有20世纪90年代中后期，是由留学归国人员创业形成的一股潮流。1997年，党的十五大报告指出，鼓励留学人员回国工作或以适当方式为祖国服务。同年，国家教育委员会（现教育部）全面启动鼓励和支持留学生短期回国服务的“春晖计划”，典型人物是以张朝阳，李彦宏等为代表的在互联网领域创业的留学生，这些先行的留学生在回国创业前大多学的是工科专业，在美国获得过博士学位，目睹或经历过美国硅谷高科技产业发展的奇迹。他们回国带来的不仅仅是创业项目，还有美国的风险投资资本。模仿硅谷的创业项目加上来自硅谷早期资本的支持，成了这一轮留学生创业潮最鲜明的特征。他们创业成功后，被称为互联网时代的英雄。同前两波创业潮一样，他们回国创业也有一个政策大环境。

在留学生群体的示范带动下，本土的创业者也越来越多，也有不少人在互联网领域取得辉煌成功，如网易的丁磊、盛大的陈天桥、阿里巴巴的马云等。这些互联网的创业英雄被称为阳光富豪，他们的出现首次打破了此前存在于中国企业家群体的“原罪”魔咒。

（四）第四次创业浪潮

第四次创业热潮发生在2008年。2008年的全球经济危机让新一轮留学生创业潮和全民创业潮出现了叠加。这一轮创业潮也是中国经济转型和升级的发动机，其主题词是创新、创意。这轮留学生创业潮以原中共中央组织部部长李源潮倡导的“千人计划”为标志，在全国各地引进海外高层次人才回国创业。创业范围不再以互联网为主，而是涵盖新能源、新材料、生物医药、汽车制造、文化创意等多个领域。全民创业潮的新推动者则包括各级地方政府，他们倡导“回乡创业”和“大学生创业”，并出台了一系列扶持政策。

（五）第五次创业浪潮

第五次创业热潮起点在2015年，国家层面全面推进了以“互联网+”为核心驱动的“大众创业、万众创新”创业浪潮，对中国的政治、经济等各个领域影响深远。

全国各地的创业园区、创业孵化器、众创空间如雨后春笋般涌现，在世界范围内有影响力的新兴科技公司成批涌现，与历次热潮相比，这次的创业热潮无论在规模、数量和政府推进力度上都是空前的，对中国在世界范围内的和平崛起和中华民族的全面复兴具有极其重要的时代意义。

二、社会发展矛盾和创新创业趋势

当前，创新创业已经成为一种社会发展的趋势。创新创业的大潮正朝我们涌来。那么，是什么决定了创新创业的趋势？矛盾是决定事物发展趋势的根本动力。当前，哪些矛盾的存在影响了这些趋势呢？

（一）庞大的自由人群体和就业岗位缺乏存在巨大的矛盾

自由人群体主要包括下岗职工、大学毕业生、新增人口、农民工四类。经济结构的调整和国有企业改革将近 5 000 万职工分离出来，但他们仍然是自由人群体的一小部分，他们的二次就业虽然存在一定的难度，但一般来说，迫于生活的压力，他们能够较快地找到一份工作。而这四类群体中最引人关注的就是每年数以百万计的大学毕业生。2019 年全国高校毕业生总数预计 834 万人，创下新高。

就业形势一年比一年严峻，就业难的原因是多方面的，但最为重要的是岗位数量减少。岗位数量的多少取决于产业的发展。无论是制造业还是服务业，只要经济景气，产业发展，就业岗位数量就多。但从全球经济发展来看，现在全球经济均不同程度地处于疲软状态。美国经济一直靠宽松的货币政策来刺激，大量地印刷钞票，让其他国家来为其经济发展低迷买单。日本经济已经连续 10 余年下滑。我国的经济发展也进入了新常态，增速由原来的 10%以上到现在的 6～7%。经济发展下行压力带来的直接结果就是，就业岗位数量减少。在巨大的自由人群体中，自然孕育着一大批精英分子创办企业实体，不但解决了个人就业问题，还会带动其他人就业，发挥创业的“就业倍增”效应。因此，解决自由人群体的就业问题，单纯地分享现有的就业蛋糕的途径是不可取的，而应该是一部分人去将这个蛋糕做大。创新创业是解决自由人群体的巨大存在和就业岗位缺乏之间的矛盾的根本方法。

（二）扩大内需和增加收入的矛盾

一本美国人写的书上讲，教会一只鹦鹉说“供给与需求”，那么这只鹦鹉就可以算是经济学家了。“供给”与“需求”这两个词在经济学家口中使用的频率非常之高，也就是说“供给”与“需求”是经济发展规律中两个最根本、关键的要素。供给与需求两者是相互决定和相互转化的，可以用一个链条简单地表示：

个人需求—社会总需求—价格变动—投资激励—个人收入—个人需求

这个链条环起来就是一个圈。既然是一个圆圈，当然可以从其中任何一个环节断开。如果从单个人的需求开始，那么个人需求的总和就是社会总需求。个人需求降低，决定了社会总需求降低，社会总需求降低决定了价格水平降低，价格水平降低决定了投资激励的减弱，投资激励的减弱决定了居民个人收入的减少，个人收入的减少决定了个人需求的减少。如此循环往复，经济将陷入非良性循环。该从哪里入手遏制这个非良性循环呢？如果从个人需求入手，银行按揭、消费贷款、降息再降息、降价再降价，都是无济于事，治标不治本的。向循环的逆方向看，同样跳不出这个循环。解决问题的思路必须跳出这个圈子，用圈子之外的某种力量在打破这个循环。这时，我们想到的是“躺在银行睡大觉的”存款和大量的民间闲散资本，不是鼓励大家去消费，而是把它转化为投资。因为唯有产业投资才是可能进入循环圈的外部力量。唯有产业投资才可能受循环圈内的价值总量增加，才能增加个人的收入，扩大需求。创办企业是民间资本产业投资的最佳途径，因此，创新创业是解决扩大内需和增加收入矛盾的唯一出路。

（三）传统工作体制和时尚工作理念的矛盾

美国著名企业家比尔·盖茨认为，由于科学技术和网络的发展，使得我们每一个人的能量得以极大地发挥，比如，我一个人坐在星巴克咖啡屋就可以处理大量的工作事务，这就是SOHO方式所带来的便利。在当今世界，SOHO已经成为改变全球3亿青年人财富命运的时尚工作理念。在美国，SOHO一族的人数超过1 000万人，而且超过65%的美国新兴业是由SOHO一族创办的。经济学家曾预测，在未来10年，SOHO将成为一种社会主流的职业平台。

所谓SOHO是“small office/home office”的缩写，即小型办公、家庭办公。目前，香港的SOHO一族约有45万人，上海约有50万人，北京约有40万人，广州约有20万人，深圳约有20万人。SOHO一族的特点是：有经济头脑，趋势，有专业技术，有文化，有雄心，敬业，综合素质高。

SOHO为什么越来越庞大？SOHO的工作模式为什么得到越来越多青年的喜爱？主要原因是现代青年人对于自由的生活方式和工作方式的追求与传统的工作体制之间产生了矛盾。也就是说，传统的工作体制不能够提供青年人需要的自由的生活方式和工作方式。SOHO一族的工作以出售创意为主，且多集中于一些新兴的领域，例如商务代理、销售代理、平面设计、影视娱乐、网页制作、广告设计、市场策划等。SOHO一族最珍爱的理念无疑是“自由”，他们借助SOHO工作平台，拥有了本该属于年轻人的且符合年轻人本性的内容——自由。正是这种自由的生活方式和工作方式使得职业不再只是一种谋生手段，而成为青年人梦想的一部分。人的一生拥有无数的可能性，任何一种职业在最好的情形下也只是实现其中少数的可能性，而压抑了其余的可能性。对于SOHO一族来说，他们拥有了尝试其他可能的机会，做以前想做而做不了的事情，发展自己在传统工作方式中发展不了的能力，这本身就是莫大的诱惑和享受。

有迹象表明，在未来的十年中，SOHO族将不断壮大，SOHO将不仅作为一种工作趋势不断发展，而且将成为一种主流职业为社会所接受，并成为城市中青人群自由创业最有效的跳板。

（四）企业家群体的短缺和中华民族伟大复兴的矛盾

中华民族在20世纪前50年实现了民族独立，后50年找到了强国之路。进入21世纪，我们肩负着中华民族伟大复兴的历史使命。国家强盛的根基是经济，经济的根基是企业，企业的灵魂与核心是企业家。企业家的作用从小的方面讲，可以成就一个强大的企业，从大的方面讲，可以引领一个行业，像我们大家都非常熟悉的马云、俞敏洪、张瑞敏、任正非等。企业家是实现中华民族伟大复兴的中坚力量，是最稀有的资源。

企业家的匮乏是一个不争的事实。看看我们身边的东西，有多少是我们自己发明的？在现有的高端产品中，我们拥有多少自主的知识产权？在国际贸易中，我们掌握多少标准？在世界500强企业中，有几家中国企业？在知名的企业家行列中，有几个中国人的名字？中华民族的伟大复兴需要数以万计的企业家。企业家从哪里来？靠学校的教育能够实现吗？显然不行，如果学校教育能够解决的话，我们就可以批量生产了。靠行政任命，更不可能。

真正的企业家到底从哪里来？非创业莫属。企业家是练出来的，是靠市场磨炼、打拼出来的。为什么有的企业家我们能记住他的名字？因为他们真正地属于市场，属于企业，是和企业同命运、共成长的。真正的企业家无一不是通过创业实践产生的。因此，中国要产生数以万计的企业家，只有通过创业这条路才能解决。从某种意义上讲，只有创新创业才能够实现中华民族的伟大复兴。

（五）传统的供给结构和现行的需求结构的矛盾

首先我们看一下现行的需求结构已发生哪些明显的变化。一是“住”“行”主导的需求结构发生阶段性变化。2013年我国城镇常住人口户均达到1套房，2014年每千人汽车拥有量超过100辆。根据国际经验，这个阶段“住”“行”的市场需求会发生明显变化。二是需求结构加快转型升级。随着收入水平提高和中等收入群体扩大，居民对产品品质、质量和性能的要求明显提高，多样化、个性化、高端化需求与日俱增。三是服务需求在消费需求中的占比明显提高，旅游、养老、教育、医疗等服务需求快速增长。四是产业价值链提升对研发、设计、标准、供应链管理、营销网络、物流配送等生产性服务提出了更高要求。

而供给侧明显不适应需求结构的变化。一是无效和低端供给过多。一些传统产业产能严重过剩，产能利用率偏低。二是有效和中高端供给不足。供给侧调整明显滞后于需求结构升级，居民对高品质商品和服务的需求难以得到满足，出现到境外大量采购日常用品的现象，造成国内消费需求外流。三是体制、机制束缚了供给结构调整。受传统体制、机制约束等影响，供给侧调整表现出明显的黏性和迟滞，生产要素难以从无效需求领域向有效需求领域、从低端领域向中高端领域配置，新产品和新服务的供给潜力没有得到释放。

供需结构错配是我国当前经济运行中的突出矛盾，矛盾的主要方面在供给侧，主要表现为过剩产能处置缓慢，多样化、个性化、高端化需求难以得到满足。要解决这一问题，更多地依靠创新创业的驱动力，通过创新创业，促进产业转型升级，培育新兴产业，推进个性化、高端化产品供给，解决供给与需求的矛盾。

延伸阅读

创新创业大潮来了，我们该做何选择？

古语云：凡事要顺势而为。当大潮到来的时候，人们一般会有三种选择：一小部分具有前瞻意识和冒险精神的人，走到近处去观看大潮，并随着大潮前进的趋势在奔跑，和趋势赛跑，寻求引领潮流的感觉；一部分人受前一部分人的感染和诱惑，也冲进大潮中，做一名弄潮儿，享受与趋势同进的感觉；大部分人站在安全的区域观赏大潮到来的美景，也会看看前面那两部分人的表演，偶尔也会评判一下。那么，最终结果也会有三种：那些引领潮流者，他们付出了辛苦和努力，或许还面临着死亡的威胁，但他们收获了快乐，收获了一些意外的惊喜；那些弄潮儿，不畏竞争，不断挑战自我，克服了一个又一个艰难险阻，享受着搏击风浪带来的刺激与兴奋；观望者，选择了安全、安逸，虽然没有任何危险，但最后留下的仅仅是羡慕与后悔。今天，我们已经或即将站在选择的十字路口上，该做何选择呢？你是选择做一名潮流的引领者，弄潮儿，还是一名观望者？不同的人会根据不同的情况做不同的选择，即使现在不做选择，也一定要思考未来可能做何选择，这一点很重要。如果不做任何选择，随波逐流或顺其自然就是一种逃避，或许对你来说这个时代就是最坏的时代。

以前，我们上大学的主要目的是为了谋一份好的工作。而现在，我们的目标则应改为提升创新创业能力，努力将自己塑造和培养成创新创业型人才。作为创新创业型人才，首先要有扎实的专业知识，这就要求你既要扎根于专业，学好专业知识，同时也要广泛地涉猎政治、经济、文化、管理等各方面的知识，为创新创业做好知识储备。其次，培养质疑、批判和创新精神。要勇于突破传统观念和思想藩篱的束缚，用怀疑的眼光、批判的思维看待周围熟悉的事物，用创造性的思维和方法去学习、工作。只有不断地通过创新思维训练和小的创新实践，才有可能产生较大或重大的创新。再次，深入社会，从社会中找问题，找不足，找需要改进的事物，尝试着找到问题的解决方法，如果有可能，将创新转化为创业的项目。利用大学的实验室、众创空间或创业园，将想法变为现实，为社会创造财富。最后，积极参加各类创新创业活动，或者选择一些创新创业类课程，或者参与一些创新创业项目的开发，或者协助他人完成一些创新创业活动，这些都是不错的实践。大家一定要记住：机会不会从天上掉下来。要把握机会，首先要练就把握机会的本领，而实践就是最好的老师。

如果不想成为最好时代的牺牲品或者陪葬品，那么，现在就行动起来。正如美国通用电气集团前首席执行官杰克韦尔奇所说：你们想到了，但是我做到了。因此，赶快行动！为这个最好的时代做好准备，那么你就会成为这个最好的时代中最成功的人。

课堂讨论

1. 经济转型背景下，面对创新创业大潮，你将如何规划未来？
2. 根据你的认知，请你谈谈为什么说创新创业是当今社会发展的趋势？

第二节　“互联网+”与创新创业

案例导读

大学生自主创业开“校园网上杂货店”生意红火

“超市也能送外卖!”这几天，不少大学生都收到了这样一封邮件，一家校园“网上杂货店”的宣传广告。他们专门提供物美价廉的百货订购配送服务，小到一包薯片，大到一箱牛奶，学生只要轻点鼠标就能享受送货上门的贴心服务。该服务受到学生的欢迎。

不经意的感叹成创业点子

“只要您一封邮件、一条短信、一个电话，我们就能为您提供送货上门、货到付款的贴心服务，让您在省钱的同时，免去到超市的奔波劳累。一切就是这么简单，还不赶快尝试一下?”记者在这份购物清单上看到，这家名叫“买莫士”的“校园网上杂货店”，提供的商品可谓琳琅满目，品种达6 000余种之多。

记者点击一看，别看麻雀虽小但五脏俱全，小到QQ糖、巧克力、薯片、话梅，大到整箱牛奶、方便面、洗衣粉等，吃的用的无所不包，且所有商品都拥有绝对实惠的“交大价”，记者对比发现，部分商品竟比市场价便宜了4元多，促销力度之大令人心动。

“我们的定位就是校园，承诺提供比超市更低的价格，让大学生能轻轻松松‘网上逛大卖场’。”创业团队成员交大安泰经管学院大三学生小蒋告诉记者，之所以考虑开一家网上杂货店是源于同学的亲身经历。有一次，他听说同学为了买一箱牛奶，从学校附近的唯一一家大超市步行至寝室，花了近40分钟，手都快被勒断了。

“如果能网上订货就好了!”同学一边捶着酸疼的手臂，一边喃喃自语。可就是这么一句不经意的感叹，让小蒋和几位好友萌生了开网上超市的想法。四个“臭皮匠”合计，就像模像样地把杂货店开了起来。

网上杂货店贴近学生需求

“买莫士”刚开张几天，生意还不错，已经接到了500多元的订单，售出的多是咖啡、饼干、洗衣粉、牙刷等食品和生活日用品。第一位光顾他们店的是一位女硕士，“她买了沐浴乳、红茶、洗衣粉和洗面奶，共六七十元，当时大家都很兴奋！”接到第一单生意，团队成员可不敢马虎，决定亲自送货，给顾客留下好印象。

没有办公室、仓库，每天晚上七点，就是他们“接订单”的时间，“主要就是查邮箱，看看有没有订单，我们的寝室就是办公室啦。”负责订单收集的小蒋说，订单凑齐一定数量，把订单传真给供货商，取货后由“快递员”送货到寝室。“保证亲自送到你手中，不需要送货费，因为就在学校！”机动学院大四学生小陆说。

不过，创业的道路也并非一帆风顺，“也有顾客抱怨，说送货时间太长，还不如到楼下的超市买。”说到“投诉”，几个小伙子也很无奈，毕竟创业刚起步，需要完善的地方还很多。小陆说，他们也正在考虑改变销售方式，比如及时送货、保证质量、考虑退换等，争取向交大同学提供更优质便捷的配送服务。

对未来充满信心

面对金融危机所带来的就业难，小陆的创业动机则显得更务实。“前段时间工作难找，晚上睡不着觉。看到其他同学陆续有了着落，压力也很大。再加上大家之前都有过创业经历，所以才下定决心要开店。”他表示，目前自己正全力以赴地忙活着“买莫士”的生意。

“一方面多和其他创业‘牛人’交流学习，再加上以前的经验教训，我们对未来抱有希望，”四个小伙子说，“久病成良医，经历了这么多创业的挫折教训，说不定将来有机会转行搞‘就业培训’了。”小陆打趣说。

21 世纪的信息时代，网络创业拥有着巨大的发展潜力和巨大的市场，而大学生创业者更是在网络中成长的一代，熟悉网络时代的特点和网络操作，是他们网上创业的优势，相信大学生创业者在积累了网上创业的经验后，一定能够在网络时代的洪流中大显身手。

在就业形势日益严峻的今天，创业已成为解决大学生就业的重要途径，随着计算机的普及和互联网的快速发展以及电子商务的蓬勃兴起，具有门槛低、成本小、风险小等优越性的网上创业成为大学生自主创业的一项选择。

一、认识“互联网＋”

“互联网＋”是创新 2.0 下的互联网发展的新业态，是知识社会创新 2.0 推动下的互联网形态演进及其催生的经济社会发展新形态。“互联网＋”是互联网思维的进一步实践成果，推动经济形态不断地发生演变，全面带动社会经济实体的生命力。为改革，创新、发展提供广阔的网络平台。

通俗来说，“互联网＋”就是“互联网＋各个传统行业”，但这并不是简单地两者相加。而是利用信息通信技术以及互联网平台，让互联网与传统行业进行深度融合，创造新的发展生态。它代表一种新的社会形态，即充分发挥互联网在社会资源配置中的优化和集成作用，将互联网的创新成果深度融合于经济、社会各领域之中。提升全社会的创新力和生产力，形成更广泛的以互联网为基础设施和实现工具的经济发展新形态。

（一）"互联网+"六大特征

1. 跨界融合

"+"就是跨界，就是变革，就是开放，就是重塑融合。敢于跨界，创新的基础就更坚实。融合协同，群体智能才会实现，从研发到产业化的路径才会更垂直。融合本身也指身份的融合，客户消费转化为投资，共同参与创新。

2. 创新驱力

中国粗放的资源驱动型增长方式早就难以为继，必须转变到创新驱动发展这条正确的道路上来。这正是互联网的特质，用互联网思维来求变、自我革命，也更能发挥创新的力量。

3. 重塑结构

随着信息革命和全球化，互联网业已打破了原有的社会结构、经济结构、地缘结构、文化结构。议事规则、话语权等都不断在发生变化。

4. 尊重人性

人性的光辉是推动科技进步、经济增长、社会进步、文化繁荣的最根本的力量。互联网的力量之强大最根本地也来源于对人性的最大限度的尊重、对人的体验的敬畏、对人的创造性发挥的重视。

5. 开放生态

"互联网+"，生态是非常重要的特征，而生态本身就是开放的。推进"互联网+"，其中一个重要的方向就是要把过去制约创新的环节化解掉，把孤岛式创新连接起来，让研发由人性决定的市场驱动，让创业者有机会实现价值。

6. 连接一切

连接是有层次的，可连接性是有差异的，连接的价值是相差很大的，但是连接一切是"互联网+"的目标。

（二）互联网思维

互联网的产生使得过去作为人类文明基石的思想体系面临新的挑战，整个商品供应链条上的大角色，如品牌商、分销商和零售商的权力在稀释、衰退甚至终结。由于消费信息越来越对称，价值链上的传统利益集团越来越难巩固自身的利益壁垒，传统的品牌霸权和零售霸权逐渐丧失发号施令的能力。话语权从零售商转移出来到了消费者手中，这是一个划时代的事件，未来全球消费者共同参与、共同分享的开放架构正在形成。这一权力重心的变化，使我们必须主动邀请顾客参与到从创意、设计、生产到销售的整个价值链创造中来。因此，我们需要换脑，加快从工业思维向互联网思维、从PC互联网思维向移动互联网思维的转变。互联网不仅是一种工具，而且是一种思维模式，谁先改变思维，谁就在互联网创业中抢占先机。未来的企业在互联网（特别是移动互联网）提供的运行平台下将会重新洗牌，移动互联网是未来所有行业、所有企业、所有组织新的操作系统，互联网思维将变得更加重要。

二、互联网思维下的创新创业

互联网本身是一种工具，工具本身是不能创造价值的，人们通过利用互联网这种工具加上互联网思维的特点，实现传统产业的转型或者创造新的商业模式，实现产业创新或者产业变革。马云曾说："互联网不仅仅是种技术，不仅仅是一种产业，更是一种思想是一种价值观。互联网将是创造明天的外在动力，创造明天最重要的是改变思想。"所以我们想要互联网这种工具创造价值，就需要改变思想，实现思维变革。利用互联网思维，可以找到很多创意，这些创意可能就会形成新的商业模式。

（一）微信营销

顾名思义，微信营销是以微信平台为载体开展的一种营销方式，是指企业（或商家）通过微信软件平台（主要体现为公众号、朋友圈和微信群的功能应用上）发布产品和服务信息，进行产品和服务推广，实现点对点营销的一种新型网络营销方式。

随着微信功能的不断提升与完善，微信营销的形式随之多样化出现。原因不仅在于庞大的微信用户群中，订阅企业微信公众号的微信用户占比有限，更在于其他微信功能所能实现的营销效果具有足够的吸引力。以微信朋友圈为例，微信用户频繁的使用状态以及熟人间的强作用关系，能够有效促进营销信息传播与产品服务推广，实现意想不到的营销效果。而微信群被认为是比公众号、朋友圈价值更大的营销平台，微信群以群成员为纽带的气泡式的超强传播效果越来越受到企业（或商家）的重视。

在五道口清华科技园旁边，有着木制墙面，醒目红色招牌、不足10平方米的"西少爷"肉夹馍店已经开业很久了，离很远就能见到从它的门前蜿蜒到五道口卜蜂莲花超市门口广场中间的队伍。

"西少爷"肉夹馍利用微信营销，图文并茂讲故事，还贴上详细的地图；追求品质，包装袋用进口材料，成本是普通塑料袋的20倍；注重用户体验，吃完馍可索取口香糖，排队时间长会有遮阳伞，渴了有免费矿泉水，顾客玩手机没电了，还可借用充电……"西少爷"客户体验环节设计让顾客能看到"海底捞"的影子。互联网人做任何行业都会考虑一点，就是把用户体验放在第一位。只要你做出了让大家满意的东西，最终这个成本一定会有人替你买单，一定会得到回报。

（二）网络口碑营销

口碑在影响消费者决策及行为转变方面扮演者极为重要的角色。传统意义上，口碑是顾客告知朋友、家人或者同事某事件，从而创造出某种程度的满意度。换言之，口碑是消费者之间所交流的关于特定品牌的所有意见与评价。互联网的出现，颠覆了传统的面对面的人际传播，如今，消费者已经越来越习惯于通过互联网来获取口碑信息。通过互联网所进行的信息沟通和交换也是口碑传播的一种形式，即“网络口碑”。

网络口碑是指消费者通过网络平台传播的关于产品、服务等方面的信息，其表现为文字、图片、声音、视频或者是它们的组合。近年来，网络口碑营销日益成为一种热门的商业营销手段。网络口碑营销，即借助网络平台以口碑传播方式营销推广的模式，具有扩散性、流动性、促进力和可信度的特点。

2014 年 3 月，曲博跟他的小伙伴开始筹备“叫个鸭子”，5 月开始试运行。最开始送了 100 份产品给互联网、媒体圈的朋友，此后基本是靠口碑传播积累用户。7 月，“叫个鸭子”估值 5 000 万元，7 月底完成了 600 万的天使轮融资。8 月 12 日，微信“叫个鸭子”个人号用户好友超过 5 000 人，回单率达 60%，日订单量过百，按单飞套 145 元、双飞套 288 元的价格，单日流水约 2 万元。

曲博说：“选择 600 万元，大致是我一年半的运营成本，没有要更多的钱。选择投资人一则看投资团队怎么给平台带来更大的收益。二则更重要的是谁会懂我。投资人不会管我，他们只会跟我说：‘我在哪儿带你叫了个鸭子。’投资人显然不是单冲着‘叫个鸭子’的味道能冠绝市场而来。就味道而言，‘叫个鸭子’还有待众多食客评价。但上市几月后，它体现出的品牌（用户）运营创新性与活力确实令人侧目。”

（三）自媒体营销

自媒体营销就是组织或个人通过博客、微博、微信、百度、搜狐等互联网协作平台和媒体来传播和发布资讯，从而形成的营销、销售、公共关系处理和客户关系服务维护及开拓的一种方式，其本质是网络营销的一种。自媒体营销作为一种新的营销手段，由于起点低，成本低，影响范围大的特点受到广大商家的喜爱。自媒体营销的核心是内容营销。自媒体个人或者企业的创办者通过自媒体平台依靠自身内容积聚粉丝，对粉丝群体进行“小而精”的营销，将粉丝转变为购买者。

“人人都在谈颠覆的时候，真正炫酷的事情，是能不能让人回归人本身。”张天一生于 1990 年，伏牛堂创始人，北大法学硕士。2014 年 4 月，他写的《我硕士毕业为什么卖米粉》在朋友圈广为传播，“硕士粉”一时成为热词。

我们是卖米粉的，顾客最终吃到嘴里的就是一碗米粉。虽然我们是一个非常传统的米粉店，但自媒体对我们的商业影响很大，主要体现于三点：

（1）借助自媒体吸引人流。我们只有 10 万块钱，10 万块在北京找一个像样的地方，搞装修、搞风格，基本是不可能的事。找来找去最后找到环球金融中心地下室的拐角，一个没有人敢接盘的地方。但是我们一看乐了，这就是我们要的地方，一流的商圈、十流的位置。我们相信自媒体可以给我们引来人流，所以愉快地选了这儿。

（2）借助自媒体精确找到消费者。湖南米粉在过去的100年间，都没有在北京打开过市场，因为它又油又辣，根本不是北方人的菜。包括今天也有很多人给我们伏牛堂提建议，说你的米粉太辣了，太油了，但是我的米粉依然是这么油、这么辣。因为我清楚地知道，在这个自媒体时代，我能精准地找到北京大约30万到40万接受我这个口味的湖南人。我不需要满足2 000万人的胃，我只需要坚持做我自己就好了。

（3）借助自媒体保持核心竞争力。传统的餐饮是封闭、保守的，它全部的核心秘密在于厨房，厨房的核心秘密在于招牌菜的配方。可是对我们而言，我的厨房是开放、公平、包容的，伏牛堂的核心配方我们会以漫画的形式，清清楚楚、明明白白地告诉大家，如果感兴趣甚至可以来伏牛堂找我教你。我清楚地知道，即使我交了这个配方，明天我旁边出现伏猪堂，伏鸡堂、伏狗堂，但跟我们是不一样的。因为我们真正的生机在于我们运营了3个月，我们有了8个QQ大群、3个微信大群，以及微博上这将近1万人的湖南人的粉丝群体，这才是我们真正的核心竞争力。

延伸阅读

互联网思维的九个特点

用户思维

用户思维是互联网思维的核心，是指在价值链各个环节中都要“以用户为中心”去考虑问题。互联网消除了信息不对称，使得消费者掌握了更多的产品、价格、品牌方面的信息，互联网的存在使得市场竞争更为充分，市场由厂商主导转变为消费者主导，消费者“用脚投票”的作用更为明显，消费者主权时代真正到来。作为厂商，必须从市场定位、产品研发、生产销售乃至售后服务整个价值链的各个环节，建立起“以用户为中心”的企业文化，不能只是理解用户，而是要深度理解用户。

简约思维

简约思维，是指在产品规划和品牌定位上，力求专注、简单；在产品设计上，力求简洁、简约。在互联网时代，消费者的选择太多，选择时间太短，用户的耐心越来越不足。线下一家门店出来再进入下一家，线上只需要点击一下鼠标，转移成本几乎为零。所以，必须在短时间内抓住客户！简约即是美。在产品设计方面，要做减法。外观要简洁，内在的操作流程要简化。谷歌首页永远都是清爽的界面，苹果的外观、特斯拉汽车的外观，都是这样的设计。

极致思维

极致思维，就是把产品和服务做到极致，把用户体验做到极致，超越用户预期。互联网时代的竞争，只有第一，没有第二，只有做到极致，才能够真正赢得消费者，赢得人心。什么叫极致？就是打造让用户尖叫的产品。方法有三条：第一，“需求要抓得准”（痛点、痒点或兴奋点）；第二，“自己要逼得狠”（做到自己能力的极限）；第三，“管理要盯得紧”（得产品经理得天下）。

流量思维

流量意味着体量，体量意味着分量。“目光聚集之处，金钱必将追随”，对于互联网产品，免费往往成了获取流量的首要策略，互联网产品大多不向用户直接收费，而是用免费策略极力争取用户、锁定用户。淘宝、百度、QQ、360都是依托免费起家。任何一个互联网产品，只要用户活跃数量达到一定程度，就会开始产生质变，这种质变往往会给该公司或者产品带来新的“商机”或者“价值”，这是互联网独有的“奇迹”和“魅力”。

迭代思维

互联网产品开发是一种以人为核心、迭代、循序渐进的开发方法，允许有所不足，不断试错，在持续迭代中完善产品。这里面有两个点，一个是“微”，一个是“快”。“微”，要从细微的用户需求入手，贴近用户心理，在用户参与和反馈中逐步改进。

社会化思维

社会化商业的核心是网，公司面对的客户以网的形式存在，这将改变企业生产、销售、营销等整个形态。应充分利用社会化媒体，进行口碑营销。但有一点，不是用了社会化媒体就是口碑营销，口碑营销不是自说自话，一定是站在用户的角度、以用户的方式和用户沟通。

大数据思维

用户在网络上一般会产生信息、行为、关系三个层面的数据，大数据的关键在于数据挖掘，有效的数据挖掘才可能产生高质量的分析预测。海量用户和良好的数据资产将成为未来的核心竞争力。在互联网和大数据时代，客户所产生的庞大数据量使营销人员能够深入了解“每一个人”，而不是“目标人群”。这个时候的营销策略和计划就应该更精准，要针对个性化用户做精准营销。

平台思维

互联网的平台思维就是开放、共享、共赢的思维。全球最大的100家企业里，有60家企业的主要收入来自平台商业模式，包括苹果、谷歌等。平台盈利模式多为“羊毛出在狗身上”。传统企业转型互联网，或者新的互联网公司创业，当不具备构建生态型平台实力的时候，那就要思考怎样利用现有的平台。海尔公司近年来一直在开展“人单合一”，将8万多人分为2 000个自主经营体，让员工成为真正的“创业者”，在海尔的大平台上自己寻找创业机会，同时配合内部的风投机制，或者员工自己到社会上组织力量，成立小微公司，就是要发挥每个人的创造力，让每个人成为自己的CEO。

跨界思维

互联网和新科技的发展使得很多产业的边界变得模糊，互联网企业的触角已经无孔不入，一场跨界分金的盛宴正在开始！移动说，搞了这么多年，现在才发现，原来腾讯才是我们的竞争对手。不论是传统企业，还是互联网企业，都要主动拥抱变化，大胆地进行颠覆式创新，这是时代背景的必然要求。企业能够同时在科技和人文的交汇点上找到自己的坐标。一个真正厉害的企业，一定是手握用户和数据资源，能够纵横捭阖，敢于跨界创新的组织。

资料来源：赵大伟. 互联网思维独孤九剑［M］. 北京：机械工业出版社，2014.

课堂讨论

举例说说你身边运用“互联网+”的商业模式有哪些？

第三节　创业与职业生涯发展

案例导读

创业是希望的种子

1.8米出头的瘦高身材，白净的脸上架着眼镜，背着个大大的双肩书包，郭鑫说，他命运的转折要从2008年说起。

他的家在四川雅安阿坝藏族、羌族自治州地区，汶川地震后，家里的房子化为瓦砾，16岁的郭鑫失去了外婆和爷爷。他看着战士连夜搭建帐篷，志愿者劳苦运送食物，素不相识的好心人在初中升高中考试中留他在家里休息。灾难让郭鑫变得坚强，也将感恩的种子埋在他的心里。

调研课题获得大学生创业赛金奖

郭鑫在成都树德中学读高中时，做了一项关于“灾区高三学生心理状况”的调研，通过连续三年跟踪调研100名灾区高三学生而作出调研报告反馈给心理援助机构，为来自灾区的高三学生提供心理援助。

2011年，郭鑫考入天津南开大学周恩来政府管理学院政治学与行政学专业。上大学一年级时，郭鑫看到一则新闻：某县城是离北京最近的沙源地，2000年开始退耕还林，十年后原本很富裕的县变成了国家级贫困县，他开始对中国环境生态补偿产生了浓厚的兴趣。这让他想起了自己的家乡，能不能让曾经水草丰美的故乡走出沙化和贫穷的两难困境？他因此组建了项目小组并入选了学校的“百项工程”，获得了资金、导师、信息等方面的支持。

郭鑫奔波在去农村调研的路上，无数个夜晚，他一个人疲惫地坐在返回天津的火车上，想起几天来被人拒之门外和恶语相加，感到无奈和委屈；做调研几乎没有什么经费，小组里五六个人挤在一间房里，郭鑫常常是在桌上和衣而睡；为了更好地分析调查数据，郭鑫还辅修了数学学院的部分课程。

经过努力，郭鑫的项目入选“国家大学生创新科研计划”。凭借“林业碳汇商业化模式”，郭鑫和他的团队在“挑战杯”大学生创业大赛中获得金奖，而他也是获奖团队中年级最低的队长。

创业瞄准解决社会难题

没想到，金奖却给郭鑫带来了更多烦恼。历经诸多艰难努力的创业成果难道就此束之高阁吗？郭鑫的脑子里出现了一个新的概念——社会创业。“为区别以营利为目的的商业创业，我们的创业称为社会创业，以解决社会问题为创业的核心目标。我们团队的每一项创业都要解决一个社会问题。”郭鑫说。

郭鑫想到了一个捷径，他在网上找到大学生村官的QQ群，和每个村官打招呼，推荐碳汇林：“如果让村民种植碳汇林，国际认可的认证机构颁发的认定书和国家主管部门发放的碳汇证可以作为有价证券出售给企业，一方面增加收入，另一方面也减轻了出口企业的负担。”大部分村官不搭理他，郭鑫并没有气馁。

终于，一位河北邯郸邱县的村官和郭鑫攀谈起来，两人很快达成共识。郭鑫带着团队辗转来到邱县村庄，通过大学生村官与当地村民建立了联系。为了赢得农民的信任，郭鑫买了酒和卤肉坐到农民炕头上，讲碳汇林怎么挣钱又环保，那一个月他吃住在村里的一间简陋办公室，农民有事随叫随到，终于在邱县开辟了碳汇林模式的第一块2 000亩*的试验田。

郭鑫带着团队指导种植的碳汇林达到了有利于土壤发育、有利于涵养水源、有利于改善气候等五个国家标准。农民们人均净增收也从1 800元增加到3 900元，他们如约以每吨抽取10～20元不等的利润付给郭鑫。美好的设想变为现实，郭鑫赚到了创业的第一桶金。

听说郭鑫的项目后，各地有相关需求的政府部门相继邀请郭鑫团队到当地推广林业碳汇商业化模式，随后项目由小到大，逐渐铺开。如今，碳汇林项目已经在18个省市100多个县生根发芽。

在创业的路上，郭鑫继续朝着难以解决的社会需求的方向前进。在一次调研中，郭鑫发现南沙群岛等海南离岛地区许多人由于长期吃不上新鲜蔬菜，患上了各类疾病。郭鑫提出了这样的解决思路：“我校化学学院有一项配置营养液的技术，但因成本过高一直闲置。为了成功地把这个技术转化成产业，我们自己组建了研发团队对技术进行了再研发，极大地降低了产品成本和使用便利性。从而使产品能够很好地满足海军以及岛民的需要。”他将这个项目称为“海南离岛蔬菜绿箱子项目”，绿箱子里种上本岛的各种蔬菜，利用当地充足的光和热来促进蔬菜的生长，一般情况下，蔬菜生长5天左右就可上餐桌了。到2013年底，他的蔬菜绿箱子项目销售额达到1.13亿元。

---

* 亩，土地面积单位，1亩≈666.6 m^2。

让更多人实现创业梦

推广“绿箱子”项目时，郭鑫还成立了创新公寓公司。公司在北京高校聚集的五道口地区以 3 500 元/月每套租下 50 套公寓，统一装修设计后以 1 500 元/月的价钱租给刚刚毕业的大学生。入住这一物美价廉公寓的条件是“有并努力实现梦想”。入住前，郭鑫公司的员工会花几十元，和他们边吃边聊一下午，并对“梦想”作出评估。入住后还有专门人员为这些大学生提供实现梦想的服务。其中最典型的例子是一位清华大学美术学院的毕业生，入住公寓时是一家广告公司的美编。他在创新公寓公司的帮助下利用业余时间，先后拍摄了 5 部青春微电影，并通过公寓与土豆网的合作获得广泛好评，影片获利促使他辞去工作，专注于自己的梦想。创新公寓现已基本租罄，郭鑫相信，它一定能成为一个青年人追梦的社区，并最终形成一种营利模式。在他看来，年轻人除了要图生存，更要保留梦想，培育梦想。

“不能把开网店、摆地摊拉到大学生创业的概念中，因为这些项目体现不了大学生的价值。”在郭鑫看来，一些大学生不能成功创业是因为缺乏创业精神，没有创新意识，依赖性很强。对于请教他创业秘诀的同学，他的回答都是，不要急功近利，创造价值比创造财富更重要。价值变大了以后，财富自己就会来。

“创业是希望的种子，我创业的经验就是不想盈利点，做好失败的准备，随时准备回到原地。”郭鑫的梦想就是有一天中国能出个创业型大学，这个大学的学生都有创业者的精神，有社会担当，“我想培养出更多的这样的学生。”

一、职业生涯规划的概念

职业生涯规划，是指组织或者个人把个人发展与组织发展相结合，对决定个人职业生涯的个人因素、组织因素和社会因素等进行分析，制订个人一生中在事业发展上的战略设想与计划安排。

具体来说，职业生涯规划就是指个体客观认知自己的兴趣、能力、性格和价值观，发展适合自己的完整的职业自我观念，将个人发展与组织发展相结合，在对个人和外部环境因素进行分析的基础上，深入了解各种职业的需求趋势以及能够取得这个职业的关键因素，确定自己的事业发展目标，并具体地选择实现这一事业目标的职业或岗位，编制相应的工作、教育和培训行动计划，制订出基本措施，高效行动，灵活调整，有效提升职业发展所需的执行、决策和应变技能，使自己的事业得到顺利发展，并获取最大程度的事业成功。简言之，职业生涯规划是指一个人对其一生中所承担职务相继历程的预期和计划。对大学生而言，职业生涯规划就是指根据自己的特点，结合社会要求，为自己设计最适合的职业和职业发展道路。

根据定义，职业生涯规划首先要对个人特点进行分析，再对所在组织环境和社会环境进行分析，然后根据分析结果制订一个人的事业奋斗目标，选择实现这一事业目标的职业，编制相应的工作、教育和培训的行动计划，并对每一步骤的时间、顺序和方向作出合理的安排。

职业生涯规划与管理需要一系列精心设计的流程才能迈上可控之路，可参考职业生涯规划与管理的“四部曲”，如图 2-1 所示。

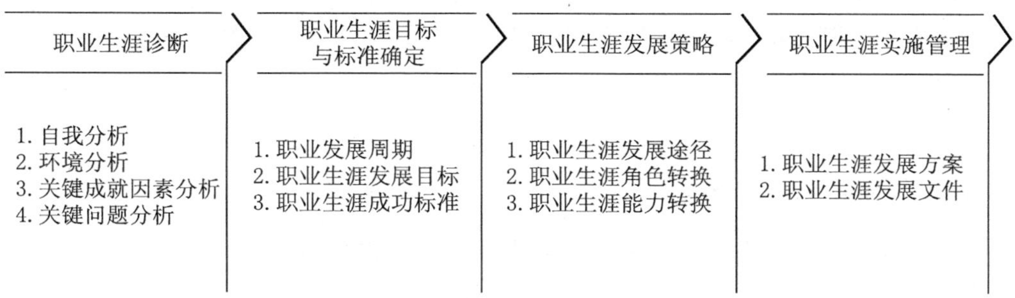

图 2-1　职业生涯规划与管理的“四部曲”

在现代社会，尽早做好职业生涯规划对于一个人的发展至关重要。只有这样，才能认清自我，不断探索开发自身潜能的有效途径或方式，才能准确地把握人生方向，塑造成功的人生。职业生涯规划的重要性在个人层面上主要表现为：有助于使个人认清自己发展的进程和事业目标，作为选择职业与承担任务的依据，把相关的工作经验积累起来，准确地充分利用有关的机会与资源，指引自我不断进步与完善。实践证明，在职业生涯中能够有所成就的人，往往是那些有着一种清晰的职业生涯规划的人。

对于一个立志创业的人来说，职业生涯规划与其创业规划在一定程度上是同一个东西。要制订一份好的规划，从原则上说，应该把握三个主要内容：自己能够做什么，社会需要什么，自己拥有什么资源。因此，就有必要进行自我分析、环境分析和关键成就因素分析。

首先，自己能够做什么。作为一个创业者来说，只是知道自己想干什么，这还是不够的，更重要的是，应该知道自己能够做什么、做得到什么。当然，这也是相对而言的，因为个人的潜能发挥是一个逐渐展现的过程。但是，一个人对自己的兴趣、潜能有一个基本的认识，仍然是一项具有前提性的工作。

其次，社会需求什么。一个人在明确自己想做什么、能做什么的同时，还应考虑社会的需求是什么这一重要因素。如果一个人所选择的创业领域既符合自己的兴趣又与自己的能力相一致，却不符合社会的需求，那么，这种创业的前景无疑会变得黯淡。由于分析社会需求及其发展态势并非一件易事，因此，在选择创业目标时，应该进行多方面的探索，以求得出客观而正确的判断。

再次，自己拥有什么资源。要创业，就必然依赖各种各样的资源。创业者应该清楚地审视自己所拥有或能够使用的一切资源的情况，是否足以支持创业的启动和创业成功之后可持续地进行。这里所说的资源，不仅指经济上的资金，还包括社会关系，即通过自己既有人际关系以及既有人际关系的进一步扩展所可能带来的各种具有支持性的东西。

最后，一份创业规划也必须将个人理想与社会实际有机地结合，创业规划同样能够帮助一个人真正了解自己，并且进一步评估内外环境的优势、限制，从而设计出既合理又可行的职业事业发展方向。只有使自身因素和社会条件达到最大程度的契合，才能在现实中发挥优势、避开劣势，使创业规划更具有可操作性。一份创业规划能够在多大程度上取得实际成功，取决于它在多大程度上对以上三个原则进行了准确的把握，并进行了最完美的结合。

二、创业选择和职业生涯发展

对年轻人而言，职业选择是否适当，将影响其将来事业的成败以及一生的幸福；对社会而言，个人择业是否适当，能决定社会人力供需是否平衡。如果每个人都适才适所，那么，不仅每个人都有发展的前途，而且社会亦会欣欣向荣：相反，则个人贫困，社会问题丛生。因此，职业选择对一个人及社会都有极重大的关系。

如今，创业已经成为大学生职业选择的一种。但是，创业是一个实践性很强的过程，要求创业者不仅要拥有创业精神、创新意识，同时还要具备足够的创业能力。创业能力与新创企业成败直接相关，创业能力强，则创业成功率高，反之亦然。

创业需要树立正确的创业观。创业者不仅要努力实现个人价值，更要考虑社会价值的实现。要处理好创业与职业生涯发展的关系，把专业知识和职业技能创造性地运用到经济社会发展中去。创业教育要注重培养学生的社会责任感，比如创造价值、服务国家服务人民等；培养学生自尊、自爱、自强、自信的精神，培养迎难而上、坚持不懈、勇于创新的意志品质，以及遵纪守法、诚实守信、善于合作的职业操守，奠定创业的正确方向。

创业需要培养创新的强烈意识。创业者要学会运用已知的信息，不断突破常规，发现或产生某种新颖、独特的社会价值或个人价值。创业者要保持对未知事物和新事物的好奇心，对新知执着的探究兴趣、追求新发现和新发明的激情。创业教育不仅要使学生熟练掌握专业知识技能，更重要的是培养学生的创新意识、问题意识、合作意识、社会意识，这必将有助于学生综合素质和能力的培养，提高适应复杂多变的生活环境和工作环境的能力，较快进入创业角色，从而促进学生创业能力的发展。

创业需要拥有博大的人文情怀。脱离人与人的关系、人与自然的关系、人与物的关系来谈创业是不可能的。人文因素在学生创业的动力、方法和形式上将发挥事半功倍的效用。创业教育要致力于学生团队合作精神的培养，鼓励学生追求人文教育与科学教育的整合，以有助于未来创业者改善生产、生活中的各种关系，改进生产方式，有效利用新的生产资源和劳动手段，提高效率、效益和服务水平。

创业，要有开阔的视野和综合思维能力。创业者要具有多角度分析问题的能力和方法。在学科专业化趋势日益凸显的同时，经济社会发展对边缘性、交叉性、综合性创业人才的需求也更加紧迫。成功的创业教育，要求学校特别是高校的教育教学打破学科之间、专业领域之间、文理之间的传统界限，在开拓学生知识面的基础上，提高学生从不同角度分析问题和解决问题的能力。教学要立足于开阔学生视野，增加跨专业、跨学科、跨行业的内容，使学生形成与产业结构经济发展方式变化相适应的综合思维方式，培养对未来创业者发展起关键性作用的综合能力，为他们在边缘性、交叉性、综合性领域发现新的创业平台打下能力素质基础。

当大学生选择了创业这个没有上司的职业之后，就成为一名真正的创业者，这时就需要自我管理、自我决策、自我规划。因此，在选择创业前，应该进行创业实践训练，向成功的企业家学习，在实践中提升和练就自己发现问题、解决问题的创业能力，然后再去创业，这样无疑可以大大提高创业的成功率和成就感。

延伸阅读

搏出精彩

丁建勋在校期间，创立上海乐程影像技术有限公司。其创业项目获上海大学生科技创业基金会 30 万元的资助，并最早入驻孵化基地。后又获得科技部国家创新基金 30 万元无偿资助，拥有多项影像产品专利，业务涉及影像产品销售、技术开发、运营服务等领域。目前公司拥有 250 多名员工。丁建勋的身上，集中体现了当代大学生立志创新、勇于开拓，不畏困难、乐观向上，无私奉献、服务社会的精神，他实现了科技创新与创业，以创业带动就业的结合。

立志创新，勇于开拓

丁建勋身上一直充满着创业的热情，这种热情背后的动机不是自己想当老板，赚很多的钱，而是希望通过创新去实现自己的人生价值。在他的办公室里悬挂着“公司的利益和客户的利益在前，其次是员工的利益，最后才是创业者自我的利益”。

“快速影像自助服务”创业项目最早是由丁建勋提出的，该项目新颖独特，虽然源于传统行业，但是经营理念和运用的技术完全是创新的，具有“小生意，大市场”的特征，特别适合创业。而且他本人无论从心理上，还是从创业项目本身都准备得比较充分。更主要的是丁建勋身上具备创业者特质，他非常清楚自己是谁，想干什么，能干什么。他的创业目标非常明确，心态平稳，思路清晰，市场经验比较丰富。

丁建勋的创新精神还集中体现在他的商业模式创新。创业者除了具有创业激情和敢为天下先的冒险精神外，还应具备敏感的商业嗅觉和理性决策的能力。原本作为一家科技型的创业企业，一般思路都是先搞技术研发、产品设计制造，然后市场推广销售获得利润这一“技、工、贸”常规套路。丁建勋及其创业团队经过市场研究，冷静分析：如果采用这一传统经营模式，从产品开发定型，到推广销售形成一定市场规模，至少需要两三年时间，资金至少需要数百万元，项目很有可能因为许多不确定的因素而死在“创业成功前的黎明”。为此，他们对所处的环境做了细致的分析，特别对 2010 年上海世博会的商机进行了详细的分析和判断，他们作出决策改变传统的经营思路和商业模式：利用现有技术先一步进军影像服务业，直接进行运营服务。这样不必等产品定型就可以进入市场运营服务，大大缩减产品开发时间和成本，较快实现正现金流，这样可以稳定和锻炼团队，及早发现产品的问题，而且符合国家“发展新兴服务业”相关产业政策，也容易得到政府支持。把创新融入传统服务行业，创造出新的需求，从而尽快形成效益；反过来将运营服务中获得的利润再投入到产品开发中去，更好更快地开发出符合市场需求的新产品，形成良性循环，创业企业也会得到迅速发展。从公司目前的形势发展来看，丁建勋及其经营团队这一决策是果断和正确的，符合当前市场环境和他们初创企业的实际情况，取得了成功。

不畏困难，乐观向上

创业者之路应该是所有职业发展道路中是最为艰辛的一种，创业之路充满了环境的不确定性和多种风险的伴随，但同时又是充满挑战和魅力的道路。创业者必须时刻承受着各种压力，风险，苦恼，误解。因而创业者必须有一颗坚强的心和坚韧不轻言放弃的性格，良好、乐观的心态和行动将有助于化解对不确定性风险的恐惧，使创业者勇敢地面对困境。丁建勋常说：我对未来不设定终点和时限，而是一直“在路上”坚定地前行，并享受其过程，更不关注个人所谓“成功和失败”。因为我们是给大家带来快乐的事业，因此我们的员工必须先快乐起来。显然，创业作为一项事业已经融入丁建勋的血液和精神，成为他的一种生活方式和人生态度。

积极的态度和团队的力量是克服困难最好的法宝。例如，他们在做外滩服务项目时，虽然雄心万丈，但毕竟公司是年轻的公司，资金、人员、经验都不足，很难想象一个只有100万元注册资金，30多人的初创小公司如何做到敢于吃下长达2千米多长上海外滩影像经营权，一旦签约就意味着公司会即刻膨胀到两百多人，一年内各项费用和投资超过千万元，而且经营管理中不确定的风险也比较多。丁建勋及其团队面对诸多困难没有退缩，积极寻求合作伙伴的支持和理解，在资金上，积极和外滩管理所沟通采用合作模式不用一次性支付巨额租金；此外，他们还自行研制了大容量锂电池解决供电的难题以及开发图片下载网站和ERP管理系统等。

在政府的关心和支持下，通过规范化经营，统一化管理，运用创新的经营模式和先进的技术，基本解决了一直困扰外滩摄影管理问题，消除了曾经一度蔓延的拉客、宰客等不文明行为。在世界博览会期间，上海乐程影像技术有限公司先后为数百万名游客提供了优质服务，得到了政府和国内外广大游客的赞扬，为此上海乐程影像技术有限公司获得了“世界博览会”先进集体。

无私奉献，服务社会

丁建勋自创业以来，一直将无私奉献、服务社会作为公司的发展准则，力求实现公司的商业利益和社会利益的充分结合。目前公司成长迅速，拥有250多名员工，实现了科技创新与创业的结合，创业带动就业，每年公司仅应届大学生就招收近20名。在2011年“中国大学生自主创业工作经验交流会暨2011全球创业周峰会”上，丁建勋作为优秀创业大学生代表之一，向来自全世界的创业教育指导专家们展示了当代大学生勇于创新、敢于挑战的时代风采，成为新时期大学生以创业促进就业的典型。

课堂讨论

说说你的生涯规划。请根据本节所学内容及对自己的了解和判断，写出自己的生涯规划和使命宣言，并给出自己作为学生、子女和社会公民应该做出的贡献和承担的责任，跟身边同学分享，进行同学互评。

模拟实训

张丽是全国著名高等学府英语本科二年级的学生。她认为学习及事业兴趣和英语专业无关，自入学以来，对英语专业的学习只是为了应付考试，感觉很痛苦，想退学，却遭到了亲友、老师、同学的一致反对。经过一段时间艰苦的探索，她发现自己真正喜欢的专业是调香，自己的职业理想是将来做一名为社会带来美的享受的调香师，开一家香料跨国公司。在明确自己的职业方向后，小张对国内外大学进行了调查，发现国内高校中只有上海一家高等职业教育学院有调香专业，而且是专科；在法国有些高校开设了调香专业的本科教学，但是入学条件非常严格，学生在入学前必须具备辨别500种香料的能力。她陷入了痛苦的两难选择之中：到上海去学习自己所喜欢的专业，就要放弃在名牌大学接受教育的机会，自己十几年的努力就会付之东流；如选择继续在现在的学校学习，就要放弃自己所喜欢的专业，更重要的是自己不喜欢英语，学习成了负担，自己每天都感觉到是在浪费时间。能否做到两全其美，作出一个损失最小的选择，成了小张痛苦的问题。

思考：

1. 如果你是小张，你会如何选择？

2. 如果你是小张，你将如何制订适合自己的职业生涯规划书，并去实施？

本章小结

1. 创业不是天才的专属，也不是普通人的妄想，而是每个社会成员改变命运、追求卓越的一种途径，是每个企业不断成长的方式，是一个国家取得核心竞争力的关键。

2. 创业具有增加就业、促进创新、创造价值等功能，同时也是解决社会问题的有效途径之一。

3. 互联网不仅仅是一种工具，而且是一种思维模式，谁先改变思维，谁就在互联网创业中抢占先机。移动互联网是未来所有行业、所有企业、所有组织新的操作系统，互联网思维将变得更加重要。

4. 互联网本身是一种工具，工具本身是不能创造价值的，人们通过利用互联网这种工具，实现传统产业的转型或者创造新的商业模式，实现产业创新或者产业变革。

5. "互联网 +" 就是 "互联网 + 各个传统行业"，就是利用信息通信技术以及互联网平台，让互联网与传统行业进行深度融合，创造新的发展生态。

给大学生的建议

1. 互联网创业并不是让同学们去建平台，吸引粉丝，增加平台的关注量，这种做法无疑是和现有的网络平台竞争，成功的可能性很小。真正的互联网创业是让同学们利用互联网思维，挖掘出新的创意和全新的商业模式。

2. 创业不是在原来基础上的创新，而是变革。变革是本质内容的变化，而创新是内容和形式都可以创新。互联网的颠覆思维和跨界思维产生真正意义上的创新。

3. 互联网（特别是移动互联网）已经成为一种工具，成为所有商业模式的操作系统。所有的商业模式类似应用软件，这种软件会在互联网这个大的背景下运行，产生经济效益和社会效益。希望同学们能够注意到这些变化，在未来的创业中利用互联网工具，实现社会价值和经济价值的创造。

第三章　创业者

本章要点

- 什么是创业者，创业者需具备的素质能力有哪些。
- 什么是创业动机，创业动机的驱动因素有哪些。
- 创新能力的来源有哪些，创新能力的特点有哪些。

创业语录

创业需要你去做一件你喜欢并擅长，而且能够长期做的事情。

——李彦宏

你怀疑自己是否能飞的那一刻，便永远也飞不成了。

——詹姆斯·马修

章节导图

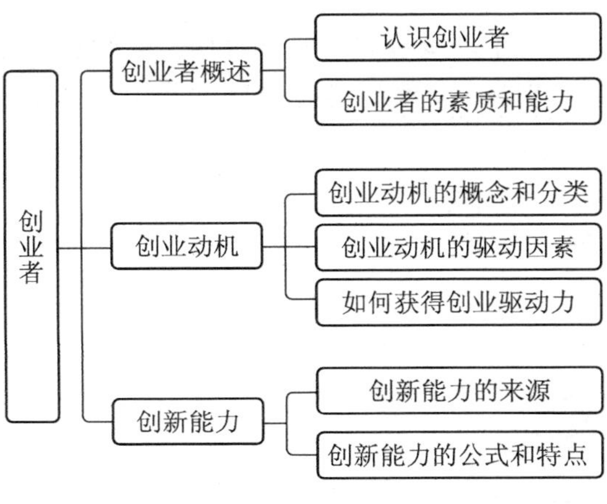

说起创业者，相信大家都能罗列出一份长长的成功创业者的名单。他们可能在某一阶段是我们的目标和偶像。在这个科技改变世界的时代，人才济济、英雄辈出。比尔·盖茨、史蒂夫·乔布斯、马克·扎克伯格、柳传志、马云、雷军等大批创业者和企业家用他们的实践不断改变着人们的生活和消费习惯，不断改变着这个世界。人们看着这些创业领袖和企业巨头，往往只是充满了钦佩和仰慕，可曾想过他们原本也只是普普通通的人？是什么成就了他们今天的事业？他们身上有什么样的特质或能力？我们有一天是否也可以创建自己的企业？创业是可以学习的吗？在这一章中，我们将对这些问题进行学习。

第一节 创业者概述

案例导读

每个人都是创业者吗？

1971 年孟加拉国脱离巴基斯坦独立后，在美国任教的尤努斯回到孟加拉国参与祖国重建。当时他在大学教经济学，目睹了人们的饥荒和绝望。1974 年孟加拉国陷入饥荒，瘦骨嶙峋的人们开始出现在大城市的火车站和汽车站，很快，这些小股的人流就变成了一场“洪水”，饥饿的人们遍布全城。他们一动不动地坐在那儿，以至于无法确定他们是死是活。

大约 150 万人在这次饥荒中死去，这件事情深深触动了尤努斯。“当人们在我课堂对面的门廊里正在饿死的时候，我的那些优雅的经济学理论又有什么用呢？”尤努斯决定，把那些穷人作为他的老师，着手对他们及他们生活中的问题进行研究。

在 1975～1976 年的大部分时间里，尤努斯带领着学生去附近的乔布拉村调研。一天，尤努斯在乔布拉村采访了一位靠制作并售卖竹椅谋生的妇女。这位妇女告诉他，她辛劳一天只能赚两美分。尤努斯大感惊愕：这么一位勤劳、能制作这么漂亮的竹椅的妇女，一天只能赚这么点钱！

这位妇女解释说，由于没钱去购买制作竹椅的原材料，她不得不去找一位商人借钱，这位商人只允许她把竹椅卖给他，而且收购的价钱还得由他说了算。那这些竹子值多少钱呢？大约 25 美分。“我的天，仅仅为 25 美分就要遭这种罪受，难道就没有人能对此做些什么吗？”他找出村里另外 42 位有着类似困境的村民。在把这些村民们的资金需求汇总后，尤努斯经历了他有生以来最大的一次震动：这个数目一共只有 27 美元。

“造成他们穷困的根源并非是由于懒惰或者缺乏智慧的个人问题，而是一个结构性问题：缺少资本。这种状况使得穷人不能把钱攒下来去做进一步投资。一些放贷者提供的借贷利率高达每月 10%，甚至每周 10%。所以不管这些人再怎么努力劳作，都不可能越过生存线水平。我们所需要做的就是在他们的工作与所需的资本之间提供一个缓冲，让他们能尽快地获得收入。”尤努斯总结道。

于是，向这些没房没产的穷人提供借贷的想法就此诞生。尤纳斯当即从他的口袋里掏出了27美元，借给了这42位穷人。随后，他去找一些银行家，试图说服他们向这些穷人提供无须抵押的贷款。而银行家却讥讽他，说这些穷人的信用不可靠。尤努斯自当担保人，从银行贷款，再借给穷人，帮他们想办法创业偿还贷款。

此后，尤努斯教授逐步开始探索小额信贷扶贫之路，经过十年的努力和研究，于1983年成功地建立了格莱珉银行。格莱珉银行做的是小额信贷，刚开始大家都认定尤努斯不会成功。为了让大家相信每个人都是创业者，尤努斯在银行里设立了一项特别计划，该计划只针对乞丐。他对同事说："我们借钱给乞丐吧。"

他告诉这些乞丐，让他们挨家挨户乞讨的时候，随身携带些小商品，如点心、糖果、玩具等，以此来换些收入。现在将近10万名乞丐加入了该计划。其中，10%的乞丐不再需要以乞讨为生，他们现在是小贩。格莱珉银行还贷款给女性客户，让她们购买手机，然后带着手机走街串巷，有人向她们借电话，她们就把电话借给这些人并收取一定费用。当尤努斯把这个想法告诉别人时，人们都嘲笑尤努斯，说他疯了。今天在孟加拉国共有30多万名"电话女郎"销售电话服务，他们创建的格莱珉通信公司是全国最大的移动纳税人。

格莱珉银行有着独特的经营理念，它的服务对象是穷人。其专门为以农村贫困女性为主体的贫困群体提供存款、贷款、保险等相关的金融服务。格莱珉银行开创了对乞丐的贷款，让最贫困的人口也享受到了最基本的金融服务。格莱珉银行所发放的单笔贷款金额一般是50～100美元，这样的金额是可以满足当地人对小型微型创业资本的需求。

2006年，"穷人银行家"尤努斯和由他创办的格莱珉银行一起获得了诺贝尔和平奖，获奖原因是"从社会底层推动经济和社会发展"。

一、认识创业者

（一）创业者的概念

法国经济学家萨伊首次给出了"创业者"的概念，他将创业者描述为将经济资源从生产效率低的区域转移到生产效率较高的区域的人，他认为创业者是经济活动过程中的代理人。

英国资深企业战略研究专家比尔·博尔顿和约翰·汤普森通过对创业者和创业行为进行系统研究，在《创业者——天赋、性格和机会》一书中，给出了创业者的概念，所谓创业者就是通过创造和创新能力识别创业机会、创建新事业并实现其价值过程的人。这一定义包含三层意思：第一层意思是创业者指自然人，既可以是单个的人或参与创业活动的核心人员，也可以是参与创业活动全体人员，创业者不是特殊的群体，每个人都可以作为创业主体从事创业活动，都能创造价值、服务社会和成就自我；第二层意思是创业者的目标和行为方式，创业者的目标就是创造价值和实现价值，创业者的行为方式是识别创业机会和创建新事业；第三层意思是创业者通过创造和创新能力实现其最终目标，创造和创新能力对创业者至关重要，是决定其创业结果的关键因素。

（二）大学生创业者的概念

大学生创业者相对于普通创业者是一个特殊的群体，是指那些具有创新精神、创意思维、创造能力和创业本领的在校或毕业大学生，运用所学知识和才能，发现创业机会、组建团队、创立企业、创造价值的个人或群体。

大学生创业者具有一般创业者的特征，如发现市场机会，组建创业团队，整合各种资源，向客户提供质量高的产品，作为市场主体参与市场竞争，面临着内部和外部环境变化所带来的挑战，遵循市场规律，遵守法律法规等。大学生创业者作为特殊群体与一般创业者相比又具有自身的特点，如缺乏创业经验，没有广泛的人脉关系，缺少足够的创业资金，抗风险能力比较差。大学生创业者有创新精神，创意思维，但缺乏创造能力，创业本领较差。

大学生创业者尽管有资金、经验、人脉等限制性条件，但是年轻、敢想、敢闯、敢干，具有初生牛犊不怕虎的精神，对新技术、新理念、新思维接受较快，这些都是大学生创业者的优势。脸谱网、超级课堂、树先生教育、自媒星、飞轮威尔等创业项目都是大学生创业者创业成功的经典案例。

二、创业者的素质和能力

（一）创业者的素质

词典从三方面给“素质”一词下了定义：一是人生理上原来的特点；二是事物本来的性质：三是完成某种活动所必需的基本条件。创业者的素质主要指素质的第三层意思，即创业者从事创业活动所必需的基本条件，主要包括创业者本来的品质、特征、知识素养及其在创新活动中表现出来的作风和能力的综合。

作为创业者，应该具备以下几种素质：

1. 思想政治素质

创业者要有良好的思想作风和工作作风，品德高尚，追逐利润，但不唯利是图，在法律规定和道德约束的范围内追求经济利益，同时兼顾社会效益，具有时代担当精神。同时，善于把握大势，精准解读政策，做到应势而谋，因势而动，顺势而为。作为创业者要多读报纸，常看电视，勤用网络，关注党报、党刊、中央电视台及对应的“两微一端”。

2. 冒险精神

创业是一个艰辛的过程，同时又是一个充满风险的过程。创业者面临的外部环境是不确定的，既有竞争对手带来的市场威胁，也有潜在进入者带来的潜在风险，还有替代品提供者形成的威胁，同时政策的不确定性、自然环境的不可预期性等，都给创业者带来一定的风险，没有风险的创业是很少见的。

3. 诚实守信

2003年中国财富品质论坛上，100位中国内地企业家将诚信列为十大财富品质之首。对于国家来说，无农不稳，无商不活，无信不立，市场经济是法治经济，也是诚信经济。根据相关统计，中国企业每年因为诚信缺失，造成经济损失达到6 000亿元。在创业过程中，诚信是第一品质，诚信能使交易成本大大降低，提高市场效率，对每一个市场主体都有帮助。京东创始人刘强东认为诚信对于企业来说不是制度而是生命，京东作为中国首家入围世界500强的互联网企业，就是把诚信放在首位，刘强东最初创业卖光碟时，就坚持不卖盗版光碟，后来扩大到计算机、手机、化妆品等3 000多万种商品，年净收入达到2 600亿元，仍坚持“诚信第一、顾客至上”的理念。

4. 敢于担当

创业就是敢想、敢做、敢担当，既对自己前途负责，又对员工的未来负责，还要对社会负责。对自己负责就是对自己的每一个行为负全责，承担全部责任，责无旁贷；对员工负责就是对员工的工资奖金、福利待遇、教育培训、晋升发展等方面负责，让员工工作有责任感、归属感、荣誉感；对社会负责就是为社会创造财富，为消费者创造价值，为社会提供工作岗位，向政府交税。只有对自己负责，才能工作有责任、有担当；只有对员工负责，员工才能把企业的事情当作自己的事情来做：只有对社会负责，社会才能为企业提供良好的经营环境。无担当不创业，担当是一种责任，一种荣誉。

5. 思维敏捷

创业者思维活跃，直觉敏锐，能准确解读国家的方针政策，能准确抓住商机，能从竞争激烈的红海中找到自己的一片蓝海，面对市场总能比别人想得多一点、深一点，在危机中找到商业机会。思维敏捷意味着差异化思考，思考问题和解决问题与众不同。经济学中有一个词叫合成谬误，也就是说每个人的思考和行为都是正确的，当把这些单个正确的行为合在一起则会产生错误的结果。比如，商家都想通过降价实现薄利多销，结果每个商家都降价，就会形成价格战，在市场规模不变的情况下，降价只能使所有参与价格战的商家收入下降。

著名李维斯牛仔裤的创始人李维·施特劳斯就是典型例子，1850年李维·施特劳斯像其他人一样加入了美国西部淘金队伍，当别人都在淘金的时候，他发现很多淘金者的衣服很容易磨破，李维·施特劳斯采取逆向思维，没有淘金，而是为淘金者服务，生产耐磨的牛仔裤，由此找到创业机会。

(二) 创业者的能力

1. 创业能力的含义

创业能力指发现或创造全新的领域，致力于理解创造新事物（新产品、新市场、新生产过程或原材料、组织现有技术的新方法）的能力。创业能力分为硬件能力和软件能力：硬件能力就是人力、物力和财力；软件能力就是创业者的个人能力，包括专业技能和创业素质。创业能力作为创业者应该具备的工作能力，一般可以通过教育、培训或工作经验的积累获得。创业是一项非常具有挑战性的经济活动，是对创业者综合能力的全方位考验。创业能力是决定创业成败的关键因素，一个人能否创业成功主要取决于他是否拥有或者能够运用的各种能力。

国内外不同专家学者对创业能力的理解也不尽相同。著名管理大师德鲁克认为创业能力包括开创企业的能力、运行企业的能力、及时识别和评价创业机会的能力、积累和运营知识及技能的能力、整合资源的能力、评估和防范风险的能力、创新能力、团结和鼓励团队成员的能力。

斯蒂芬·斯皮内利等认为创业者应该具备七种核心能力素质，即勇气和胆量、责任感和决策力、领导力、机会识别能力、容忍风险和不确定的能力、创造力和适应力、超越别人的动机。

国内著名创业学者李家华认为创业者的必备能力包括创新能力、合作能力、学习能力和经营管理能力。

本书编者认为香港城市大学孙洪义博士对创业能力总结得比较系统、全面。孙洪义认为，创业能力主要包括个人内在能力和创业实践能力，其中个人内在能力包括责任感和领导力、分析决策能力、人际交往能力；创业实践能力包括市场洞察能力、评价创业机会能力、创造性解决问题能力、建立企业发展愿景能力、应对不确定性能力、评估和防范创业风险能力、团队合作能力、营销创意能力、资源整合能力。

2. 个人内在能力

(1) 责任感和领导力。创业者应具有主人翁意识，愿意承担企业管理责任，具有牺牲精神，对企业、员工和利益相关者负责，具有领导者的气质和魅力，具有激励、沟通、协调的能力，诚实可靠，令人信服，快速学习，积极主动，不怕失败。

(2) 分析决策能力。创业者应掌握分析问题的工具和方法，对问题分析客观、全面、系统、准确，能够把握问题的实质和关键，善于归纳总结和演绎推理，在问题决策过程中，能够把握方向，不拘泥细节，抓住问题核心，善于取舍，敢于决策，善于决策，果断决策。

(3) 人际交往能力。创业者须为人随和，乐于交际，善于公关，对内能够和下级、同级和上级保持好密切关系，对外能够和合作伙伴、股东、消费者、政府部门、媒体部门、社会团体、供应商等利益相关者妥善处理各种关系。

3. 创业实践能力

（1）市场洞察能力。创业者应善于观察，勤于思考，见微知著，对市场环境变化非常敏感，对政策变动反应非常迅速，对产品问题和消费者反馈意见处理非常及时，对自身优势和劣势非常了解，能够敏锐地捕捉到市场机会。对市场的解读深刻，不但能发现需求，满足需求，更会根据市场未来发展的趋势，创造需求，引领需求。

（2）评价创业机会能力。创业者应能够理性评价创业机会，并根据企业实际情况，决定进入市场和退出市场的时机。评价创业机会需要有政策解读能力、科技发展趋势预测能力、消费者特点感知能力。

（3）创造性解决问题能力。创业者需具有开放的思维能力和逆向的思考能力，不受既有固定模式和传统习惯的束缚，敢于突破思维定式，大胆创新，运用新理念、新思维、新工具、新方法主动解决问题，提出创造性的解决方案。

（4）建立企业发展愿景能力。创业者应能够描绘企业未来发展的蓝图，制订企业发展规划，明确企业发展目标，把企业愿景和员工的个人发展有机结合起来，把员工行为和工作积极性统一到企业愿景上来。

（5）应对不确定性能力。创业者经常面对创业团队的不确定性、创业政策的不确定性、科学技术变化的不确定性、消费者态度变化的不确定性、竞争对手策略变化的不确定性、环境变化的不确定性等，需要灵活多变，审时度势，快速调整解决方案。

（6）评估和防范创业风险能力。创业者应能够预测创业可能发生的财务风险、投资风险、政策风险等，对风险进行科学评估，寻求规避风险的解决方法，探索使风险损失最小化的应对方案，尝试转移风险的各种方案。

（7）团队合作能力。创业者应能够组建团结协作、高效、和谐的学习型创业团队，掌握团队沟通、团队激励、团队协调、团队领导、团队控制等方面的能力，发挥团队 $1+1>2$ 的效果。

（8）营销创意能力。创业者应善于运用营销新思维、新理念，制订相应的营销战略和营销策略，把市场营销的科学性和艺术性有机结合起来，通过使用营销工具和营销方法，提高市场开拓力、市场竞争力、客户服务力及品牌影响力。

（9）资源整合能力。创业者应具有综合组织协调能力，善于整合政策资源、资金资源、人脉资源、环境资源、客户资源等，在整合资源过程中，不求所有，但求所用，为我服务。

延伸阅读

关于创业者的神话与现实

神话 1——创业者无法塑造，而是天生的

现实情况——即使创业者天生就具备了特定的才智、创造力和充沛的精力，这些品质本身也只不过是未被塑形的泥巴和未经涂抹的画布。创业者是通过多年积累相关的技术、技能、经历和关系网后才被塑造成功的，这当中包含着自我发展历程。

神话 2——创业者是赌博者

现实情况——成功的创业者会预估风险，小心翼翼。在有选择的情况下，他们通过让别人一起分担风险、避免或最小化风险来左右成功优势的倾斜方向。他们常常把风险分割成可接受、可消化的小块；那时，他们才肯付出时间和资源，看哪部分的风险-收益划得来。他们不会故意承担更多的风险，不会承担不必要的风险，当风险不可避免时，也不会胆怯地退缩。

神话 3——创业者喜欢单枪匹马

现实情况——完全拥有整个公司的所有权和控制权，只会限制企业的成长。单个创业者通常只能达到维持生计的情况。想单枪匹马地发展一家高潜力的企业是极其困难的。高潜力的创业者会组建起自己的团队、自己的组织，然后是自己的公司。

神话 4——创业者是他们自己的老板，他们完全独立

现实情况——创业者离完全独立相差很远，他们需要为很多人服务，其中包括合伙人、投资者、顾客、供应商、债权人、雇员、家庭及其他社会和社区义务的相关方。但是，创业者可以自由选择是否、何时以及做些什么以对他们作出响应。

神话 5——创业者承受更多的压力，付出更多

现实情况——做一个创业者是有压力的、辛苦的，这一点毫无疑问。但是没有证据证明，创业者比其他的无数高要求的专业职位承受更大的压力，而且创业者对他们的工作往往非常满意。他们有很高的成就感，他们更健康，而且不太容易像那些为别人工作的人那样轻易退休。

神话 6——创立公司是冒险的事情，而且到头来通常是以失败告终

现实情况——有才能、有经验的创业者，因为他们追逐的是有吸引力的商机，而且能够吸引到使企业顺利运作的合适人才、必要资金及其他资源，所以他们带领的往往是成功的企业。而且，即使企业失败了，并不能说创业者也失败了。失败常常是让创业者积累学习经验的过程。

神话 7——创业者必须年轻并且精力充沛

现实情况——这些特征虽然会对成功有帮助，但高龄绝不是障碍。创立高潜力企业的创业者的平均年龄是 35 岁左右，年过 60 才开始创办企业的创业者也为数甚多。关键是要掌握相关的技术、经验、关系网，它们非常有助于识别和捕捉商机。

神话 8——金钱是创业者唯一的驱动因素

现实情况——追求高潜力企业的创业者更多是被创建企业、实现长期的资本收益所驱动，而不是为高额薪水、奖金这样立即可以获得的报酬。个人的成就感、对自己命运的把握、实现他们的期望和梦想也是强有力的动机。金钱只是保持得分的工具和方式。

神话 9——创业者追求权力，喜欢控制别人

现实情况——成功创业者的驱动力量来自对责任、成就和结果的追求，而不是为了权力本身。他们因获得的成就和超越竞争对手而显得生机盎然，而不是为了满足主宰和控制他人的个人权力欲。由于他们的成就，他们可能变得有权力、有影响力，但这些只是创业过程的副产品，而不是隐藏其后的驱动力。

神话 10——如果创业者是有能力的，只需 1～2 年，他们就会成功

现实情况——风险投资家有一句古老的格言：柠檬只要两年半就成熟了，但珍珠需要 7～8 年才能孕育成功。几乎没有一家新企业可以在少于 3～4 年的时间里打牢基础。

神话 11——任何一个有良好思路的创业者都能获得风险投资

现实情况——在创业者具有好思路的情况下，100 个寻求风险资本资助的企业中只有 1～3 个最终获得成功。

课堂讨论

1. 运用头脑风暴法，分析创新型人才的素质要求有哪些？
2. 你认为创业者应必备的能力包括哪些？

第二节　创业动机

案例导读

汪滔：大疆无人机让中国的无人机俯瞰世界

一个不停折腾的“80 后”

无人驾驶直升机对大多数人来说是一个只出现在电影里的遥远的事物，但对大疆创新的创始人汪滔来说，其中承载了他与飞行的不解之缘和创业梦想。

汪滔 1980 年出生在浙江杭州，母亲是小学老师，父亲从事知识产权方面的工作，后来到深圳经商。汪滔特别迷恋遥控直升机，但需要付出一定代价才能得到，如表现好、学习认真。直升机很难操控，他很早就想做一个能自动控制直升机飞行的东西出来。

2003 年，已经读大三的汪滔从华东师范大学退学，他申请了全世界排名前十几位的大学，可都没有回音，只有香港科技大学电子及计算机工程学系发来了录取通知书。

2005 年，汪滔在香港科技大学开始准备毕业课题，当时，很少有本科生自己决定毕业课题的方向，但他决定研究遥控直升机的飞行控制系统，还找了两位同学，说服老师同意他们的研究方向。

他们要解决的核心问题，就是让航模能够自动悬停。学校给了他们18 000元港币，作为课题启动经费。大半年过去，他们在展示阶段失败了，最后毕业课题得了个很差的分数。汪滔不服气，没日没夜地忙了一个多月，终于在2006年1月做出第一台样品。他试着把产品放到航模爱好者论坛上卖，竟然接到了订单。

2006年，汪滔继续在香港科技大学攻读研究生课程，与此同时，他和一起做毕业课题的两位同学正式创立大疆，研发生产直升机飞行控制系统——可以自如地操控航模。

公司最初只有五六个人，在深圳的民房办公。他们没有招到特别优秀的人，因为“说服特别优秀的人到民房工作，有很大难度”。两年后，一起创业的两位同学离开了。汪滔说：“以我的经验，公司如果没有特别大的起色，两年是一个人忍耐的极限。”

让无人驾驶飞行技术与航空拍摄无缝接合

2008年，第一款较为成熟的直升机飞行控制系统XP3.1面市，大疆迎来了曙光。加之香港科技大学的导师又给他介绍了几位哈尔滨工业大学的优秀学生，公司技术实力重新得到加强。

直升机飞行控制系统是个非常小众的市场，在英国、德国和美国，都是只有几人规模的小公司在做。大疆很快把这些小公司甩在身后，到2010年，月销售额已经能有几十万元。也正是在这一年，香港科技大学向汪滔团队投资了200万元。

当时多旋翼飞行器已经兴起，大疆在新西兰的一位代理商告诉汪滔，他每个月售出200多个云台（安装、固定摄像机的支撑设备，90%的购买者会将云台悬挂到多旋翼飞行器上）。比较而言，这位代理商每月只能售出几十个直升机飞行控制系统，说明多旋翼飞行器市场比直升机市场大得多。

大疆很快把在直升机上积累的技术运用到多旋翼飞行器上，并迅速赢得好的口碑，年后市场占有率达50%以上。

从2011年开始，大疆不断推出新产品，除了面向全球专业用户的产品，还有面向大众用户的精灵（Phantom）系列多旋翼飞行器。

很长时间以来，很多人给航拍飞行器买了零配件，还要回去焊接。大疆充分贯彻了一体化策略，2014年推出的Phanton 2 Vision+多旋翼航拍飞行器，连摄像机都是自己生产并安装的。这是第一款真正意义上到手即飞的航拍飞行器，不需要自己组装，径直由高度技术集成。

航拍无人机已超出爱好者的适用范围

尽管航拍无人机的技术含量高，但汪滔想做大家买得起的产品。过去几年，智能手机产业大发展，大量核心电子元器件价格下降，这也让大疆间接受益。最初的直升机飞行控制系统用到很多零件模块，光成本就要上万元，到了后期，成本已经降到数千元。

航拍无人机已经超出爱好者的适用范围，在电力巡线、农作物监测、影视剧拍摄，这些场景都有用武之地。即便作为一件高科技玩具，喜爱户外运动的人，对无人机也有强劲的需求。全球各地的航拍爱好者在大疆官网上传了不少用大疆设备拍摄的视频片段，无论是贴近拍摄鲸鱼换气，还是飞跃喷发中的伊苏尔火山，都可以用全新的视角看这个世界。

2014 年 7 月，公司发布了一款名叫如影（Ronin）的三轴手持云台产品，这是对陀螺稳定云台系统商业潜力的深入挖掘。原来安装在飞行平台上的陀螺稳定云台系统，悬挂相机以后，可以作为单独的手持设备使用。这在一定程度上改变了原有的影像拍摄方式，电影摄像师不必借助摇臂、轨道车、升降机等设施，可以轻松拍任意长度的长镜头。

大疆用半年时间开发出了这款产品，每台定价 18 000 元人民币，国外同类产品每台定价 15 000 美元，游戏规则就这样再次被改写。

未来大疆还将采取更加富有进攻性的竞争策略："我们首先考虑市场占有率，利润是第二位的，用数量优势占领市场，用数量优势带来成本优势。我们要利用成本优势尽可能多地扩大市场份额。"

一、创业动机的概念和分类

（一）创业动机的概念

创业是通过寻求、评估和开发创业机会，向消费者提供产品或服务的过程，这一过程会受到人的动机影响。

创业动机是指引起和维持个体从事创业活动，并使活动朝向某些目标的内部动力。创业动机是鼓励和引导个体为实现创业成功而行动的内在力量。创业动机是种内在驱动力，也是一种目标和愿景，创业动机驱动着创业者的行为，激励创业者不断发现问题、解决问题，从而实现自己的梦想。

创业者的需求层次及其影响因素的共同作用形成了创业者不同的创业动机，而不同的创业动机导致创业者行为过程与行为结果的差异。

（二）创业动机的分类

根据马斯洛需求层次理论，人的需求层次可以分为生理需要、安全需要、社交需要、尊重与被尊重的需要和实现自我价值的需要。与马斯洛需求层次理论相对应，创业按动机也可以分为：解决生存需要的创业（有饭吃、有衣穿、有房住、有车开），确保安全感的创业（有收入、有投资、有保险、有安全），满足归属感的创业（有人脉、能发展、有家、有爱），追求受尊重的创业（有地位、受尊重）和实现自我价值的创业（人生精彩、价值实现）。

浙江大学王重鸣教授基于德尔诺夫舍克和格拉斯的研究，提出了中国情景下创业动机的二维模型：生存需求型和事业成就型。

1. 生存需求型

此类型的创业往往是为了避免失业带来的不安全感，改善目前的经济状况，改善自己的生活，提高自己的经济收入，为更好的生活提供经济保障，拓展自己的发展空间和人脉，使自己不依赖他人而独立地存在。

2. 事业成就型

事业成就型创业不以赚钱为目的，把创业作为一种生活方式和人生态度，把创业作为挑战自我的人生体验，通过创业实现自己的创意，把创业变成行动，实现自己的梦想，提高自己的社会地位，得到社会的尊重。尤其通过公益创业，为社会做慈善，在公益创业过程中，实现自己的人生价值。

二、创业动机的驱动因素

由于每个人的家庭背景、生活环境、教育经历不同，所处的社会文化、创业环境不同，其创业动机也不相同。影响创业动机的驱动因素主要包括：家庭背景、教育背景、社会文化、创业环境等。

（一）家庭背景

家庭、学校、社会是影响一个人行为的三个重要因素，其中家庭也是人的第一所学校，父母是孩子的第一任老师。家庭对人的价值观、人生观和世界观产生重要影响，家庭背景对创业者的创业认识、创业动机、创业行为都影响深远，创业的启蒙教育在家庭中完成。

父母不仅对子女的生活习惯、性格培养产生影响，还影响子女的职业态度和职业选择。父母的职业、社会地位、社会影响对子女创业动机也会产生很大影响。研究表明，个人早期的观察和生活经历会影响其职业选择。在美国，约 50%的公司的创立者的父母是公司所有者、自由职业者、独立的手工艺人或农场主。

父母创立家族企业，子女耳濡目染，长期熏陶，也会继承衣钵，选择创业。同时，家族企业也会为子女创业提供丰富的创业经验、广泛的人脉关系、充足的资金支持，为子女创造包容创业失败的环境和良好的创业教育，柳传志女儿柳青出任滴滴出行总裁、任正非女儿孟晚舟担任华为首席财务官、王健林儿子王思聪创办 iG 电子竞技俱乐部等，他们都没有选择考公务员到政府部门任职，而是选择创业，其主要原因就是家庭的影响。此外，父辈创业成功，留下很大基业需要子女继续走创业之路，更好地继承家业。

大部分创业者是家中的第一个孩子，可能是因为长子或长女需要担负照顾弟弟妹妹的责任，个性上较为积极与负责。也有研究表明，大多数创业者幼年家境贫困、经济不宽裕。

（二）教育背景

教育对创业者的创业动机产生很大影响，尽管许多实证研究表明，学历与创业没有必然联系，不接受高等教育也一样能够成功。比如，国内农民企业家万向集团总裁鲁冠球、福耀玻璃集团创始人曹德旺、中国台湾台塑大王王永庆、中国香港首富李嘉诚等都没有读过大学；国外的洛克菲勒、希尔顿等都没有受过完整的高等教育。但是，我们必须看到，没有受高等教育而创业成功一方面是小概率事件，不具有普遍性，另一方面也没有否定高等教育对创业的积极影响。随着经济全球化的深化和科技迅猛发展，没有受过专业教育的创业者很难成功。读过工商管理硕士（MBA）的学生或本科读商科的大学生创业的比例会更高，受过高等教育的创业者在高科技领域更能创业成功。比如，百度总裁李彦宏毕业于北京大学，腾讯总裁马化腾毕业于深圳大学，小米科技创始人雷军毕业于武汉大学。

关于教育对创业者的影响，可研究国内外三所大学，第一所是中国的浙江大学，第二所是美国的斯坦福大学，第三所是美国的麻省理工学院。这三所大学的校友创业数量、创业质量、创业影响等都对当地，甚至对世界产生深远影响。

（三）社会文化

社会文化是与基层广大群众生产和生活实际紧密相连，由基层群众创造，具有地域、民族或群体特征，并对社会群体施加广泛影响的各种文化现象和文化活动的总称。不同的文化和民族的特殊性孕育不同的社会文化，社会文化看不见、摸不着，但影响人们的价值观念、思维方式、价值取向、行为方式，同时也潜在而持久地影响着创业者的创业心理和行为。

“士、农、工、商”的价值取向，传统的官本位思想，对我国大学生创业者影响很大，很多大学生毕业后优先选择考公务员、事业编制，而不是选择自主创业，甚至有的大学生创业已经比较成功，父母还要求他们考事业编制或教师岗。自主创业人数远远低于报考公务员的人数。

在美国，市场经济发达，商业文化气息浓厚，多元文化融合，包容创新失败，崇尚开拓精神，偏爱自由竞争，这使得美国人乐于接受新事物、新思想，敢于接受挑战，大胆创新，每年都有30%左右的大学生毕业后不是寻找稳定的工作，而是选择更具有挑战性的自主创业。

（四）创业环境

引起动机的内在条件是需要，引起动机的外在条件是诱因。引起创业动机的外在条件就是创业环境，创业环境为创业动机的产生提供了外部诱因。健全政策法规，优化政策环境，完善创业载体，营造创业文化氛围，培育功能完善的创业生态体系，对于激发大学生创业动机非常有帮助。

美国有两大创新核心区，一个是美国东部波士顿地区以麻省理工学院为中心的128公路，一个是美国西部加州地区以斯坦福大学为中心的硅谷，吸引全世界的创新创业者。美国128公路和硅谷之所以成为创新创业者的天堂，最重要的原因就是这两个地方拥有得天独厚的创业环境，风险投资机构众多，创新创业教育发达，创业基础设施完善，创新创业服务周到，优秀创客众多。创业者只要一个好的创意、一个有市场前景的产品、一个优秀的创业计划书，就非常容易找到创业投资公司，拿到风险投资。

我国的上海、深圳、北京等地的创业环境不断优化，近几年涌现出众多的众创空间、创客咖啡、小微企业孵化器、风险投资机构，再加上配套的创新创业设施、优化的创新创业政策，创业环境不断得到优化，创业人数明显增加，这都说明了创业环境的重要性。

三、如何获得创业驱动力

在当今社会，创业活动对经济的推动作用有目共睹，从房地产大鳄到电子商务巨头，再到开蛋糕店的普通创业者，这些创业者不仅通过创业为自己积累了大量的财富，同时也在创新与实践之间积极搭起了一座桥梁，改变了人们的生活。那么如何把梦想转变成内在的驱动力？这就需要我们在日常的生活中逐渐培养。

（一）关注世界的发展和变化

从第二次世界大战结束到21世纪，是世界发展变化最快的阶段，从计算机的应用到互联网时代的到来，从干细胞的研究到克隆技术的发展，世界进入了一个信息化、科技化的时代。这种发展带来了知识全球共享以及产品的全球化特点，这种巨大的改变，使得商业更加活跃，创业的种类更加繁多。目前保持竞争力已经不再单单依靠有限的技术，一个好的创意往往不受地域的限制，技术、资源甚至是专家团体也变得越来越容易得到，这对于创业者来说是一个有利的环境。例如，德国大众汽车公司可以将自己的生产线安排在中国，还可以将自己的销售公司建立在墨西哥，而它的总部在本国的沃尔夫斯堡。这个全球的公司的管理是一项巨大的挑战，但是互联网的出现可以使一切有效的资源得到利用，因此管理难题也可以成功地被攻克。对于一个创业者来说，这意味着在生产和商机的获取上能获有更多的创意、激励和专家意见。

（二）技术的创新和淘汰

我们所处的世界中，充满了触手可及的全球性的知识、经验、劳动力与资本，技术在迅速更新，这对于创业者来说既是机遇也是挑战，如今的技术突破已不再仅限于几所高校科研单位，技术的更新也将全球同步，因此可以说，产品的生产周期的缩短与技术的落伍使专利技术失去了它的保护效力。而且，公司的竞争也不能再像早期一样依靠贸易保护、货币限制、某地优越的地理便利与廉价的劳动力条件了。这些都促使创业者必须不断创新以保持竞争优势。创新不仅体现在产品上，而且也体现在商业活动及运营模式上，技术的创新已经成为创业的驱动力之一。

（三）解决顾客的迫切需求

创业的驱动力还来自针对顾客迫切需求的解决方案。当顾客在市场中发现某种不便或者某种需求未被满足时，就为创业者提供了一个创业的契机，这种顾客需求的满足方案可以催生一个好的创业项目。例如，罗红是好利来公司的创办者，如今好利来公司不仅有遍布全国的门店，还建立了两家大型的食品加工企业，成为蛋糕制造业的领军企业。多年前，好利来公司总裁罗红还只是一个仅仅拥有梦想与激情的年轻人。在母亲退休后的第一个生日，为了表达孝心与祝福，他希望能为母亲选购到一个式样新颖、口味馨香的生日蛋糕，然而几乎跑遍了全城，也没有寻找到可心的蛋糕。1991年，罗红在四川雅安开办了第一家蛋糕店，开始了艺术蛋糕的事业。

（四）创意的获取和互联网的发展

电脑上网与搜索引擎的自动搜索技术，带来了全球知识的共享，而比互联网通信更为重要的是不受限制地获得最好的创意、技术、研究资源和专家团队。举个例子，网络世界可以支撑一个总部在深圳，基础设施建在上海、北京、广州，生产基地在东南亚，并在北美洲有销售总部的生产企业。这个公司的员工组成也是全球化的，因此对其管理必将是一个挑战。对一个创业者来说，任何一项创业活动离不开互联网技术，更不用说单纯的互联网的应用了。这种工具兼商机的方式，可以帮助创业者走得更远。但是需要记住的是，其他创业者也会有同样的想法。

（五）相似案例的不同解决方案

当其他人的创意获得成功的时候，你还能不能再创业呢？可以明确的是，创业者不会因某一行业的新技术或者新创意已经被运用而产生退缩，相反，如果一个创意获得成功，将会对整个行业甚至是整个经济领域带来不同程度的变化。举例来说，零库存的销售模式，不仅带给戴尔公司巨大的财富，而且改变了整个销售行业的现状，为整个商业环境注入了新的风气。这使得创业者有更多的机会利用已经成熟的创新技术帮助自己创业。创业者需要学会思考，一旦有好的创意，需要考虑创新观念的原则还能有其他哪些方面的应用。在此阶段，创业者不需要关注太多细节，而需要注意的是，对于那些失败的创新也要进行分析，以便使创新不会因为同样的原因而失败。

延伸阅读

还记得你的创业动机吗?

课堂上，教授问：“如果你去山上砍树，正好面前有两棵树，一棵粗，另一棵细，你会砍哪一棵?”

问题一出，大家都说：“当然砍那棵粗的了。”

教授一笑，说：“那棵粗的不过是一棵普通的杨树，而那棵细的却是红松，现在你们会砍哪一棵?”

同学们一想，红松比较珍贵，就说：“当然砍红松了，杨树又不值钱!”

教授带着不变的微笑看着同学们，问：“那如果杨树是笔直的，而红松却七歪八扭，你们会砍哪一棵?”

同学们觉得有些疑惑，就说：“如果这样的话，还是砍杨树。红松弯弯曲曲的，什么都做不了!”

教授目光闪烁着，同学们猜想他又要加条件了，果然，他说：“杨树虽然笔直，可由于年头太久，中间大多空了，这时，你们会砍哪一棵?”

虽然搞不懂教授的葫芦里卖的什么药，同学们还是从他所给的条件出发，说：“那还是砍红松，杨树中间空了，更没有用!”

教授紧接着问：“可是红松虽然不是中空的，但它扭曲得太厉害，砍起来非常困难，你们会砍哪一棵?”

同学们索性也不去考虑他到底想得出什么结论，就说：“那就砍杨树。同样没啥大用，当然挑容易砍的砍了!”

教授不容喘息地又问：“可是杨树之上有个鸟巢，几只幼鸟正躲在巢中，你会砍哪一棵?”

终于，有人问：“教授，您到底想告诉我们什么？测试些什么呢?”

教授收起笑容，说：“你们怎么就没人问问自己，到底为什么砍树呢？虽然我的条件不断变化。可是最终结果取决于你们最初的动机。如果想要取柴，你就砍杨树；想做工艺品，就砍红松。你们当然不会无缘无故提着斧头上山砍树!”

课堂讨论

1. 运用头脑风暴法，分析创业动机的驱动因素有哪些？

2. 你认为应如何获得创业驱动力？

第三节　创新能力

案例导读

中国最富有的人

一点都不夸张地说，如果袁隆平去申请专利的话，他一定可以成为中国最富有的人，但他却把专利无私地贡献给了国家。还是看一看数据吧，没有杂交水稻之前，全国最好的稻田亩产量为400千克。而现在，大部分稻田亩产量在900千克左右。2014年首次实现了超级稻亩产量过1 000千克的目标。你看，人工杂交水稻这项新技术已经使稻米产量提高了1倍多！袁隆平的杂交水稻技术每年增产的粮食就为世界解决了7 000万人的吃饭问题！他也被誉为“杂交水稻之父”；先后荣获联合国教科文组织“科学奖”和联合国粮农组织“粮食安全保障荣誉奖”等8项国际奖项：2010年4月，荣登“2010中国心灵富豪榜首富榜”：2014年3月，袁隆平因对粮食安全的贡献，被提名诺贝尔和平奖。

袁隆平为此付出的艰辛是非常人所能想象的。

1948年，袁隆平考大学，选什么专业呢？生在民主气氛很浓的家庭的他最终如愿以偿地跳进了“农门”。之后，他教了19年的书，一边教书一边搞科研。

经历了1960年的大饥荒之后，袁隆平决心研究出高产的水稻品种，让更多的人能吃饱饭。当时，雄性不育株的培育是一个世界性难题。但袁隆平坚信，外国人解决不了的难题，中国人就是要解决，而且他根据学到的原理大胆推论：大自然中就应该存在这样的植株。

农业科研和工业的不一样，时效性非常强，农时不等人。1964年，为了找到水稻雄性不育株，袁隆平每天头顶烈日，脚踩烂泥，低头弯腰，一株株地在稻田中察看，终于在第14天他发现了一株雄性不育的植株。他欣喜若狂。这样的植株是他以后进行科研的关键啊！1964—1965年，他又在14 000多个稻穗中逐穗检查到6株雄性不育株，并在此后两年播种中，共有4株成功繁殖了1～2代。其研究彻底推翻米丘林、李森科的“无性杂交”学说，并推论水稻亦有杂交优势。通过培育雄性不育系、雄性不育保持系和雄性不育恢复系的三系法途径来培育杂交水稻，可以大幅度提高水稻产量。

从1964年发现“天然雄性不育株”算起，34岁的袁隆平和各地的科研小组整整花了6年时间，每年两季先后用1 000多个品种，做了3 000多个杂交组合育种实验，仍然没有培育出不育株率和不育度都达到100%的不育系来。后来，他们转变思路，跳出栽培水稻的圈子，利用在海南岛发现的一个新植株进行试验后，这才为杂交水稻技术找到突破口和转机。又经过随后“过五关”的磨难，1974年，袁隆平研制的杂交水稻才具备了大面积推广的条件。

40 多年过去了，现在已有 20 多个国家引种杂交稻，联合国粮农组织把在全球范围内推广杂交稻技术作为一项战略计划，袁隆平受聘为联合国粮农组织的首席顾问，要到各国进行指导，这真是“喜看稻菽千重浪，遍地英雄下夕烟。”

袁隆平获得了“首届国家最高科学技术奖”，不仅赢得了中国人民的尊敬和喜爱，而且正像世界杰出的农业经济学家唐·帕尔伯格写的名著《走向丰衣足食的世界》中对袁隆平评价的那样：“他在农业科学的成就击败了饥饿的威胁，他正引导我们走向一个丰衣足食的世界。”

一、创新能力的来源

创新思维之父、世界创新大师爱德华·德·波诺认为：创新能力意味着产生某种过去并不存在的东西，创新能力的结果有其独特、稀有的一面，这种特殊能力有着较为广泛的来源，具体讲包括无知、经验、动机、完善性、机会、偶然事件、错误和疯狂、风格等。

（一）无知有助于创新

我们都希望自己广知博闻，并且在长大之后也不可能对自己的领域一无所知，那么如何运用无知来产生创造力呢？爱德华·德·波诺提出了一个解决办法，即只读完刚好足够让人对新事物产生感觉的资料，然后停下来自己思考，当产生了一些想法时，再深入阅读，并随时停下来回顾自己的想法，进而产生新的想法，这样，个人就有提高创造力的机会。

（二）经验基础上的创新

与无知的创造相反，源自经验的创造风险更低、更加可靠，因为它建立在过去成功的基础之上，重复着昔日的胜利，但并没有真正新颖的东西，只是能够根据经验，对可能的效果进行预料。

（三）动机所产生的创新

愿意花费时间和精力来思考更好的做事方法的人更可能产生创新性的成果，在其他人都满足于既有的解决方案时，有的人会去寻找更多的替换方案，这类人有着强烈的好奇心和探索欲望，乐于尝试新事物并不断寻求新的方法，随着投入的增多，他们很可能会有新鲜的、创造性的想法作为回报。简单来说，许多被视为创新天赋的东西本质上就是创新的动机，大多数被视为具有创造性的人的创造力就来源于此。

（四）完善性的创新

完善所产生的创新类似于摄影师的创造，摄影师拿着相机到处取景，直到某个特殊的景色或物体引起了他的注意，通过选择角度、布局、照明等，摄影师将拍摄对象转换为照片，这里被拍摄的物体并不是摄影师创造的，但经过艺术修饰的照片是摄影师创造力的产物。与此类似，运用完善性手法进行创新的人并不自己产生新的想法，他早就认识到了某个想法的潜力，经过完善、发展并付诸实施，使这个想法得以实现。事实上，许多依靠新想法取得创新的人，实际上是从别人那里借用了想法的原始模型，通过创新改造的努力，实现了这个想法。

（五）错误、机会和偶然事件诱发的创新

错误、机会和偶然事件常常会激发新的想法。哥伦布开始只准备向西航行到印度，因为他使用了源于托勒密对地球圆周错误的测量方法。如果他使用了正确的测量法，那么他永远也不会起航，因为通过正确测量，他的航行船队不可能携带足够的给养到达目的地。

另外，医学上的许多进步都是错误产生的结果，第一种抗菌素的发现是因为亚历山大·弗莱明注意到，皮氏培养皿中的污物消灭了细菌，这样才产生了青霉素。免疫过程是由巴斯德发现的，他的助手犯了个错误，给小鸡注射了剂量过于微小的霍乱细菌，如此微小的剂量似乎使它们足以抵抗其后注射的更大剂量霍乱细菌的侵害。这些事件似乎都是错误的，它们之所以导致创新的产生，是因为这类事件使人们突破大众认为合理的界限，在这个既定的界限中，人们总在公认的经验总结和理论推导中转圈，以至于难以产生开创性的思维。另外，一些疯狂、偶然的事件也是创新的来源之一，其原因与错误所产生的创新类似，在此不再赘述。

（六）风格

风格也是创新的一个明显来源，坚持某种风格可以产生一系列的新事物，它们带有相同的新式风格，但严格说来，这种有共同风格的产品，除去风格带来的创新意义以外，并没有更多的创新。

以上所述是一些从传统的束缚中所产生的创新，但并非全部，虽然产生了有益的结果，但它们只是创新最初的阶段，还远不够。例如，在企业文化创新中，当管理层了解、支持并参与时，新的企业文化才容易被员工所接受，这所体现的不仅是传统意义的从约束中释放，更多的则是对新价值快速地了解与重视。

二、创新能力的公式和特点

（一）创新能力公式

1. 公式 1：创造力 = 智力 + 创造性

智力是创造力的必要条件，是基础。我们要想改造这个世界，首先要认识这个世

界。因此，一个成功的创新者必然掌握大量的相关知识和技能。当然，这里的知识不仅包括书本上的专业知识，还包括实践中的经验积累。

2. 公式2：创造性＝创新精神＋创新思维＋创新方法

创造性是创造力的充分条件。有没有创造性是一个人有没有创造力的核心。有的人智商很高，书读了很多，知识很丰富，学历也很高，但就是缺乏创造性，因此一生中没有多少真正的创造性成果：而有些人学历虽然不高，在开始进行创新的时候也没有积累大量的知识，但他们的创造性很好，尤其在创新精神和创新思维方面超常，最终他们取得了令人羡慕的成绩，也为人类的发展做出了巨大的贡献。这方面的典型代表有：瓦特（工人，发明了蒸汽机）、斯蒂芬孙（放牛娃，发明了火车）、李春（石匠，设计了赵州桥）、李时珍（落第书生，药物学家）等。

第2项公式中的三项都很重要。其中，创新精神是创造力的前提，创新思维是创造力的核心，而灵活运用创新方法能让创造力快速得到提升。

（二）创新能力的特点

人的创新潜力是巨大的，美国芝加哥大学的罗杰·斯佩里博士及他的研究团队证实了这一点。

1. 创造力人人都有

决定创造力的是人的大脑，只要脑细胞发育正常，每个人都有创造力，并且每个正常人的创造力天赋都相同。也就是说，我们生下来是站在同一起跑线上的，我们在婴幼儿期和爱因斯坦、爱迪生有着同样的创造力。

这结论打破了“天才论”，纠正了人们过去一直认为的创造只是少数人的所为、普通人可望而不可即的错误思想，揭开了创造的神秘面纱。

也许你要问，既然我们荣幸地和爱因斯坦、爱迪生有同样的创造力，那为什么我们没有成为爱因斯坦或爱迪生呢？对这一问题的回答请见创造力的第二个特点。

2. 创造力是潜力，需经过开发才能释放

创造力必须经过开发才能表现出来，如果不开发，永远是潜力，一直到老。每个人的创造力大致是相同的，即便是有区别也没有数量级的区别。之所以后天表现的差别极大，是因为开发的程度不同，只要我们去开发，创造力就会释放；不断开发，就会不断释放，我们的创造力水平就会不断提高，人人都可以成为创造的强者。

那么，人的创新潜力到底有多大，创造力什么时候可以开发到头呢？不断地开发会不会把脑子累坏呢？请看创造力的第三个特点。

3. 创造力无穷无尽

要说明这个问题，先要从脑细胞的数量谈起。每个人长到12岁后，脑细胞基本发育成熟，其总数达到了140亿个。你可能要问这140亿个脑细胞意味着什么？它相当于100万亿个的计算机，假如它全部用来记忆的话，能记住5亿本书。

斯佩里博士通过著名的割裂脑实验，得出了大脑不对称性的“左右脑分工理论”，并荣获诺贝尔奖。斯佩里博士被誉为“右脑先生”“世界右脑开发第一人”。研究表明，终其生，大多数人只运用了大脑的3%～4%，其余的97%都蕴藏在右脑的潜意识之中，这是一个多么令人吃惊和遗憾的事实！所谓的人才也只用了10%。那么伟人用了多少呢？伟大的科学家爱因斯坦逝世后，捐献了自己的头颅，经20余年的研究发现，爱因斯坦的脑细胞数量及重量与常人一样，只是细胞之间的突触较多，说明用脑较多，但也只是用了全部脑细胞的30%。这位划时代的、以头脑当实验室的物理学家，也依然有70%的脑资源未被开发利用。

因此，我们可以得出结论，相对于有限的生命来说，我们有无限的脑资源。而创造力存在于人脑之中，那么，无限的脑资源中自然也潜藏着无限的创造力，这就是为什么说创造力潜力无穷的原因。只要我们去开发，每个人都有可能成为人才，成为伟人。

延伸阅读

李开复：创业者需要具备的十项能力

1. 强烈的欲望。欲望是创业的最大推动力。创业者的欲望往往伴随着行动力和牺牲精神，因为欲望，而不甘心、而创业、而行动、而成功，这是大多数白手起家的创业者走过的共同道路。

2. 超乎想象的忍耐力。对一般人来说，忍耐是一种美德，对创业者来说忍耐却是必须具备的品格。对创业者来说，肉体上的折磨算不得什么，精神上的折磨才是致命的，如果有心自己创业，一定要先在心里问一问自己，面对从肉体到精神上的全面折磨，你有没有那种宠辱不惊的“定力”与“精神力”。

3. 开阔的眼界。如果你是一个创业者，开阔的眼界意味着你不但在创业伊始可以有一个比别人更好的起点，有时候它甚至可以挽救你和企业的命运。眼界的作用，不仅表现在创业者的创业之初，它会一直贯穿于创业者的整个创业历程，一个创业者的眼界有多宽，他的事业也就会有多大。

4. 善于把握趋势又通人情事理。创业者一定要明事，不但要明政事、商事，还要明世事、人事，这应该是一个创业者的基本素质。创业的人，一定要跟对形势，要研究政策。

5. 敏锐的商业嗅觉。创业者的敏感是对外界变化的敏感，尤其是对商业机会的快速反应。有些人的商业嗅觉是天生的，如胡雪岩，更多人的商业嗅觉则依靠后天培养。如果你有心做一个商人，你就应该像训练猎犬一样训练自己的商业嗅觉。良好的商业嗅觉是创业者成功的最好保证。

6. 人脉。创业不是引“无源之水”，栽“无本之木”。每一个人创业都必然有其凭依的条件，也就是其拥有的资源。一个创业者的素质如何，看其建立和拓展资源的能力就可以知道。创业者要充分整合同学资源、职业资源和朋友资源。

7. 谋略。谋略或者说智慧，贯穿于创业者的每一个创业行动中。谋略其实就是一种思维的方式，一种处理问题和解决问题的方法。创业者的智谋，将在很大程度上决定其创业成败。尤其是在目前产品日益同质化、市场有限、竞争激烈的情况下，创业者不但要能够守正，更要有能力出奇。对于创业者来说，智慧是不分等级的，它没有好坏、高明不高明的区别，只有好用不好用、适用不适用的问题。

8. 胆量。创业本身就是一项冒险活动。要有胆量，敢下注，想赢也敢输，创业是最需要强大心理承受能力的一项活动。创业需要胆量，需要冒险。冒险精神是创业者精神的一个重要组成部分，但创业毕竟不是赌博。创业者的冒险，迥异于冒进，创业者一定要分清冒险与冒进的关系。冒险是这样一种东西，你经过努力，有可能得到，而且那东西值得你得到，否则，你只是冒进。无知的冒进只会使事情变得更糟，你的行为将变得毫无意义。

9. 与他人分享的愿望。作为创业者，一定要懂得与他人分享。一个不懂得与他人分享的创业者，不可能将事业做大。分享不仅仅限于企业或团队内部，对创业者来说，对外部的分享有时候同样重要。分享不是慷慨，对创业者来说，分享是明智的。

10. 自我反省的能力。反省其实是一种学习能力。创业既然是一个不断摸索的过程，创业者就难免在此过程中不断地犯错误。反省，正是认识错误、改正错误的前提。对创业者来说，反省的过程就是学习的过程。有没有自我反省的能力，具不具备自我反省的精神，决定了创业者能不能认识到自己所犯的错误，能不能改正所犯的错误，是否能够不断地学到新东西。创业者需要的是综合素质，每一项素质都很重要，不可偏废。缺少哪一项素质，将来都必然影响事业的发展。有些素质是天生的，但大多数可以通过后天的努力来改善。如果你能够从现在做起，时时惕厉，培养自己的素质，你的创业成功一定指日可待。

课堂讨论

请你用创造性的方式介绍自己，轻松活泼地向大家展示自己的创造力。可以借助五种感官来向大家介绍自己，也可以现场自由发挥。

模拟实训

8～10 人为一组，每组一个题目，运用发散思维，在 5 分钟的时间内看能找出几种答案。

1. 老牛肉很难炖烂，你有什么好办法吗？

2. 假如你家在昆明，寒假回家往返路途很远，你能找到一种省钱省时又不太苦累的交通方式吗？

3. 一名学生家庭经济困难，每年的学费、生活费都难以凑足，你能策划一个使他坚持完成学业的好方案吗？

4. 有一位南方小企业经理，在东北买了两车皮木材，准备回去制造纺织用的木梭子，但运力紧张，几个月后才能排上，他等了一个月，连回去的运费都不够了。你能帮他想个好办法吗？

本章小结

1. 大众创业、万众创新的时代就是一个需要创业者、成就创业者的时代。

2. 成功创业者身上有许多共同特质，他们一般都具有强烈的进取精神和事业心、充满自信、勇于创新、工作勤奋，这些并不都是天生的，是创业者通过多年历练和积累，不断成长的结果。

3. 创业者之所以能够成功，不是因为他们“走运”，而是因为他们足够努力，并且具备了一些有助于其成功创业的素质。创业者素质有很多，可概括为品行素质、心理素质、知识素质和能力素质四个方面。

4. 创业动机是创业活动最初的诱因，不同创业者的创业动机也不同，要想开始创业活动，首先要明确自己的创业动机并在此基础上设定阶段性目标。

给大学生的建议

1. 这是一个属于创业者的时代，作为当代大学生应多学习成功创业者身上那种创新创业精神和成功特征，找出自身存在的不足，不断提升自己。

2. 如果你怀揣创业梦想，认真分析自己，在环境允许的情况下，可以尝试创业，给自己一个哪怕是试错的机会；即使条件不成熟，也要努力提升自己，坚持梦想，也许成功就在转角处。

3. 金钱并不是最重要的，要把眼光放得再远一些，始终关注自己的成长。无论如何，创业将成为宝贵的经历，拿得起、输得起，才能赢得起。

第四章　创业机会

本章要点

- 创业机会的内涵和特征是什么，怎样获得创业机会。
- 影响创业机会识别的因素有哪些，怎样识别创业机会。
- 有价值创业机会的基本特征有哪些，如何进行创业机会评价。

创业语录

机会是成功创业的关键，但它只青睐那些有准备的人；抓住机会，别让机会从指间滑过；如果同时存在多个机会，创业者顶多只能抓住其中之一。

——马　云

我极少能看到机会，往往在我看到机会的时候，它已经不再是机会了。

——美国作家　马克·吐温

章节导图

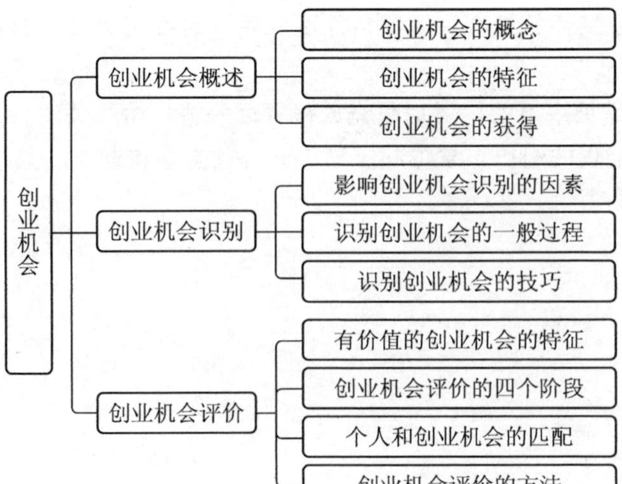

第一节 创业机会概述

案例导读

"90 后"在工作中发现创业机会

成功，并不是什么遥不可及的梦想，把小事做到极致，就有可能会胜利，成为强者而屹立于不败之地。"90 后"大学生村官胡吉是个武汉人，2012 年从中南民族大学工商学院毕业后，就来到恩施市六角亭街道办事处高桥坝村当起了村官。

工作日，胡吉在基层岗位上努力奋斗；双休日，胡吉探索出了一条创业之路，他与该办事处的 17 名村官一起创办了"众翼盛亭广告有限公司"，实现了人生的价值。

工作中发现创业机会

离开家乡到恩施当村官，这对于刚刚离开校园的胡吉来说，虽显得十分"新鲜"，但面对的问题及困难比留在家乡就业要多。作为恩施市六角亭街道办事处高桥坝村的村官，胡吉主要从事社会治安综合治理工作，包括排查、调解村民之间的矛盾纠纷，工作十分烦琐。

那段时间，村里的村官都在忙着做宣传展板、办"村级动态"专栏，但大部分广告公司并不了解基层工作的现状，设计的作品往往达不到村里的要求。这种情况，让他发现了创业商机，不如自己办个广告公司，专门从事相关的业务。

胡吉将自己的想法告诉了办事处的其他村官后，也得到了他们的积极响应。在大家的推举下，胡吉还成为了负责人。

多名村官合力创办广告公司

看到了市场机遇，胡吉和其他几个村官一起，向办事处领导提出创办广告公司的想法，没想到他们的想法得到了领导的大力支持。领导还鼓励他们说："只要不影响你们的正常工作，就放手去干！"有了领导的支持，胡吉等人也像吃了一颗定心丸，开始安心准备创业的事。

对于胡吉这些大学生村官来说，创业面临的第一个问题就是资金，他们大多数才毕业一两年，根本没有太多积蓄。不过好在人多力量大，经过商议，胡吉等人决定每人投资 2 万至 4 万元用于创业。2012 年 11 月 27 日，胡吉等人创办的"众翼盛亭广告有限公司"正式成立，注册资本 51 万元。

"公司开始正式运营，办事处和社区都很支持我们，为我们提供了不少机会。"胡吉说，在城乡街社区居委会办公楼改造完工前，为方便社区居民上门办事，必须对办公楼重新进行规划改造。于是，社区经过多次筛选，就把相关业务交给了"众翼盛亭"来进行。为了按期完工，胡吉每日带领公司的 4 名工作人员加班加点进行规划设计，并到现场指挥工人安装。

虽说任务圆满完成，得到了村民们的信任，但也让我们真正体会到了创业的艰辛。胡吉说，业务繁忙时，曾同时接到6个社区的电话，请他们帮忙做村务公开栏和宣传栏，胡吉和他的同事们不得不一人多用，连续熬夜加班，以保证完成任务。

随着广告公司逐渐走入正轨，一些潜在的问题开始暴露出来：人手不够、实践经验不足、业务能力有限等。这让胡吉等人开始意识到，他们一直只想着不停地接业务来做，却忽视了公司在成长中可能面临的问题。

"有一次我们接到一个业务，客户要求我们做出一个精致的广告牌，这让我们都犯了难。"胡吉说，他在大学学的是工商管理，根本不懂广告设计，而负责设计方面的同事也是边学边做。虽然接了单，他们公司却无法完成客户的要求。

为解决公司所面临的问题，胡吉等人经过多次商量，决定采取"2+1+X"的模式经营。"2"即公司设计方面全权由两名全职设计师负责；"1"即在受理业务方面，办事处特许胡吉在完成本职工作的前提下，随时可参与公司的经营；"X"即在节假日或特殊时间点，遇公司业务繁多、忙不过来时，其他大学生村官加入公司的运作当中。

"此模式运作既不影响大学生村官们的本职工作，又为公司的运转提供了必要的人力保障。"胡吉说，有了合理的运作模式，公司的发展步入了正轨。

一、创业机会的概念

创业机会是指创业者可以利用的商业机会。创业者据此可以为客户提供具有较强吸引力、有价值的产品或服务，并同时获得较为持久的自身利益。

创业是建立在机会发现的基础上的。在企业创建初期，好的想法比团队的智慧、资源的整合、资本的聚合更为重要。创业要善于抓住机会，把握住了每个稍纵即逝的投资创业机会，就等于成功了一半。

美国的蒂蒙斯认为，创业机会是创业过程的核心。创业机会就是通过把资源创造性地结合起来，迎合市场需求（或兴趣、愿望）并传递价值的可能性。

（1）商业机会是创业过程的核心驱动力，创始人或工作团队是创业过程的主导者，资源是创业成功的必要保证。创业过程始于创业机会，而不是钱、战略、网络、团队或商业计划。开始创业时，创业机会比资金、团队的才干和能力及资源更重要。在创业过程中，资源与创业机会经历着一个适应—差距—适应的动态过程。商业计划是沟通创业者、创业机会和资源三个要素的质量和相互间匹配和平衡状态的语言和规则。

（2）创业过程是创业机会、创业者和资源三个要素匹配和平衡的结果。处于模型底部的创始人或工作团队要善于配置和平衡，借此推进创业过程，他们必须做的核心过程是：对商机的理性分析和把握，对风险的认识和规避，对资源最合理的利用和分配，对工作团队适应性的分析和认识。

(3) 创业过程是一个连续不断地寻求平衡的行为组合。在三个要素中绝对的平衡是不存在的，但企业要保持发展，必须追求一种动态的平衡。保持平衡的观念展望企业未来时，创业者必须思考的问题是：目前的团队是否能领导公司未来的成长，解决下一阶段面临的困难。

二、创业机会的特征

创业学的先驱蒂蒙斯认为，创业机会的特征是具有吸引力、持久性和适时性，并且伴随着可以为顾客创造或增加使用价值的产品和服务。

(1) 吸引力。创业者所要提供的产品和服务，对于消费者来说应该是具有吸引力的，消费者愿意消费该产品和服务。

(2) 持久性。创业机会应当具有持久性，能够得到进一步的发展。具体来说，市场能够提供足够的时间使创业者对创业机会进行开发。创业者进行创业机会分析时，应把握创业机会的这一特征，以免造成对资源和精力的浪费。

(3) 适时性。适时性与持久性相对。创业机会存在于某个时间段，在这个时间段进入该产业是最佳时机，这样一个时间段被称作“机会窗口”。换句话说，创业机会具有易逝性或时效性，它存在于一定的空间和时间范围内，随着市场及其他创业环境的变化，创业机会很可能消失和流失。

(4) 创造顾客价值。创业机会来源于创意，创意是创业机会的最初状态。创意是一种新思维或者新方法，是一种模糊的机会。如果这种模糊的机会能为企业和顾客带来价值，那么它就有可能转化为创业机会。

三、创业机会的获得

创业者可以通过很多渠道来获得创业机会。有的创业者通过追求爱好或兴趣产生创业机会，也有很多名创业者通过个人技能或经验产生好的创业机会，还有的创业者因为“抱怨”或“偶然的发现”产生创业机会。下面介绍些获得创业机会的渠道。

（一）在社会网络中获得创业机会

社会网络是创业机会的一个重要来源渠道。社会网络既可以是创业者个人的关系网络，也可以是企业与金融部门、研发部门、供应商、中间商、消费者之间形成的一种相互认知关系、合作关系和信用关系网络。

社会网络有利于信息的获取。多样化的社会网络能够提供多样化的信息来源。对于企业家来说，社会网络能够促进创新、扩散风险、提供竞争优势、创造机会，有利于寻求信息获得社会支持。创业者的社会网络能够帮助其获取企业创建所需的资源，成为一种竞争优势。

（二）从他人那里获得创业机会

有些时候我们想创建一个新企业，并不一定非要绞尽脑汁寻找创业机会，完全可以用“拿来主义”满足新创企业所需要的创业机会。可以通过购买他人的专利，还可以去专利局或专利网站上寻找需要的技术。另外，还可以将其他地域有的、本地没有的、适合本地发展的商业模式或者产品拿到本地市场进行经营。

（三）通过图书馆或网络调查获得创业机会

创业机会的一个重要来源就是图书馆或网络信息。大量的图书馆查阅和网络调查可以使我们获得有用的信息。但是在收集信息的时候，人们对于图书馆的利用往往不够充分。有的时候，简单地浏览几期商业期刊就可能发现创业机会。大学图书馆中强大的搜索引擎与数据库也是很好的创业机会资源。

网络调查也很重要。如果从零开始的话，只要在谷歌或百度中输入“新商业创业机会”或某个具体领域中的具体业务，就能找到许多“最热门的”和“最新的”商业创意方面的文章。虽然这些文章的内容是非常笼统的，但它们意味着形成商业创业机会的起点。

（四）在大众传媒中获得创业机会

大众传媒是大量信息、想法和机会的来源。大众传媒包括报纸、杂志、电视和互联网等。仔细浏览大众传媒，在报纸或杂志上经常可以找到关于转让企业的商业广告，这些成为创业者很好的信息来源渠道。在新闻出版物或互联网上的文字、电视纪录片经常会有关于流行趋势或消费者需求变化的报道。例如：能读到或听到人们对健康和减肥食品的兴趣日益增加；也可以发现某个新的投资概念，比如特许经营。

（五）通过市场调查获得创业机会

一个新的创业机会的焦点就是消费者。通过调查确定消费者的需求是提供产品或服务的基础。可以通过与人们进行正式或非正式的交谈来调查，也可以通过与家庭成员或朋友交谈找出他们没有被满足的需求。例如，他们是否对现有的产品或服务满意，他们希望看到什么样的改进或改变。可以与厂商、批发商、代理商和零售商这些分销渠道的成员交谈。问题要贴近和联系消费者、渠道成员，由此更好地判断消费者的需求，什么好卖和什么不好卖。最后，应该尽可能多地与消费者交谈，包括现有和潜在的消费者。你能从他们那里获得更多的信息。

（六）通过观察获得创业机会信息

例如，决定是否在某条街上选址开店，你可以观察和计算在特定的天数里通过街道的人数，并且和其他地点进行比较。或者，你对旅游者经常去的地方感兴趣，就可以进行调查，了解一下是否可以制造或经营工艺品。或者，你注意到某个地区或某条旅游线路上没有正规的饭店或旅馆，你就可以了解一下情况，那里是否有正规饭店或旅馆的需求，你是否可以提供相应的服务。你还应该到各种聚会上走走，观察人们有没有未能满足的需求。

延伸阅读

如何寻找创业机会

改变你生活和他人生活最有效的方法之一，就是抓住每一次改进的机会。机会就在你的眼前，时时刻刻，但是你却没有发现它。所以，怎样才能使你睁大眼睛抓住机会呢？怎样才能使你看清隐藏在你周围的每个机会呢？

和那些富有创造力的人交往

那些富有创造力的人通常能够看到所遇到的机会，而他们的洞察力也会影响你。学习认识世界一切可能性的最好方法就是多和这些将大量时间花在创造新事物上的人交往。同那些艺术家、文学创作者、创业者、网站设计师、思想家、音乐创作者、市场产品的开发者等，一切从事建设性事业的人交往。尽可能多花些时间谈谈创造性思想及思考它们的可行性。随着 Web2.0 和社会媒体的发展，你遇见那些有创造性的人和分享他们具有创造性思想的机会比历史上任何一个时代的机会都多。无论你在哪儿，只要你能够上网，你就可以遇见并且和这些来自世界各个角落有创造力的人交谈。想想当今社会的连通性给我们带来了多少广阔无际的机遇，这是一件多么美妙的事情啊！

记下每件使你惊奇的事

许多良机都充满惊奇，而且惊奇常常是有趣的、神奇的和有深刻见解的。在任何时候都随身携带一个小小的记事本和一台数码相机，并且记录下每一件使你感到惊奇的事情。你将会从这些惊奇中发掘出无限的机会。

记录问题

伟人说世界上不存在问题，只有机会。我承认他们很可能是对的。因为每个问题都有解决的方法，而这些方法对其他人来说也同样充满价值。将一切障碍和困难及你克服这些困难的方法都记录下来，这样你就为他人带来了有价值的机会。

记录可能性

想象一些最有可能实现的事情并把他们记录下来。想象可是便宜的且用之不尽的资源。它会是怎么样的呢？我们应该怎么利用他们呢？幻想一下你理想中的商业模式，幻想一下你的未来。如果你可以创造你的未来，它将会是什么样子的呢？将之记录下来。发掘潜藏在你想象中的机遇。

用开放的态度对待那些非传统的提议（零度倾听）

如果你对非正统思想的第一反应是抗拒的，不要急于发表你的意见和想法。听听他们是怎么说的，让他们发表他们的意见。听完他们的整个构思后，再想想该构思的可行性。不要因提议有点奇怪或者是遥不可及就立刻将其全盘否决。给自己一点时间，待你的反抗情绪过后，再重新看看该提议；或者先将其搁置一边，待几天你的偏见消除后，再想想提议的可行性。这几年里，我自己就在这方面下了很大的决心，接受了几个很奇特的提议。最终的事实证明，这些提议都是很有价值的。

突破信仰和原有观念的限制

你是否常常认为自己不是一个有创意的人？你是否认为摆弄小零件是在做无聊的琐事呢？你是否会放纵你的好奇心还是担心会被别人当傻瓜来看？你是否会毫无疑问地遵循那些条条框框呢？这些受信仰和原有观念束缚的思想只会限制你捕捉机遇的能力，所以确认并且扔掉那些限制你发展的信仰吧。

心存感激

心存感激是解除怨恨和自满的一服良药。怨恨和自满使你无法看清眼前的事物。从你脑中解除怨恨和自满的最好的方法就是对你现在的处境心存感激。感谢上苍赋予你的天赋；感谢上苍赋予你的弱点；感谢上苍赋予你的成功；甚至感谢上苍赋予你的失败。如果你能对所有的事情都心存感激甚至包括那些似乎已犯错误的事情，这样你就可以把原本不好的事物看作是帮你走向成功的机会。

课堂讨论

1. 创业者为什么要关注市场的变化或技术的发展？

2. 仔细观察你周围同学生活中不方便或不满意的地方并考虑解决方案，看看是否可以作为商机，为什么？

第二节　创业机会识别

案例导读

马云创业起步时的机会

1995年初，马云在美国偶遇互联网，对电脑一窍不通的他来说是一个新领域的冲击。他发现当时网上没有任何关于中国的资料，出于好奇，便请人做了一个自己开办的翻译社的网页。没想到，3个小时就收到了4封邮件。马云敏锐意识到，互联网必将改变世界！虽然此时的马云已经是杭州十大杰出青年教师，但是看好互联网未来、特立独行的马云毅然下海，开始筹备创业。“当时觉得互联网不错，就找了24个人到我家里，对着他们讲了2小时，他们没听懂，我自己也没讲明白，最后说‘到底怎么样’，其中23个人说‘算了吧’，只有一个人说‘你可以试试看，不行赶紧逃回来’。想了一晚上，第二天一早我还是决定继续做，于是成立了中国黄页。其实我知道，即使24个人都反对，我也会做下去！”创建黄页网站，每天出门对人讲互联网的神奇，请人家心甘情愿同意把企业的资料放到网上去。没有人相信他，1995年的杭州，人们不知道互联网是什么东西。在那段时间里，马云过的是一种被人视为骗子的生活。但是，马云的网站为上网的企业带来了客户，他的网站盈利了。

1996年，马云的营业额不可思议地做到了700万元！1997年，在国家外经贸部的邀请下，马云带着自己的创业班子挥师北上，建立了外经贸部官方网站、网上中国商品交易市场、网上中国技术出口交易会、中国招商、网上广交会、中国外经贸等一系列国家级站点。当马云回顾这段经历时，不禁感慨“在这之前，我只是一个杭州的小商人。在外经贸部的工作经历，使我知道了国家未来的发展方向，学会了从宏观上思考问题，我不再是井底之蛙。”

“弃鲸鱼而抓虾米，放弃那15%的大企业，只做85%中小企业的生意。”这是马云在开始涉足电子商务领域时所做的决断。“如果企业也分穷富，那么互联网就是穷企业的世界。因为大企业有自己专门的信息渠道，有巨额广告费，小企业什么都没有，它们才是最需要互联网的客户。而我就是要领导小企业富起来。”马云要做的事就是提供这样一个平台，将全球中小企业的进出口信息汇集起来。就这样，1999年3月10日，阿里巴巴公司在马云家中成立。

一、影响创业机会识别的因素

创业机会识别是指创业者识别新的创业机会的过程，是创业的开端，也是创业的前提。影响创业机会识别的关键因素有很多，如个体因素（包括创业警觉性、经验知识、社会资本和创造力）、机会因素及各因素的交互作用等。

创业机会识别作为创业者的主动行为，带有浓厚的主观色彩，创业者的个体因素起到了重要作用。此外，一些研究者逐渐认识到机会识别是个体与环境的互动过程，外部因素尤其是环境中的客观机会因素本身的影响同样不容忽视。

（一）个体因素

1. 创业意识

人们常讲，理念是行动的先导。创业活动也一样，创业机会的发现也要靠创业者对市场变化及信息分析判断的创业警觉性。创业警觉性作为一种持续关注、注意未被发觉的机会的意识及思维方式是识别创业机会的内在动力。警觉性应包括扫描和搜索、联系和联想、评估和判定三个维度。

2. 创业经验

创业经验是一种人生经历，创业者必定能从多次创业实践中得到创业知识或练就创业实践技能。创业经验会使人们更容易注意到与自己已有经验相联系的刺激，正如Baron所指，对于创业者而言，丰富且广泛的生活阅历是识别潜在创业机会的主要决定因素，它们帮助创业者识别了新信息的潜在价值。

3. 创造品质

创造性是产生新奇或有用创意的过程。从某种程度上讲，机会识别是一个创造过程。在听到更多趣闻轶事的基础上，你会很容易看到创造性包含在许多产品、服务和业务的形成过程中。对个人来说，创造过程可分为五个阶段，分别是准备、孵化、洞察、评价和阐述。

4. 社会资源

社会资源又称社会网络，是联系创业者和机会的纽带与桥梁，创业者需通过自己的社会网络获得有关创业机会的信息，创建或整合创业团队，筹集创业初始资金等。因此，创业者自身社会网络的规模大小、多样性、强度及密度将对机会识别产生重要的影响。

（二）机会因素

创业机会本质上就是市场机会。国家政策机会如国家政策支持与否，这是至关重要的，创业离不开政策。市场环境如市场经济发展的现状、宏观的经济发展环境、公平公正的竞争机制等，对创业者识别创业机会也很重要。

（三）各因素的交互作用

创业的愿望是机会识别的前提，没有创业意愿，再好的创业机会也会被忽略。创业能力是机会识别的基础。识别创业机会在很大程度上取决于创业者的个人（团队）能力。创业环境的支持是机会识别的关键。创业环境是创业过程中多种因素的组合，包括政府政策、社会经济条件、创业和管理技能、创业资金和非资金支持等方面。尽管创业机会识别的影响因素在不断地丰富和完善，但单一影响因素的作用已不足以解释整个过程，因此对各影响因素交互作用的探讨成了必然趋势。面对具有相同期望值的创业机会，并非所有潜在创业者都能把握。成功的机会识别是创业愿望、创业能力和创业环境等多种因素综合作用的结果。

二、识别创业机会的一般过程

以创造力为基础的多维度机会识别过程模型将机会识别分为以下五个阶段。

（1）准备阶段，指知识和技能的准备，这些知识和技能可能来自创业者的个人背景、工作或学习经历、爱好及社会网络。

(2) 沉思阶段，指创业者的创新构思活动，这一过程并非有意识地解决问题或系统分析，而是对各种可能和选择的无意识考虑。

(3) 洞察阶段，指创意从潜意识中迸发出来，或经他人提点，被创业者所意识，这类似于问题解决的领悟阶段，也可以用“豁然开朗”来形容。

(4) 评估阶段，即有意识地对创意的价值和可行性进行评定和判断，评估的方式包括初步的市场调查、与他人进行交流及对商业前景进行考察。

(5) 经营阶段，是指对创意进一步细化和精确，使创意得以实现。Hansen 等人重新验证了这一模型，发现这个五维模型是机会识别最好的拟合模型，并且其中的沉思和经营阶段与创造力显著相关。

三、识别创业机会的技巧

识别创业机会不是一件容易的事情，但也不是不可实现的。创业者可以在日常生活中有意识地加强实践，注重以下能力和技巧的应用。

(一) 善于进行市场调研

借助市场调研，从环境变化中发现机会，是机会发现的一般规律。要了解市场供求状况、变化的趋势，顾客的需求是否得到了满足及竞争对手的长处与短处。在调研中记录你的想法，如瑞士最大的音像书籍公司的创始人就有本这样的笔记本，当记录到第 200 个想法时，他坐下来，回顾所有的想法，然后开办了自己的公司。

(二) 多看、多听、多想、多做

我们常说见多识广，识多路广。我们每个人的知识、经验、思维及对市场的了解不可能做到面面俱到。多看、多听、多想、多做能使我们广泛获取信息，及时从别人的知识、经验、想法中汲取有益的东西，从而增强发现机会的可能性和概率，平常的实践经验积累将是你今后寻找创业机会和方向的基础。

(三) 精于培养独特思维

机会常常仅被少数人抓住，我们就要做这样的少数人。我们要克服从众心理，摆脱传统的习惯思维的束缚，敢于相信自己，有独立见解，不能人云亦云，不为别人的议论所左右，才能发现和抓住被别人忽视或遗忘的机会。

(四) 注重创新、创意、创造

通过创新、创意、创造获得机会，这种方法在新技术行业中最为常见，它可能始于拟满足的市场需求，从而积极探索相应的新技术和新知识，也可能始于一项新技术发明，进而积极探索新技术的商业价值。通过创造获得机会比其他任何方式的难度都大，风险也更高。同时，如果能够成功，其回报也更大。这种情况下所产生的创新在人类所具有重大影响的创新中，居于压倒性的主导地位。苹果公司的成功得益于通过 iTunes 和 App Store 平台开创了一个全新的技术创新模式“终端 + 用户体验 + 内容”。它很好地实现了客户体验、商业模式和技术三者之间的平衡，并能持久盈利，独特到别人几乎不能复制。事实证明，苹果模式对其他厂商形成了致命的、毁灭性的打击。

（五）长于问题分析

问题分析从一开始就要找出个人或组织的需求和他们面临的问题，这些需求和问题可能很明确，也可能很含蓄。一个有效并有回报的解决方法对创业者来说是识别机会的基础。这个分析需要全面了解顾客的需求，以及可能用来满足这些需求的手段。从顾客那里征求想法。一个新的机会可能会由顾客识别出来，因为他们知道自己究竟需要什么。因此，顾客会为创业者提供机会。

延伸阅读

好的创意就是好的创业机会吗？

通过一种方法或一个渠道，创业者产生了一个十分吸引人的创意，但一个好的创意未必是个好的创业机会。例如，你通过一项新技术发明发现了一个非常有创意的产品，但是市场可能并不需要它。或者一个想法听起来不错，但是在市场上没有竞争力，不具备必要的资源，也是不值得做的。尽管有时市场有需求，但是需求的数量不足以收回成本。创意可以漫无边际，异想天开。一个好的创意只不过是个起点。把创意转化为创业机会的艰巨过程中，发现好的创意只是第一步。

在此，我们结合创业实践，总结出了衡量一个项目是不是好的创业机会的“八条标准”：

(1) 项目具有较高的可预期的价值，或是经济价值，或是社会价值，或是文化价值，或是客户价值；

(2) 项目能够在创业者或创业团队的能力范围内尽可能早地起步；

(3) 项目能够有效地满足市场现有需求或引导潜在需求；

(4) 项目尽可能得到政府政策扶持或得到社会认可；

(5) 项目与创业者或创业团队的能力、资源等相匹配；

(6) 项目在可预见的时间内能够满足创业者或创业团队的利益诉求；

(7) 项目在实施初期能够在单一产品或服务数量上不断增加，在实施后期产品或服务能够实现多样性或升级换代；

(8) 项目的风险可以有效预估并且在创业者或创业团队可承受范围内。

同学们可以按照以下得分标准检测一下项目的得分：

1 分，代表完全不符合；2 分，代表有点符合；3 分，代表比较符合；4 分，代表完全符合。

一般来说，最后得分越高，说明项目的可行性、可操作性越强，项目的质量越高。

一个好的创意仅仅是一个好的创业想法，而将创意转化为良好的市场机会却是一个非常艰巨的工作。人们常常过高地估计创意的价值，而忽略了市场需求是否真实可靠。比如，中关村一家经销商与北京大学的学生合作开发了能够在黑暗中发出荧光的键盘，这样，在黑暗中（比如周围人休息的夜晚），计算机的使用者不用点灯就可以顺畅地敲打键盘。这个创意很好，但显然这样的产品成本定比普通键盘高，而经常使用计算机的用户绝大多数可以基本实现盲打，因而市场需求不会很好，正是这个原因，该产品始终未能获得成功。

课堂讨论

1. 识别创业机会有哪些主要环节？
2. 哪些因素会影响创业者对于创业机会的识别？

第三节 创业机会评价

案例导读

江小白的故事

江小白是在整个白酒业的冬天崛起的。白酒行业市值一跌再跌，2013 年 14 家白酒企业市值蒸发 2 490 亿元。在高端白酒受到打压，白酒市场整体低迷的情况下，江小白异军突起。

曾经有一项调查针对 25～30 岁的年轻人，调查他们对酒的态度，结果发现有 95%左右的年轻人第一选择不会是白酒。他们普遍认为：白酒口味太冲，不适合自己；场合有限，觉得太过正式；度数高，容易醉酒；给人感觉不够时尚。正是看重年轻人呼唤时尚白酒的心声，江小白之父陶石泉开始了自己的新事业。

“江小白”在营销过程中，通过产品的创新和品牌文化的独特表达，迅速打开市场，赢得目标消费者的喜爱。“江小白”所倡导的品牌文化，是小众的，不是大众的，是犀利的，是个性的，它代表了一种生活态度。因此，由于其独特的品牌文化的表达，“江小白”的消费群体也因此而定位，它不是一款大众产品，而是一款针对年轻人的产品，尤其是叛逆、有个性、有自我觉醒意识的年轻人。江小白牢牢抓住当下年轻人渴望表达自己，渴望获取关注的这一特点，将江小白作为年轻人满足表达欲的载体，活跃于消费过程中，于此，品牌文化在江小白的产品中展现得淋漓尽致。

> 从包装设计上，摒弃掉传统白酒所采用的精致高档的外包装，而是采用简洁活泼的磨砂小瓶，给人一种活泼，朝气的感觉。从颜色搭配上，摒弃掉传统大红色，采用活泼青春的蓝色，让人眼前一亮。从卡通人物设计上，采用漫画男生作为主体，在年轻人中产生共鸣，或多或少都能从中看到自己的模样，吸引眼球。从文案编辑上，采用独树一帜的"语录体文案"，让年轻人不单单从理性消费角度购买产品。以上都是"江小白"在各方面对于品牌文化的表达，而正是因为江小白的品牌文化深深植入人心，因此消费者在选择"年轻人喝的白酒""好玩的白酒"时，"江小白"则脱颖而出。精准的市场定位，独特的包装方式、营销策略让江小白成为白酒业的一匹黑马。

一、有价值的创业机会的特征

较好的有价值的创业机会一般具有以下几个特征：

（1）有吸引力。对创业者和用户有吸引力，对客户有价值，可以为用户解决问题，是高频痛点或者是刚性需求。

（2）时效性。创业者进入这个市场时，机会窗口是打开的。所谓机会窗口是一种隐喻，通常用来描述企业实际进入新市场的时间期限。一旦新产品市场建立起来，机会窗口就打开了。创业者利用机会时，机会窗口必须是敞开的。随着市场成长，企业进入市场并设法占据有利可图的地位。在某个节点，市场成熟，窗口关闭。窗口关闭后，新建企业想成功，已经非常困难，除非专注细分市场。

（3）持久性。创业机会不是时尚的、一时的，而是一种持久的改变，长期可以存续下去。

（4）依附于为用户创造或增加价值的产品、服务或业务上。就是说你要有一个产品或者服务、业务，依附于这样的载体去为客户解决问题。

二、创业机会评价的四个阶段

创业是一种思考、推理和行动的方法，是一个不断试验、循环往复的过程，创业机会的评价是整个创业过程中的关键环节。对创业机会的识别和评价的成功与否直接决定了创业过程能否顺利开展以及创业活动的成功与否。换而言之，如果没有筛选出一个具有高市场潜力的创业机会，那么你可以考虑放弃成为一名创业者，或者开始重新寻找创业机会并对其进行评价，直到找到一个可以通过评价的机会，再开始你的创业行动。只有创业机会通过了最终评估，再进行商业模式设计和商业计划书的撰写才是有意义的。

（一）第一阶段：问题评估

发现问题是识别创业机会的第一步，也是评价创业机会的基础。对于年轻创业者而言，从问题中寻找创业机会往往是最简单、最容易操作的。在日常生活中，人们身边存在着各种各样的需求痛点，但是这些问题都具有真正的市场需求吗？都可以成为创业机会吗？在从一般问题到创业问题阶段，首先需要对发现的问题进行重新定义、梳理和筛选。

（二）第二阶段：解决方案评估

筛选出创业问题之后，创业者需要据此制订可行的解决方案。创业问题的解决方案不是唯一的，创业者应从原创性，技术的可行性，商业的可行性等方面对各个方案进行评价，从而选出最合适的解决方案，并进入下一阶段。

（三）第三阶段：产品评估

本阶段主要是依据解决方案对产品原型和初始服务模式进行设计，并对技术可行性进行验证，同时进行产品（服务）市场可行性的评估。经过产品评估阶段的项目，可以初步确定为技术可行、市场前景较好的潜在创业机会。

（四）第四阶段：机会评估

创业机会是整个创业过程的核心，是创业活动的起点，在创业过程中起着至关重要的作用。从潜在创业机会到创业机会阶段的筛选和评估，在上述三个阶段对问题、解决方案和产品评估的基础之上，应用量表对潜在创业机会从用户问题、产品创意、市场需求、可盈利性、行业趋势和行业竞争等几个方面进行评估。除此之外，还会涉及更多关于产品、运营、营销、推广、盈利模式等方面的细节性评估，更深层次地考察产品（服务）与市场、行业的匹配程度及产品（服务）的可盈利性，进而从中最终确定将实践的创业机会。

三、机会特征和个人特质的匹配

判断创业机会是否适应自己的主要依据在于机会特征和个人特质的匹配。

（一）自身条件评估

（1）你是否为创业做好了心理准备？企业的初创期，必须做好忍耐的心理准备，要有危机意识，时刻准备承受困难和坎坷，具有坚忍的心理素质，不要轻易喜怒，保持平和心态。

（2）你是否为创业做好了知识准备？你的企业是否具有核心技术是生存的关键。

盈利模式要不断调整，要学会精准分析市场，要不断完善企业管理，要学习策划营销策略，创业其实也是一个不断学习、不断提高的过程。

（3）你是否为创业做好了能力准备？创业也是分阶段的，不同的时期对经营者有不同的要求。美国最新的研究证明，成活十年的企业，才可以算是创业成功的企业。要建立自己相对稳定的盈利模式，就需要对市场进行长时期的研究和适应，需要培养一个团结、高水平的团队，需要我们不断提升自身能力。

创业成功与否取决于创业者的素质，有资料表明，在新办企业开业后的第二年，约有50%的企业会倒下，到了第三年，存活下来的小企业只有30%，到了第八年，存活的企业仅有3%。创业成功的，大都是意志坚定，不屈不挠、不甘落后、自强不息的人，是不断学习，不断调整，把握好时代和行业大势的人。

（二）市场需求分析

任何成功的企业都是以市场需求为导向的，任何有市场的产品都是可以满足顾客某种需求的，所以说，企业的产品最终是由顾客来决定的，没有需求就没有市场。市场需求分析包括目标顾客分析、细分市场分析和未来趋势分析。

（1）目标顾客分析。没有顾客，企业就无法生存。在创业的过程中，找到你的目标客户，与老客户建立良好的关系，并且不断赢得新客户，是非常重要的事情。目标客户有多大，将直接决定你的市场有多大，在分析目标客户时，要重点思考三个问题：目标客户的数量有多少？产品是否符合目标客户的特点？目标客户是否具有稳定性和增长性？

（2）细分市场分析。市场细分的目的是通过对顾客需求差异予以定位，来取得较大的经济效益，有效的细分市场必须具备以下特征：可衡量性、可盈利性、可进入性、差异性和相对稳定性。

（3）未来趋势分析。成功的企业家凭着一种对未来趋势的直觉而比别人先抓住了市场未来的需求，从而成为了高瞻远瞩者。你要做的就是把眼光放长远，紧紧抓住趋势，你必须对产品的未来趋势做一个深入的研究，未来它是属于朝阳行业还是夕阳行业？估计未来十年内这个产品的市场有多大，走向如何。

四、创业机会评价的方法

创业机会评价常用的方法有霍华德·史蒂文森法、隆杰内克法、巴蒂选择因素法、标准打分矩阵法、普坦辛米特法等。

（一）霍华德·史蒂文森法

霍华德·史蒂文森法认为可以从以下几个方面来评价创业机会：（1）机会的大小，存在的时间跨度以及成长性；（2）潜在的利润是否可以用来弥补资本、时间和机会成本的投入，并获得令人满意的收益；（3）机会是否开辟了额外的扩张、多样化或综合的商业机会选择；（4）在可能的障碍面前，收益是否会持久；（5）产品或服务是否真正满足了真实的需求。

（二）隆杰内克法

隆杰内克认为，以下五个方面对创业机会的评价至关重要：（1）对产品有明确界定的市场需求，推出的时机也是恰当的；（2）投资的项目必须能够维持持久的竞争优势；（3）投资必须具有一定程度的高回报，从而允许一些投资中的失误；（4）创业者和机会之间必须互相合适；（5）机会不存在致命的缺陷。

（三）巴蒂选择因素法

巴蒂选择了11个对创业机会有重要影响的因素，让使用者据此对发现的创业机会进行评价。如果某个创业机会只符合其中的6个或更少的因素，则这个机会很可能不可取。相反，如果某个创业机会符合其中的7个或以上的因素，则该创业机会将会大有希望获得成功。巴蒂选择因素法的具体内容有如下11个要素：

（1）这个创业机会在现阶段是否只有你一个人发现了；（2）初始的产品生产成本是否可以承受；（3）初始的市场开发成本是否可以承受；（4）产品是否具有高利润回报的潜力；（5）是否可以预期产品投放市场和达到盈亏平衡点的时间；（6）潜在的市场是否巨大；（7）你的产品是否是一个高速成长产品家族中的第一个成员；（8）你是否拥有一些现成的初始用户；（9）是否可以预期产品的开发成本和开发周期；（10）是否处于一个成长中的行业；（11）金融界是否能够理解你的产品和顾客对它的需求。

（四）标准打分矩阵法

该方法是专家对创业机会成功的重要影响因素打分，据以对不同的创业机会进行比较。每一个因素由专家根据其重要性程度给出1～3分的分值，1分为一般，2分为好，3分为很好。打分的标准如下：

（1）易操作性；（2）质量和易维护性；（3）市场接受性；（4）增加资本的能力；（5）投资回报；（6）专利权状况；（7）市场的大小；（8）制造的简单性；（9）广告潜力；（10）成长的潜力。

（五）普坦辛米特法

普坦辛米特法是一种让创业者填写针对不同因素的不同情况，预先设定好权值的选项式问卷的方法。对每个因素来说，不同选项的得分可以从-2分到+2分，通过对所有因素得分的加总得到最后的总分，总分越高说明特定创业机会成功的潜力越高。只有那些最后得分高于15分的创业机会才值得创业者进行下一步的策划，低于15分的都应被淘汰。11项的打分因素如下：

（1）对于税前投资回报率的贡献；（2）商业周期的影响；（3）预期的年销售额；（4）生命周期中预期的成长阶段；（5）为产品制订高价的潜力；（6）从创业到销售额高迅速增长的预期时间；（7）进入市场的容易程度；（8）投资回收期；（9）销售人员的要求；（10）占有领先者地位的潜力；（11）市场试验的时间范围。

延伸阅读

共享充电宝

继共享专车、共享单车成功吸引数亿美元的资本涌入并获得丰厚回报后，共享充电宝、共享澡堂、共享篮球又纷纷以共享之名出现。

2017年，聚美优品宣布将以3亿人民币（现金）收购共享充电宝企业——深圳街电科技有限公司股权。其明星CEO陈欧更是宣称这是其亲自抓的一个项目，并表示："聚美优品对该项目的投资无上限，未来3个月内，将继续注入几十亿元的资金。"在充足曝光之后，一个关键问题是：共享充电宝是否能成为下一个共享专车、单车呢？

其实在这波充足曝光之前，共享充电宝这一项目就得到了许多资本的青睐。新京报在2017年4月份的一篇文章中报道："据公开数据统计，从3月31日到4月10日，10天时间，5笔融资，超20家机构入局，融资金额逼近3亿元。同时，有投资人透露，至少还有数个新玩家在入场。不完全统计显示，IDG、红点中国、腾讯、金沙江创投、元璟资本和知名个人天使投资人王刚等都已投资了共享充电宝类型的创业公司。"

一个有趣现象是，上述VC机构与此前的共享专车、单车的资本方有着很大的重合性，而他们的竞相涌入，使得共享充电宝很可能在未来又将是一场以资本培育用户习惯的游戏。

搭上共享名义的共享充电宝，能否成为下一个共享专车、单车呢？首先，需要明确的是，共享充电宝有没有需求市场？电量需求对于消费者而言，是真实存在的，消费者有电量焦虑。但是，这是否就能得出共享充电宝将能满足用户需求取得市场成功，成为大项目呢？从目前来看，其面临着许多挑战。

课堂讨论

1. 为什么有价值的创业机会也是有风险的？
2. 根据本节所学内容，请谈谈如何进行创业机会评价？

模拟实训

活动题目：事先的忧虑。

参与人数：4～6 人，每组时间：15 分钟，所需材料：纸和笔。

活动步骤：

1. 将同学分成若干个小组，每组 4～6 人，设主持者 1 人，在小组内部讨论以下话题："在今天来到这里之前，你有什么样的忧虑，或者期望？"比如："我会不会是这群人中穿着最随意的？""会不会除了我以外的其他人说的都是专业术语呢？"

2. 每个组准备一张纸将自己组的意见记录下来，经过一个简短的信息收集过程之后，将这些信息公布于众，以供大家讨论。做这个游戏的时候要注意以下几点：

(1) 游戏中的讨论会带来什么样的好处，看看哪些事先忧虑是必要的，哪些是不必要的；

(2) 参与者的有些顾虑完全是不必要的，是由于主持者的疏忽，没有提供给他们充分的信息造成的，所以这样的一个游戏有助于大家打开心胸以后进行更好的沟通；

(3) 参与者的忧虑和期望能够帮助主持者更好地了解参与者的需求，建议主持者不要忽视；

(4) 要提醒主持者的是，在游戏结束的时候一定要向参与者保证，你了解了他们的忧虑，并保证会在以后的游戏中注意到这一点。

在这个游戏中我们明白了很多问题是不需要事先忧虑的，但在商业竞争中，需要有这种未雨绸缪、防患于未然的意识。

本章小结

1. 在环境基本可预期的情况下，商机可被较为合理地寻得。当过去的信息无法帮助预测未来的情况时，便要用另一种方法，即将可能性转化为新的商机，商机就被创造出来。

2. 机会几乎是无处不在的，只要存在消费的需求就有机会。

3. "机会之窗"是真实存在的，但它不是永远都敞开的。

4. 一个好的创意仅仅是一个好的创业工具，而将创意转化为良好的市场机会却是一个非常艰巨的工作。

给大学生的建议

1. 研究一些你比较熟悉的公司，思考它们的商机是如何寻得或创造的。

2. 如果你想创业，不必坐等商机，相反地，创造何种商机，一切都由你决定。

3. 如果你找到一个好的点子或创业机会，尝试寻找可以匹配的资源，将点子变为现实。

4. 如果你找到一个创业机会，学会用主观标准和客观标准相结合的方式进行评估。

第五章　创业团队

本章要点

- 什么是创业团队，创业团队的组成要素有哪些。
- 如何组建高效创业团队，高效创业团队的特点有哪些。
- 创业团队在成长过程中需注意的问题有哪些。

创业语录

当今的世界有着丰富的技术、大量的创业者和充裕的风险资本，而真正缺乏的是出色的团队。如何创建一个优秀的团队将会是你面临的最大挑战。

——约翰·多尔

章节导图

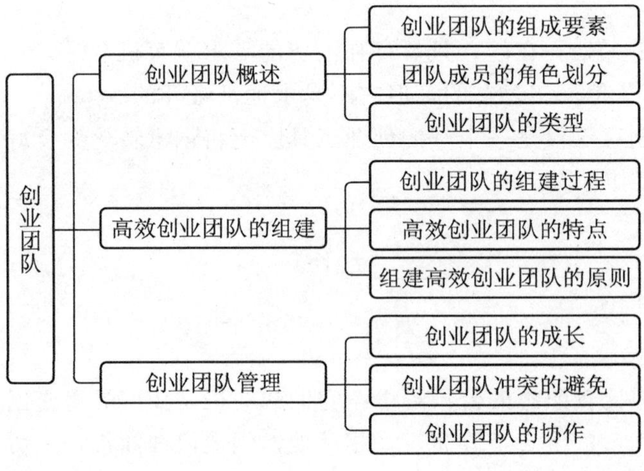

第一节　创业团队概述

案例导读

马化腾五兄弟：难得的创业团队

从当年5条电话线和8台计算机所组成的局域网，到今天为4亿注册用户提供基于QQ的各种通信服务、全球市值名列第三位的创新型互联网企业；从当初只有5个人的创业团队、5万元创业起步资金，到2004年6月上市后的8.98亿港元身价；从10多平方米的一间办公室到今天建筑面积8.8万平方米的腾讯大厦，腾讯公司2010年实现收入19 646亿元同比增长57.9%，实现净利润80.54亿元，同比增长56.2%。

腾讯创造出如此奇迹，靠的是团队

1998年的秋天，马化腾与他的同学张志东“合资”注册了深圳腾讯计算机系统有限公司，之后又吸纳了三位股东：曾李青、许晨晔、陈一丹。这五个创始人的QQ号，据说是从10001到10005。为避免彼此争夺权力，马化腾在创立腾讯之初就和四个伙伴约定清楚：各展所长、各管一摊。马化腾是CEO（首席执行官），张志东是CTO（首席技术官），曾李青是COO（首席运营官），许晨晔是CIO（首席信息官），陈一丹是CAO（首席行政官）。之所以将创业五兄弟称为“难得”，是因为直到2005年的时候，这个五人的创始团队还基本保持这样的合作阵形，不离不弃。直到腾讯做到如今的帝国局面，其中四个还在公司一线，只有COO曾李青挂着终身顾问的虚职而退休。

在企业迅速壮大的过程中，要保持创始人团队的稳定合作尤其不容易。在这个背后，工程师出身的马化腾从一开始对于团队合作的理性设计功不可没。

从股份构成上来看，五个人一共凑了50万元，其中马化腾出资23.75万元，占了47.5%的股份；张志东出了10万元，占20%：曾李青出了6.25万元，占12.5%的股份：其他两人各出5万元，各占10%的股份。

虽然主要资金都由马化腾所出，他却自愿把所占的股份降到一半以下：47.5%。“要他们的总和比我多一点点，不要形成一种垄断、独裁的局面”，而同时，他自己又一定要出主要的资金占大股。“如果没有一个主心骨，股份大家平分，到时候也肯定会出问题，同样完蛋。”

保持稳定的另一个关键因素，在于搭档之间的“合理组合”

据《中国互联网史》作者林军回忆说，马化腾非常聪明，也非常固执，注重用户体验，愿意从普通用户的角度去看产品。张志东是脑袋非常活跃，对技术很痴迷的一个人。马化腾的技术也非常好，但是他的长处是能够把很多事情简单化，而张志东更多的是把一个事情做得完美。”

许晨晔和马化腾、张志东同为深圳大学计算机系的同学，他是一个非常随和且有自己的观点，但不轻易表达的人，是有名的“好好先生”。而陈一丹是马化腾在深圳中学时的同学后来也就读深圳大学，他十分严谨，同时又是一个非常张扬的人，他能在不同的状态下激起大家的激情。

如果说其他几位合作者都只是“搭档级人物”的话，只有曾李青是腾讯5个创始人中最好玩、最开放、最具激情和感召力的一个人，与温和的马化腾、爱好技术的张志东相比，他是另一个类型的人。其大开大合的性格，也比马化腾更具备攻击性，更像拿主意的人。不过或许正是这一点，也导致他最早脱离了团队，单独创业。

后来，马化腾在接受多家媒体的联合采访时承认，他最开始也考虑过和张志东、曾李青个人均分股份，但最后还是采取了5人创业团队，根据分工占据不同的股份结构的策略。即便是后来有人想加钱、占更大的股份，马化腾说不行。因为在马化腾看来，应有的股份要和未来的潜力匹配，不匹配就要出问题。如果拿大股的不干事，干事的股份又少，矛盾就会发生。

当然，经过几次选择，最后他们上市所持有的股份比例只有当初的13%，但即便是这样他们每个人的身价都还是达到了数十亿元人民币，是一个皆大欢喜的结局。

可以说，在中国的民营企业中，能够像马化腾这样，既包容又拉拢，选择性格不同、有特长的人组成一个创业团队，并在成功开拓局面后还能依旧保持着长期默契合作的是很少见的。而马化腾成功之处，就在于其从一开始就很好地设计了创业团队的责、权、利。能力越大，责任越大，权力越大，收益也就越大。

一、创业团队的组成要素

创业团队对于初创企业的成功非常重要。据针对20世纪60年代的美国高科技企业的一项研究，年销售额超500万美元的高速成长企业当中，由创业团队建立的比例高达8.3%。创业者在创业过程中的压力是来自方方面面的，因而他（她）寻求“联合创始人”或“合伙人”的帮助是有助于提升创业成功概率的。一般而言，创业团队需要具备五个重要的组成要素。

（一）共同价值观

共同价值观是团队的核心和基石，是团队的灵魂，也是维系团队发展的精神支柱；它对创业团队来说更为重要，具有导向、凝聚、约束和激励的作用，会成为创业团队的基因。力求企业长远发展的团队成员很可能在短期内不注重收益，而“以利为先”的团队成员则会将眼前利益放在首位。如此一来，创业团队内便会形成价值观的冲突。与没有共同价值观的人合作，团队内部的关系将充满冲突和不满。尤其是在创业过程中，当遇到困难和麻烦的时候，当利益与原则冲突的时候，这种现象尤其明显。

汤姆·彼得斯曾坚定地指出："共同价值观是组织文化的核心和基石，是组织的灵魂，也是维系组织生存发展的精神支柱。价值观是人们选择行动的判断标准，它能决定管理活动的成效和方向，是组织文化理论的核心概念。大部分公司之所以能够成功，在于员工能够分辨、接受和执行组织的价值观。"例如，日本松下电器公司以"工业报国，光明正大，团结一致，奋发向上，礼貌谦让，改革发展，服务奉献"为松下七大精神；上海银行以"服务社会，辅助工商实业，抵制国际经济侵略（后改为'促进国际贸易'）"为"上银"精神。它们都已成为企业全员的信念。

（二）目标及计划

创业团队应该有个既定的共同目标，为团队成员导航。没有目标，创业团队就没有存在的价值。目标在初创企业的管理中常以初创企业的远景、战略等形式体现。目标包括总目标以及各种实现总目标的计划。

在初创企业成立和步入成熟期的时候，创业团队的首要任务是通过努力提升企业的技术实力、拓展市场、增强管理、把握企业发展方向以及规划长远发展。为了推动团队最终实现这个目标，需要再将总目标加以分解，即设定若干可行的、阶段性的子目标。这里的目标其实也包含了计划。目标和计划有两层含义：一是实现最终的创业目标，这是需要通过详尽的方案以及后续的实施来实现的；二是保证计划实施的进度，令企业在成长过程中不会因计划的滞后而受到阻碍。由此可见，目标是计划的最终目的，计划是实现目标的过程。

（三）团队成员

我国唐朝著名诗人邵谒有云："长才靡入用，大厦失巨楹。"可见，发现人才、使用人才在我国古代就引起了广泛重视。孙中山先生也说过"人能尽其才则百事兴"。有了人才，不一定有事业；但是没有人才，就一定没有事业。人是构成创业团队最核心的要素。两个及两个以上的人就能形成一个群体，当群体有共同奋斗的目标时就形成了团队。在一个创业团队中，不同的成员通过分工来共同完成创业团队最核心的要素。两个及两个以上的人就能形成一个群体，当群体有共同奋斗的目标时就形成了团队。在一个创业团队中，不同的成员通过分工来共同完成创业团队的目标。团队的规模不宜过大，因为冗余人员有可能会令整个团队的高效运转变成一纸空谈。此外，规模过大还会导致团队内产生小团体，这势必会削弱团队的凝聚力。但是，团队的成员也不宜过少，不然团队应有的功能以及优势就无法实现。

（四）团队定位

创业团队的定位包含两层意思：一是整个创业团队的定位，包括创业团队在初创企业中处于什么位置，创业团队最终应对谁负责等；二是创业团队成员的定位，包括个体作为成员在创业团队中扮演什么角色等。

（五）权限划分

创业团队当中，主导人物的权限大小与团队的发展阶段和初创企业所处行业相关。创业团队内部的权限需要正确划分。这样做的目的是保证创业计划的顺利进行和各项工作的有效进展。在权限划分当中，创业团队应该明确每个成员在企业运营中所拥有的权力和要承担的职责。所谓的明确，是指权限的划分不能重叠，也不能空缺。一般来说，创业团队越成熟，主导人物所拥有的权限相应越小，在创业团队发展的初期阶段，领导权相对比较集中。对于大学生的初创企业而言，一方面缺乏经验，另一方面经济形势瞬息万变，这有可能让创业团队不断出现人员调整。因此，各成员的权限也应在这个过程中不断地调整。

二、团队成员的角色划分

企业初创时期团队的人数很少，但必要的分工却不能缺少。创业团队组建时，需根据团队类型及结构物色成员，实行分工协作。一个协作团队只有具备了范围适当、作用平衡的团队角色，才能充分发挥高效的协作优势。

研究显示，创业团队中的角色通常有九种类型。在创业团队组建的时候，团队角色的权限和定位应该根据其自身的优势和劣势来分配，从而实现人尽其才。九种团队角色描述如表 5-1 所示。

表 5-1　九种团队角色描述

角　色	角色描述	可允许的缺点	不可允许的缺点
创新者	解决问题，富有创造力和想象力，不墨守成规	过度专注思想而忽略现实	当与他人合作会更加有效果时，不愿与他人交流思想
资源探索者	外向、热情、健谈，发展机会，增进联系	热情很快冷却	不遵循安排而令用户失望
协调者	成熟、自信，是称职的主事人，阐明目标，促使决策的制订，分工合理	如果发现其他人可完成工作，就不愿亲力亲为	完全信赖团队的努力
完美者	充满活力，在压力下成长，有克服困难的动力和勇气	易沮丧与动怒	无法以幽默或礼貌的方式平息局面
监控者	冷静，有战略眼光与识别力，对选择进行比较并做出正确选择	理性地怀疑	失去理性讽刺一切
凝聚者	协作的，温和的，老练的，建设性的，善于倾听。防止摩擦，平息争端	面对重大事项优柔寡断	逃避承担责任
贯彻者	纪律性强、值得信赖、有保守倾向办事高效，把想法变为实际行动	坚守教条，相信经验	阻止变化
完成者	勤勤恳恳、尽职尽责、积极投入，找出差错与遗漏，准时完成任务	完美主义	过于执着的行为
专　家	目标专一、自我鞭策、敢于奉献，提供专门的知识与经验	为了学而学	忽略本领域以外的技能

根据各方观点来看，一个优秀的创业团队必须包括带头人和领导者。这样的带头人和领导者其实并不靠资金、技术、专利来决定，而是需要团队成员在共事过程中发自内心的认可。许多创业团队在很短的时间内就解散了，一个很重要的原因在于缺乏合格的带头人和领导者。创新意识非常强的战略决策者，决定企业未来的发展方向。具备较强策划能力的成员，要在初创企业中运用 SWOT 分析法等方法，对企业的优势、劣势、机会和威胁等方面进行分析，对企业未来进行预测，并对企业的管理和远期规划提出意见；擅长发挥执行力的成员则要发挥自己高效的优势，执行企业的具体事务，例如与供应商洽谈、进行员工培训、负责广告宣传等。唯有这样，团队成员才能算是比较合格的。一个成员很可能身兼数职，但是，一个团队中不能出现角色重叠的情况。因为只要出现职能重复或职位重复的情况，今后必然会有各种矛盾和冲突出现，甚至可能最终导致整个创业团队解散，类似的案例不胜枚举。

三、创业团队的类型

创业团队并非一模一样，也不是一成不变的。依据创业团队的地位平等性和成员间依赖性的强弱，创业团队可以划分为不同类型，包括环形创业团队、星形创业团队、风铃形创业团队以及散点形创业团队。有些书中也将前三种类型称为领袖型创业团队、伙伴型创业团队和核心型创业团队。创业团队的类型如图 5-1 所示。

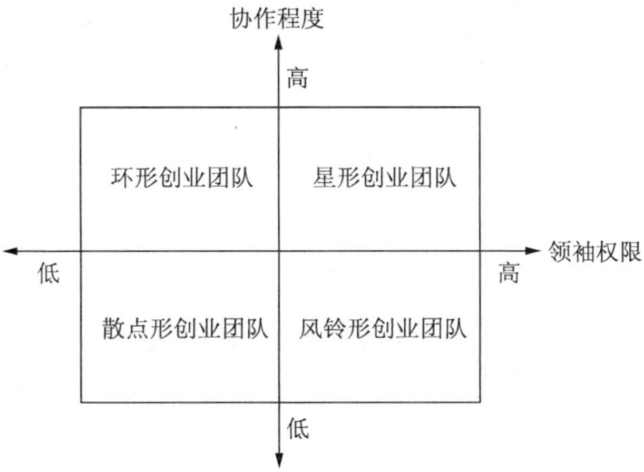

图 5-1 创业团队的类型

（一）环形创业团队

环形创业团队是由怀揣着共同目标且相互依赖的成员组成的团队。这种创业团队没有一个明确的领导，而且它的形成常常是经过成员的共同协商后，将创业理念厘清，最终组合在一起的。对于初创企业而言，每一个“伙伴”都要找准自己在团队中的定位，并尽到自己作为“协作者”的职责。环形创业团队的特点如下：

（1）团队中各个成员的话语权较平等，没有特定的“领袖”；

（2）在做决策的时候，往往是大家相互讨论，因而做决策的速度较慢；

（3）做出错误决策的可能性较小；

（4）在各“协作者”的意见不统一时，成员倾向于采用协商的方法来解决冲突；不过，一旦冲突升级，有成员离开团队，将对整个团队的结构产生很大的影响；

（5）由于团队成员的平等性，团队当中容易形成权力重叠；

（6）寻找团队目标的速度较慢；

（7）团队的执行力较强。

（二）星形创业团队

星形创业团队拥有领导和成员的相互依赖的特点。这种类型的创业团队中存在一个核心人物，但他并不像“领袖”那样有着绝对的权威，而是在做决策的时候会充分考虑团队成员的意见。另外，团队成员之间是相互依赖的，成员的地位也是平等的。因此，核心人物更多的是负责协调和统筹等内部管理工作的。星形创业团队的特点如下：

（1）核心人物多数情况下是由团队成员投票决定的，所以具有令人信服的特点和较高的领导地位；

（2）由于核心人物的存在，团队做决策的速度较快；

（3）由于核心人物考虑成员的意见，决策失误的可能性较小；

（4）当核心人物和普通成员发生意见冲突的时候，普通成员较为被动，且冲突升级的时候，普通成员可能会离队；

（5）不易形成权力重叠；

（6）寻找团队目标的速度比较快；

（7）团队的执行力非常强。

（三）风铃形创业团队

风铃形创业团队是指存在一个“领袖式”的主导人物，成员相互间的独立性也较强的团队。团队中的“领袖”往往是掌握了较强的技术或有了较好的创意之后，寻找合伙人加入该创业团队的一类人。在选择合伙人的时候，“领袖”会根据自己的判断选择合适的人作为自己的“支持者”。风铃形创业团队的特点如下：

（1）“领袖”的话语权较大；

（2）做决策速度较快；

（3）权力集中，导致决策失败的可能性增加；

（4）在“领袖”和“支持者”的意见不统一时，“支持者”较为被动；而且，如果“支持者”离开团队，这种冲突对团队的影响相对较小；

（5）不易形成权力重叠；

（6）寻找团队目标的速度较快；

（7）团队的执行力非常强。

（四）散点形创业团队

散点形创业团队是指团队中不存在权威的领导，同时成员之间相互独立，工作中并不相互依赖的团队。由于存在上述两种特点，这种创业团队的内部存在较严格的规则以约束和聚合团队成员。这种类型的创业团队往往出现在创业初期，而且团队成员仅仅有一个模糊的创业目标。也就是说，这种团队提出的创业概念是笼统的、有待讨论的。随着理念日渐清晰，散点形创业团队往往会向其他类型团队发展。一个创业团队如果一直保持着松散的状态，对企业的长期发展是很不利的。散点形创业团队的特点如下：

（1）各成员的话语权较为平等；

（2）团队做决策的速度较慢；

（3）做出错误决策的可能性较小；

（4）成员之间发生意见冲突的时候，往往会平等讨论，通过协商解决问题；

（5）有可能形成权力重叠；

（6）寻找团队目标的速度较慢；

（7）团队的执行力较弱。

创业团队的划分不是绝对的。由于领袖权限和协作程度不同，创业团队在图 5-1 中的坐标可以落在任何位置。因此，一个创业团队的类型有可能介于两种类型之间。另外，就像散点形创业团队会向其他类型演变，其他三种类型的创业团队也有可能互相演变。在企业发展的特定阶段，创业团队在不同类型之间演变对企业来说可能是非常有利的。例如，在营销中有一种策略是将企业打造成“狼团队”，而有些人将其套用到创业团队当中后发现同样适用。可是，“狼团队”是星形创业团队，而对于初创企业，尤其是大学生创办的企业而言，属于“狼团队”是不利于寻找企业目标的。在实际中，大学生在创业时往往会选择风铃形或环形创业团队，待企业越来越成熟，才将团队转变成星形。这个时候，“狼团队”主动出击和永不言败的优势才能慢慢展现出来。

延伸阅读

团队与群体的区别是什么？

首先我们分辨一下下列四个类型哪些是群体，哪些是团队：①龙舟队；②旅行团；③足球队；④飞机上的旅客。

读者可能很容易就回答上来，龙舟队和足球队是真正意义上的团队；而旅行团是由来自五湖四海的人组成的，它只是一个群体；飞机上的旅客也只能是一个群体。团队和群体不难区别，主要看它们的本质，由上面的例子可以总结出团队和群体的区别。

（1）领导方面。作为群体应该有明确的领导人，团队可能就不一样，尤其团队发展到成熟阶段，成员共享决策权；

（2）目标方面。群体的目标必须跟组织保持一致，但团队除了这点之外，还可以产生自己的目标；

(3) 协作方面。协作性是群体和团队最根本的差异，群体的协作性可能是中等程度的，有时成员还有些消极，有些对立，但团队中是一种齐心协力的气氛；

(4) 责任方面。群体的领导者要负很大责任，而团队中除了领导者要负责之外，每一个团队的成员也要负责，甚至要一起相互作用，共同负责；

(5) 技能方面。群体成员的技能可能是不同的，也可能是相同的，而团队成员的技能是相互补充的，把不同知识、技能和经验的人综合在一起，形成角色互补，从而达到整个团队的有效组合；

(6) 结果方面。群体的绩效是每一个个体的绩效相加之和，团队的结果或绩效是由大家共同合作完成的产品。

课堂讨论

请分析《西游记》中唐僧、孙悟空、猪八戒、沙僧这支取经团队中各成员的特点及各自的特点对完成团队任务的作用。

第二节 高效创业团队的组建

案例导读

绝配的携程创业团队

梁建章、沈南鹏、季琦和范敏构成的携程创业团队是中国互联网企业里构成最复杂、职位变动和交接最多的一个，却也是过渡最平滑、传闻最少的一个。如果他们不曾为彼此安排好发展空间并保证利益，不曾为大局作出妥协，携程绝难安存至今。

携程创立之初的1999年，四位创始人依据各自经历大体定下了人事架构。沈南鹏出任首席财务官（CFO），他此前是德意志银行亚太总裁。季琦和梁建章相继出任CEO，前者此前创办了上海携程科技有限责任公司，擅长市场和销售，主外；后者曾是甲骨文公司中国区咨询总监，擅长IT架构管理，主内。最后一个加入的范敏，此前是上海旅行社总经理和新亚酒店管理公司副总经理，则出任执行副总裁，打理具体旅游业务而后逐步升任COO以及CEO。

论及性格，季琦有激情，锐意开拓；沈南鹏风风火火，一股老辣的投资家做派；而梁建章偏理性，用数字说话，眼光长远；范敏则善于经营，各个方面的关系处理得体。四人特长各异，各掌一端，在公司内部有相当的共识。

携程四人团队在1999年创业之时皆人到中年，都已在各自领域功成名就，驾驭过大的企业。每个人的成长所需要遭遇的挫折和付出的成本，他们在创业之前都已经历，而不需要把那些“成长的烦恼”带给携程。

但即使如此，“感情上还有一定的说服工作”，梁建章承认。但就在担任CEO的同时，风格强硬的他又对几位创始人约法两章：第一，你们可以提意见，我也很愿意听你们的意见，但既然我是CEO，最后要我说了算。第二，如果有新人进来，不一定是在你们之下，只要他们比你们强。

实际上在季琦转任总裁之后，就开始不再全面涉入携程的日常管理。创立如家的建议也就是在这个时候被梁建章提出来，并很快取得共识。季琦在随后的一两年时间里，就专心致力于如家的规划。在寻求到首旅共同投资如家之后，携程在一年的时间里也持续给予资源上的帮助。

如果说“季琦出走”所体现的价值在于人为安排的智慧和机巧，那“范敏打工”所能表达的则是一种成熟的心态。

跟季琦还曾出任联席CEO一职不同，范敏自到携程之初就一直处于梁建章“领导”之下。梁建章任CEO的6年间，范敏先后任执行副总裁和COO，直接向梁建章汇报。虽然在管理层级上低人一等，但范敏在和梁建章的相处之中一直把他作为“合作伙伴”看待，做“对等的交流”。最终，范敏替代梁建章出任CEO，而梁建章留任董事长。

范敏以一个比喻来形容四个创始人的定位：“我们要盖楼，季琦有激情，能疏通关系，他就是去拿批文、搞来土地的人；沈南鹏精于融资，他是去找钱的人；梁建章懂IT，能发掘业务模式，他就去打桩，定出整体框架；而我来自旅游业，善于搅拌水泥和黄沙，制成混凝土去填充这个框架。楼就是这样造出来的。”

所以范敏以为，拿到批文和搞到土地之后，季琦算是基本完成使命，当然会出去另谋天地，他成为第一个离开携程的人也是正常。在携程成功上市之后，沈南鹏也功成身退，成为第二个离开的人。而在打基础、定架构的工作完成之后，梁建章就退出一线，到董事长的位置上去谋划下一代的业务模式。不停地往模式里添加内容是一个更为持续的工作，所以范敏逐渐挑起大梁。

今天，季琦把如家交给了请来的经理人打理，自己则开始了新的创业，要打造另一个商务酒店连锁品牌汉庭。沈南鹏受聘全球第一大风险投资商美国红杉的中国区合伙人，成为专为创业企业融资的“找钱专业户”。

梁建章一连用了几个“幸好”来表达对创始人之间能够平滑过渡和交接的欣慰。在他眼里，“幸运”来自几个方面：第一，大家都是愿意做牺牲的人。第二，有各自的专长互补，分工上容易达成共识。第三，至少在当时几年内，各人在各自领域都是最强的。梁建章说，假如能从外界招聘到比创始人更出色的人，“照道理”应该拥有更高的职位，但实际上肯定是“麻烦”的事情。

一支优秀的创业团队对于一个初创企业的发展有着举足轻重的作用，那么在团队的组建和管理过程中就必须弄清楚以下问题：首先要了解团队和群体在内涵上有何区别；其次在弄清楚团队的内涵的基础上，再探讨组建团队的问题。组建和管理好一支团队需要集体的智慧，更需要团队领导人的智慧。创业团队中最关键的问题是团队成员是否有共同的价值认同，有明确的角色定位和清晰的股权分配。把这些问题解决好了，创业团队就会实现可持续发展。

一、创业团队的组建过程

创业团队的组建是一个相当复杂的过程，不同类型的创业项目所需的团队不一样，创建步骤也不完全相同。一般创业团队的组建过程如以下六个步骤所示。在创业初期，尤其是在大学生创业的过程中，创业团队的组建存在各式各样的情况，可能是先有了团队之后才去创业，也可能是一个人先有了创业的想法然后再组建创业团队等。因此，在创业初期，团队的组建不一定完全遵照这一一般过程；但是，在创业团队逐渐完善和成熟的过程中，大都遵循了这样的过程。也就是说，创业团队组建的起点可能不同，但是到头来遵循的过程还是大体相同的。

（一）明确创业目标

创业团队的总目标就是通过完成创业阶段的技术、市场、规划、组织、管理等各项工作，实现企业的从无到有、从起步到成熟。总目标确定之后，为了推动团队最终实现创业目标，再将总目标加以分解，设定若干可行的、阶段性的子目标。

（二）制订创业计划

在确定了总目标以及阶段性子目标之后，紧接着就要研究如何实现这些目标，这就需要制订周密的创业计划。创业计划是在对创业目标进行具体分解的基础上，以团队为整体来考虑的计划。创业计划确定了在不同的创业阶段需要完成的阶段性任务，通过逐步实现这些阶段性目标，最终实现创业目标。

（三）招募合适的人员

招募合适的人员是创业团队组建最为关键的一步。关于创业团队成员的招募，主要应考虑两个方面：一是考虑互补性，即考虑其能否与其他成员在能力或技术上形成互补。这种互补性既有助于强化团队成员之间的彼此合作，又能保证整个团队的战斗力，更好地发挥团队的作用。一般而言，创业团队至少需要管理、技术和营销三个方面的人才。只有这三个方面的人才形成良好的沟通协作关系后，创业团队才可能稳定高效。二是考虑适度规模，适度的团队规模是保证团队高效运转的重要条件。团队成员太少则无法实现团队的功能和优势；而过多又可能会产生交流障碍，很可能使团队分裂成许多较小的团体，进而大大削弱团队的凝聚力。

（四）职权划分

为了保证团队成员执行创业计划、顺利开展各项工作，必须预先在团队内部进行职权划分。创业团队的职权划分就是根据执行创业计划的需要，具体确定每个团队成员所要担负的职责以及相应享有的权限。团队成员之间的职权划分必须明确，既要避免职权的重叠和交叉，也要避免无人承担而造成工作上的疏漏。此外，由于还处于创业过程中，面临的创业环境又是动态、复杂的，会不断出现新的问题，团队成员可能不断更换，因此，创业团队成员的职权也应根据需要不断地进行调整。

（五）构建创业团队制度体系

创业团队制度体系体现了创业团队对成员的控制和激励能力，主要包括团队的各种约束制度和激励制度。一方面，创业团队通过各种约束制度（主要包括纪律条例、组织条例、财务条例、保密条例等），指导其成员避免做出不利于团队发展的行为，对其行为进行有效的约束，保证团队的稳定秩序；另一方面，创业团队要想实现高效运作，要有有效的激励机制（主要包括利益分配方案、奖惩制度、考核标准、激励措施等），使团队成员能看到随着创业目标的实现，其自身利益将会得到怎样的改变，从而达到充分调动成员的积极性、最大限度发挥团队成员作用的目的。要实现有效的激励，必须把成员的收益模式界定清楚，尤其是关于股权、奖惩等与团队成员的利益密切相关的事宜。需要注意的是，创业团队的制度体系应以规范化的书面形式确定下来，以免带来不必要的混乱。

（六）团队的调整融合

完美组合的创业团队并非是自创业一开始就能建立起来的，很多是在企业创立一定时间以后，随着企业的发展而逐步形成的。随着团队的运作，团队组建时在人员匹配、制度设计、职权划分等方面的不合理之处会逐渐暴露出来，这时就需要对团队进行调整融合。由于问题的暴露需要一个过程，因此，团队的调整融合也应是一个动态持续的过程。在完成了前面的工作步骤之后，团队的调整融合工作专门针对运行中出现的问题，不断地对前面的步骤进行调整，直至满足实践需要为止。在进行团队调整融合的过程中，最为重要的是要保证团队成员间经常进行有效的沟通与协调，培养和强化团队精神，提升团队士气。

二、高效创业团队的特点

（一）开放

世界是一个开放的系统，创业团队要在社会中生存和发展，没有与外界的信息交流，就是一个封闭小团体，没有活力，没有生机。新团队成员的加入、新技术的引进、新专家的指导，会为企业带来很多的信息和资源，使企业发展的机会更多，发展也更加迅速。创业团队的目的是开创新的局面，这往往意味着开发新的技术、开拓新的市场、应用新的经管思想、创立新的组织形式等。这种开放性要求创业团队必须是一个具有创新观念和强大能力的集体，而且对创新气氛培养的重视远高于对规章纪律的重视。

（二）平等

创业团队内部往往具有高度的平等性，但这种平等并不是股权和各种权力的绝对平等，而是立足于公正基础上的平等，是建立在团队成员对团队贡献程度基础上的平等，是建立在承担责任和担当义务基础上的平等。对于一个合作机制较强的创业团队来说，“共创、共享、共担”成为合伙人共事的理念。所以，平等性成为团队的重要特征。事实上，无数团队的案例也证明，绝对的平等不仅不利于初创企业的发展，反而会阻碍其发展，原因是权力过于分散，导致决策困难和缓慢，最终导致在运营中无法及时把握机会。所以，能够激励成员发挥特长、出于公心的政策和制度是创业团队急需建立和实现的。此外，公正性也是保证创业团队稳定和长远发展的基础。

（三）互补

一个表现良好的创业团队通常具有良好的团队互补性。某些团队成员可能偏向技术，某些成员则偏向内部经营管理，而某些团队成员可能强于销售渠道的开拓。创业团队的成员有可能在思维方式上有所不同：有些人内省，能够很好地思考自身或初创企业发生的问题，思考解决问题的办法；有些人则显得外向，能够很好地拓展企业发展所需要的资源。团队的互补性还体现在团队人口在统计学变量上的差异，例如性别、年龄等因素的不同，也会影响到创业团队的有效性。

（四）协作

相较个人创业来说，创业团队的最大优势就在于它的协作能力。初创企业遇到的风险和困难是多方面的，所以，团队成员的分工协作有利于规避风险和杜绝隐患。从另一个角度讲，团队成员能力的互补性也需要由团队协作来实现。

三、组建高效创业团队的原则

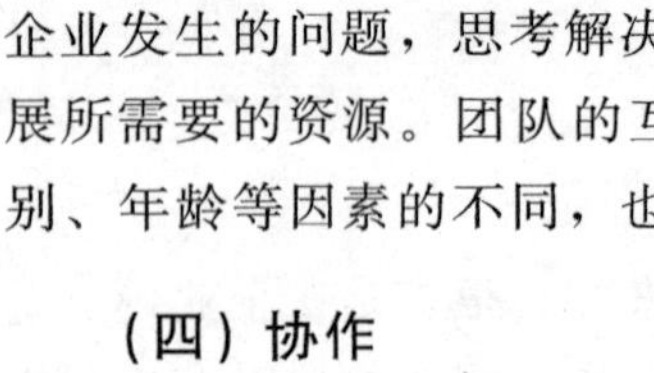

图 5-2 MPTRS 原则

创业者在组建创业团队的时候，都希望自己的创业团队是最好的、最高效的。通过整个创业团队的共同努力，可以快速实现创业的成功。在组建创业团队的过程中要注意哪些事项？本节将介绍创业团队组建的基本原则——MPTRS 原则，即理、事、情、补、享原则，如图 5-2 所示。

(一)理

理(misson)是建立在共同的理想和价值观基础上的目标,是愿景与期望,是使命感与责任,是超越金钱之外的精神的追求。能够走到一起并组成团队的创业者,都是有着共同的理想和事业愿景的人,而不是追逐眼前利益那么简单。对于创业者而言,更多的是去追寻、去创造一个自己渴望的美好世界,他们也在寻找"同类",也就是具有共同价值观的人。电子数据系统公司和佩罗系统公司的创始人罗斯·佩罗有一句非常著名的话:"在创建团队的时候,我总是首先寻找乐于胜利的人。如果找不到,那我就去找憎恶失败的人。"有着"中国巴菲特"之称的郭广昌建议创业者:"我觉得在你决定谁可以成为你的合作伙伴的时候,最重要的是要找到一种感觉:关于你人生的基本价值的信条,他跟你一致不一致。从共同点上你可以筛掉一批人,有的人对钱太斤斤计较,你根本就不能要,就不用去考虑。"这当中强调的恰恰就是共同的价值观。最重要的一点在于,创业不是一项朝九晚五的工作,而需要充满热情的执着投入。支撑创业者努力拼搏的就是工作热情,这种热情来源于根植于内心的价值观和信念。

(二)事

事(process)是实现目标的过程。世间并不存在瞬间实现目标的神通广大的魔法或者灵丹妙药,只有通过不断的艰辛努力,才有可能实现目标。从许多成功的创业团队的经验当中,我们可以发现它们的共性,那就是这些团队都建立起了可执行的团队愿景,使得整个团队凝聚力高、执行力强以及目标明确一致。引导团队走向高效的原则是:目标一致、齐心协力、分担责任。实现和体现这个原则的则是奋斗的点滴的综合,是过程,是经历,是创业团队成员必须经历的患难与共的时光,是铭刻在他们心中的难忘的点点滴滴。或者是共同拼搏的过程,或者是共同出行的愉快,或者是经历失败后的痛哭,或者是取得成功时的欢笑,都是承担责任、齐心协力、共同创造的过程。这些只属于他们的共同的故事、点滴、经历最终逐渐凝结成为一个创业团队的文化与精髓,渗透到每个团队成员的内心。

(三)情

情(trust)是背靠背的信任,是建立在信任基础上的"共命运,同进退"创业者必须为员工营造一种氛围,让员工有归属感。管理学中普遍认为"刘备团队"是一个完美团队。刘备、关羽和张飞的创业团队在得到以诸葛亮为首的文官团队的倾力辅佐后,建立了根据地,图谋一统天下。他们联孙抗曹,巧取荆州,最后建立了与孙权和曹操形成鼎足之势的蜀国。刘备、关羽和张飞这些创业团队成员之间的坚不可摧的情谊让他们克服任何困难,也完美阐述了以义制利的最佳含义。这样的情是创业团队的至高追求和渴慕目标。对于创业团队来说,合作精神也应该是协作精神的精髓。团结的队伍才能实现预设的目标，并营造出富有进取精神的氛围。要形成真正的良好氛围，关键在于成员彼此之间的信任。没有信任就没有尊重，也就没有相互关怀和支持，更没有凝聚力。

(四) 补

补（replenish）是创业团队成员的性格、技能、知识能力等方面的相互补充。根据针对美国波士顿128号公路旁顶级公司的调查，在这些迅速崛起并发展壮大的公司当中，有高达70%的公司是由团队而非个人创立的。由此可见，团队的整体素质对于创业成功是至关重要的一点。因此，团队成员之间的性格、技能、知识能力等的相互补充便是提升创业团队素质及帮助创业成功的重要因素。成功的创业团队中，成员各司其职、缺一不可。团队的分工也需要明确，以防出现问题时成员之间互相推诿责任。

(五) 享

享（share）不仅指在团队成员之间的股权分享，还包括荣誉分享。只有患难与共，才能真正诞生奇迹。事实上，分享正成为趋势和潮流。“80后”“90后”的创业者与“50后”“60后”的前辈相比，更具有分享精神。企业内部更加平等、轻松、愉快、简单直接。他们也会更坦率地分享企业发展的故事，包括内部发生的冲突和矛盾。

延伸阅读

创业团队成员五项修炼

创业是一个艰辛的过程，需要不断地应对外部环境的变化，需要时刻解决不确定性带来的风险，需要不断地学习提高团队竞争力。这就需要团队成员加强自我修炼，让团队成员做到心态阳光、敢于担当、注重细节、珍惜时间和善于学习。

拥有阳光心态

态度决定一切，性格决定命运。人与人的最大差距在于心态，职业能力和职业态度是衡量人才的两大标准。创业团队很难一帆风顺，创业也非一蹴而就，创业团队面临着激烈的市场竞争和外部环境的不确定性，面对创业压力，创业团队成员必须有一个乐观向上的阳光心态。

保持阳光心态的关键在于养成反向思考的习惯，把每一次失败都看作胜利的基础，把挫折当作磨炼自己意志的机会。保持阳光心态需要用积极的心态看待事物，任何事物都有两面性，看到积极的地方多了，消极的地方就会少一些。保持阳光心态还要善于控制自己的情绪，不能让消极的情绪弥漫在团队成员之间，因为消极情绪会相互影响，不能让消极情绪影响团队成员的行为。

积极协作和释放压力也是调整积极心态的重要途径，面对创业压力，团队成员团结协作，相互鼓励，共渡难关，压力就会减弱或消失，即使压力依然存在，也要找到健康的娱乐方式、快乐的体育活动等来释放压力。

敢于担当负责

无论对于政府还是企业，无论对于家庭还是国家，无论对于个人还是团队，敢于负责和担当都是非常好的品质。敢于担当意味着责任和忠诚，工作意味着责任。担当是一种意识，是一种精神，是一种超越能力的素养。担当具有至高无上的价值，是一种伟大的品格。责任就是荣誉、动力和执行力。担当就是遇到问题不找借口，不推卸责任，不抱怨，失败的团队找借口，成功的团队找方法。担当就是对团队负责，对自己负责，对别人负责。

对团队负责就是对自己负责。团队成员属于团队中不可或缺的一分子，必须对自己的言行举止负责，说话、做事不能损害团队的利益。团队是实现自己创业梦想的载体，只有创业团队成功了，自己的创业理想和抱负才能实现，自我价值才能实现。

对自己负责就会成就自己。创业是一项挑战极强的社会活动，不但要对团队负责，还要对自己负责，对自己的未来负责，对自己负责就要做到说话谨慎，诚实守信，言必行，行必果。

对别人负责就是对团队负责。这里的别人就是指利益相关者，包括团队内部员工、股东、媒体人员、行业协会成员、行业协会成员等，对他们负责，就是尊重、维护好利益相关者的权益。利益相关者满意了，对创业团队就会支持，创业团队就会有个良好的外部经营环境。

做事注重细节

细节决定成败。团队成员注重细节是一种态度，一种在工作中责任心和积极性的态度。中国精细化管理研究所所长汪中求先生在《细节决定成败》一书中写道："生活的一切原本都是由细节构成的，如果一切都归于有序，决定成败的必将是微若沙砾的细节，细节的竞争才是最终和最高层面的竞争。对于工作中的细节不仅说在嘴上，写在纸上，挂在墙上，还应在实际的工作中养成一个良好的工作习惯，履行自己的职责，做好每件属于自己的简单、平凡的工作，成功才会光顾我们。"

把小事做好就能成就大事，把简单的事情做好就是不简单，把平凡的事情做好就是不平凡。创业团队成员一要在态度上重视细节，二要在行动上践行细节。台湾台塑集团的王永庆在创业初期，开一家米店，提供送米上门服务，亲自把米倒进顾客的米缸里，如果发现米缸还有陈米，就将陈米倒出来，把米缸擦干净，再把新米倒进去，然后把陈米放回上层，这样陈米就不至于因存放过久而变质。正是这一精细的服务令顾客深受感动，赢得了更多的顾客。

创业团队从事提供服务的创业活动，就要像王永庆一样，站在顾客的角度，比竞争者多想一步，为客户多做一点，只有这样才能留住老客户，赢得新客户。

注意珍惜时间

时间就是金钱，时间就是生命。充分利用时间意味着效率的提升，成本的降低，利润的增加。创业团队成员在创业初期都感觉非常繁忙，总感觉时间不够用，饭吃不好，觉睡不香，可以说早上眼一睁忙到晚上熄灯。事实上，时间对于每个人都是一样多，都是每天 24 小时，每小时 60 分钟。当感觉时间不够用的时候，一定要静下心来好好分析一下繁忙的原因。一般情况下，导致工作繁忙的原因有两种，一是内部原因，缺乏计划、没有目标、经常拖延、一心多用、盲目行动、简单事情复杂化、抓不住重点、懒惰、事必躬亲等；二是外部原因，开会、电话、访客、员工离职、人手不足、训练不够、交通拥堵等。

珍惜时间的关键在于高效率利用时间，提高时间管理效率。提高时间管理效率主要体现在三个层次。

第一个层次：利用便条和备忘录管理时间。办公桌上放好便签，记住需要做的事情，或者利用手机备忘录功能提醒需要做的事情。

第二个层次：强调事情的计划性和日常表。制订详细的时间表，确保做事有计划，做好日常表，确保做事有秩序。

第三个层次：把事务进行分类管理。按照紧急和重要两个标准，把事务分为四类。事务分类如表5-2所示：一是碎石型事务，即紧急而又重要的事情，如危机的事务、迫切的问题、有期限压力的计划、期限很紧的项目会议；二是石块型事务，即不紧急而重要的事情，如准备工作、发掘新机会、做好规划、建立伙伴关系、防范工作；三是细沙型事务，即紧急而不重要的事情，如干扰的电话、某些信件和电话的处理、某些会议的处理、某些必要而不重要的会议和活动；四是水型事务，不紧急也不重要的事情，如垃圾邮件、广告插件、一些可做可不做的杂事、一些不必要的应酬、有趣的活动。

表5-2　事务分类

区　分	紧　急	不紧急
重　要	碎石型事务	石块型事务
不重要	细沙型事务	水型事务

对于高效能组织，它在每类事情上花费的时间比例如下：一般花在重要而不紧急事情上的时间占总工作时间的65%～80%；花在重要而紧急事情上的时间占总工作时间的20%～25%；花在不重要而紧急事情上的时间占总工作时间的15%；花在不重要也不紧急事情上的时间占总工作时间的比例小于1%。

养成学习习惯

前面在讲到高效率创业团队特征的时候，提到学习型创业团队，强调团队学习的重要性，学习型团队是由学习型成员组成，团队成员应该养成终身学习的习惯。

根据调查表明，大学所学的知识只能用两年，需要不断学习才有竞争力。企业之间的竞争是人与人之间的竞争，人与人的竞争是学习力的竞争，所以，学习力就是竞争力。

团队成员学习主要分为四个方面，一是向书本学习，通过书本学习基本知识，从书本寻找创业灵感，从书本的案例中得到启发，从书本的励志创业故事中得到激励。二是向实践学习，创业是一种实践活动，理论是灰色的，只有实践之树才能常青。通过创业实践不断总结经验，把经验上升到理论层次，再运用到创业实践中去。三是向同行学习，同行不一定是冤家，同行虽然是竞争对手，但也是学习对象，很多企业之所以保持很强的创新力和竞争力，关键在于一个强大对手的存在，给予其学习的动力和向对方学习的机会。海信因海尔存在而强大，可口可乐因百事可乐存在而强大，麦当劳因肯德基存在而强大，这些企业既是竞争关系，也是相互学习的对象。四是向名家学习，名家站得高看得远，富有智慧，在创业者迷茫时，名家可能因为一句话、一个故事，就可能让创业者醍醐灌顶，恍然大悟。

课堂讨论

1. 列举你认为高效的创业团队，总结它们的特点。
2. 小组讨论影响创业团队运行的主要因素有哪些？

第三节 创业团队管理

案例导读

不离不弃的创业团队

外界常用“沉浮”“动荡”来形容对史玉柱团队的印象，但谁也不能否认其“嫡系”十分稳固。陈国、费拥军、刘伟和程晨被称为史玉柱的“四个火枪手”，史玉柱在创业初期，身边的人很长一段时间没领到一分工资，但这四人始终不离不弃，一直跟随左右。

据刘伟的介绍，尽管经历了巨人公司数年的停业，但脑白金分公司的经理有一半都是最初跟随史玉柱起家的人，这些人在脑白金已工作六七年，而脑白金和征途的多数副总早在1992—1994年期间便是巨人公司的员工。

人们的疑惑在于，史玉柱这位出身于技术而又近乎偏执的独裁者，何以在“巨人”倒下之时，使整个团队二十余人都没有离开他，且追随他蛰伏了数年而后东山再起？从最早的计算机产品到保健品，再到现在的网游，几乎是同一帮人马在策划运作，究竟是什么原因使这批人才聚集在这个“鬼才”身边呢？

史玉柱“新嫡系”的征途项目负责人纪学锋，是史玉柱成立征途公司时挖来的第一批网游骨干之一，他的看法是“公司各方面都很开明、公平，只要有实力，就会有机会。在管理上不会拘泥于太多的规则，大家做大事的时候拼命做，小事则不拘泥于细节，整个过程能够让人实现个人价值，很多企业包括外企管理，都把人管得太死”。巨人大厦失败后，对于怎样维系团队的奋斗向上、保证企业的向前发展，史玉柱的做法是：不定目标，缜密论证，步步推进，一咬到底。这一习惯贯穿着征途两年多的发展轨道。

脑白金2001年销售额突破了13亿元，史玉柱随即授权大学时睡在他上铺、时任上海健特总经理的陈国打理日常事务。翌年，陈国发生车祸。据知情人士透露，当时史玉柱正在兰州开会，连夜飞回上海，赶到医院时陈国已奄奄一息。和巨人的倒掉相比，这件事对于史玉柱的打击同样巨大，公司把所有业务全都停掉，专门处理陈国的后事，史玉柱在后来表示，那是一种"断臂之痛"。从此，史玉柱对车要求很高，"以SUV为主，另外定了一条规定，干部离开上海禁止自己驾车"，他和公司高层每年清明都要去给陈国扫墓。

史玉柱没有在陈国去世后重新接管脑白金，而是将担子交给了文秘出身的刘伟。"刘伟做上海健特副总，她分管的那一块，花钱就是比别人少很多。"史玉柱说，"跟了我几年，没在经济上犯过一回错，我自然非常相信她。"刘伟表示，自己虽然能叫出这300多个县、市、省办事处经理的名字，但具体管理还需要史玉柱提供思想和方法。

史玉柱力求让每一个员工明白，评价业绩"最终凭的是功劳而不是苦劳"，公司只有一个考核标准，就是量化的结果。正是以结果论英雄，他才练就了一个强有力的队伍。用人的一个原则是"坚决不用空降兵，只提拔内部系统培养的人"，他认定的理由是内部人员毕竟对企业文化的理解和传承更到位，并且执行力相对更有保障，对于一个商业式定型，管理到位的企业来说，执行的保障比创造的超越更为重要、从这个角度来讲，史玉柱是个典型且极端的实用主义者。

在检讨巨人集团失败的教训时，史玉柱曾表示，原来公司董事会是个空壳，决策就是由自己一人说了算，认识到了"决策权过度集中危险很大。"

今天，这位自诩为"著名的失败者"的成功者似乎已经洗心革面，他说："独裁专断是不会了，现在不管有什么不同想法，我都会充分尊重手下人的意见。由此，他成立了七人授资委员会，任何一个项目，只要赞成票不过半数就一定放弃，否决率高达2/3。"

一、创业团队的成长

从创业团队的生命周期来看，团队发展到追逐权力的阶段，团队冲突增加，矛盾加剧，团队效率也会降低，部分核心成员选择离开团队，许多团队在"争权夺利"这个阶段就停止了发展。对于初创企业来说，此时的生存和发展可能面临着重大危机。如何突破这个瓶颈，实现团队自我超越，是创业团队建设应考虑的关键问题。

事实上，在创业过程中，创业团队的成员构成和组织结构都经常变动。创业团队的变动性从短期看，更多的是会增加创业风险，一旦团队遭到破坏，创业资本、技术、人才等创业资源都会流失；但从长期看，创业团队变动不可避免，在变动的过程中可能会演化成结构更合理、共同点更多的创业团队。创业过程是团队成员磨合的过程，这个磨合过程可能出现以下三种结果：

（1）创业团队成员相互之间更加了解，合作力量大于冲突，重视团队资源和承认团队力量，团队合作的意愿更强烈，团队合作文化进一步形成。尽管团队成员之间可能在经营理念、个人利益等方面存在分歧、矛盾，但共同的价值取向、企业的整体利益在维持团队稳定和发展中起了主要作用。

（2）团队合作力量与冲突和矛盾的力量能够相对平衡，或者使冲突力量离散，形成相互牵制，维持相对稳定。这种创业团队达成一致共识的时间少，但能够相互妥协，寻求利益共同点，而这种妥协可能以牺牲效率为代价。这种创业团队在发展过程中，可能面临矛盾进一步激化、内耗力量增加、平衡难以维持等问题。

（3）团队成员经历一段时间磨合后，很难形成共同点，团队文化无法建成，团体消除矛盾和冲突的力量和意愿不足，这时团队就面临解散的风险。因此，随着初创企业的发展，创业团队的领导者要注重权力和地位的激励机制，将创业成员的工作成效和职业生涯发展、地位提升有效地结合起来，建立并维护创业团队的运作原则，使团队成员之间相互尊重和信任，能够倾听彼此的意见。明确的创业团队分工可以让成员们在各自的领域中独当一面，这对团队的凝聚具有非常积极的作用。

二、创业团队冲突的避免

创业团队在发展过程中会遇到各种矛盾，从而带来冲突。如何应对和解决这些冲突呢？为了发挥出创业团队的互补优势，团队内部应该建立成员间相互合作和学习的重要机制。这既有利于创业的成功，又对减少和解决团队内的冲突有着正面积极作用。正如很多创业案例所描述的，创业能否继续，在很大程度上取决于核心团队成员能否看到其他人的长处，并不断相互学习。因此，为了避免创业团队的冲突，在建立和管理团队的时候应该遵循如下原则：

（1）打造合作式创业团队。意见不统一是创业团队内部非常常见的一种现象，而一个合作式创业团队会在不统一的意见中寻求团队合作的可能性。合作式创业团队会主动寻找每个成员的特长，并通过利用他们各自的优点，将团队的最大潜力发掘出来。

（2）避免团队内部不适宜的竞争。创业团队内部之间有意见分歧是正常的，但如果这种分歧演变成了过度竞争而非寻求共识，那么这种竞争就会成为危害团结的负面行为。创业团队的各成员应该观察各自的优点并取长补短，这是团队领袖或管理者在管理团队的时候应该特别注意的。

（3）在集思广益和果断决策之间找到平衡点。创业团队如果广泛地听取每个成员的意见，那么这对于团队做出正确的决策无疑是非常有利的。但是，如果过度地强调团队内的意见表达，那么可能会出现“议而不决”的情况。所以，在团队内部的讨论当中，团队领袖或管理者要推进团队内的“决议终决权”。

（4）确立团队的目标。团队的目标不宜太多，否则会令成员很难集中精力完成任务。在确立团队目标时，创业团队可以利用 SMART 原则：

S（specific）——清晰明确：团队的目标要有明确的范围、程度、时间和效果等。

M（measurable）——可量化：团队的目标应该是可以用某种标准来衡量的。

A（assignable）——可分配：团队目标的实现是可以具体分配给某个人或某些人去完成的。

R（realistic）——可实现：团队目标要切实可行，同时要具备足够的资源。

T（time-related）——有时限：团队目标的实现时间要明确。

（5）适时调整团队构成。就像整个创业过程一样，完善的团队结构的建立也不是一蹴而就的，而是经过实践不断调整和磨合的。另外，随着企业的不断成长和重新定位等原因，原有的团队组成也有可能不再适应新的企业的管理需求。所以，创业团队在任何阶段都有可能不断调整结构、不断进化。在调整的过程，成员之间的摩擦和矛盾可能会显现出来。此时，需要团队的管理者运用其他原则来避免或减少团队内的冲突。

值得强调的是，创业团队的稳定不是指创业团队一成不变，而是一种“动态的稳定”。创业团队的创建应该遵循着“按需组建，渐进磨合”的方式。创业团队的建设也不是一步到位的。一开始就拥有一支成功、稳定的高绩效团队是每个创业者的理想，然而这种可能性微乎其微。这就需要在合理组建创业团队的基础上，不断加强团队管理，通过建立合理有效的激励机制，使创业团队成员在相互尊重、相互信任、公平、公正的团队氛围内，密切联系、协同配合，保证创业团队的成长能够满足初创企业发展的需要。

三、创业团队的协作

国外有句著名的谚语：“你可以把马带到水边，却不一定能令它饮水。”团队有时就像马一样，需要相互协作，协作是团队凝聚力的基石。要让团队成员之间互相配合、好好协作，需要遵循以下几点要求：

（一）统一解读团队价值观

事实上，创业团队内部的很多障碍是由于误解而产生的，而产生误解的原因是缺乏一套共同的沟通语言。有时候，创业团队内部的矛盾并非是因价值观的不同而引发的，而是各个成员对同一个价值观的认知出现偏差，再加上价值观没有统一的解读和分析，从而引发了团队成员之间的误会。这种情况的产生势必会打击创业团队的凝聚力和执行力。首先，必须对价值观形成趋同的理解和解释。即使一个简单的概念，不同的人对其也可能产生不同的理解。其次，团队的管理不仅要求其他成员坚持团队价值观，同时自己也要坚守团队价值观。所以，对价值观的权威解读和价值观的统一同样重要，它们都能够减少团队成员之间的矛盾和误解。

（二）构建良好的团队文化

在初创企业建立的过程中，创业者常常关注企业文化，却忽视了创业团队的文化。创业当中的合作风险是很大的，因为即便创始人做好了万全的准备，与团队成员的合作还是有可能遇到麻烦。例如，团队成员在创业之前是非常好的朋友，可是在一起创业的过程中就会发现彼此的另一面，从而在各个成员之间产生隔阂。这样的情况对于创业团队的长期发展会产生非常严重的消极影响。而良好的团队文化是能够降低成员之间隔阂与矛盾的有效方法，并且对团队凝聚力的提升有着潜移默化的影响。良好的团队文化对团队建设的正面效应表现在它能够令各成员更加尊重和信任彼此，团队成员之间的关系会因此变得更加协调。而且，团队文化让团队成员的工作态度变得更加积极主动，并让整个团队紧紧地凝聚在一起，最终将团队竞争力提升到一个全新的高度。

（三）建立公平有效的激励制度

无论创业团队的管理者怎样避免团队冲突，团队在实际运行当中都不可能完全消除内部冲突。此外，初创企业在与同类企业的竞争中，必然会遇到各种意料之外的情况。因此，切实可行的激励制度对于创业团队处理和减少这些麻烦来说是很有必要的。创业团队的激励制度包括荣誉和报酬等。荣誉包括成员的成就感和地位，甚至包括受到尊重和承认等感觉；关于成员的报酬，合理的分配是让成员忠于团队的必要条件。有效地利用荣誉和报酬两种激励制度，是维系创业团队正常运行的有效手段。

（四）组织必要的团队活动

团队活动是让团队成员之间互相了解的平台之一。社交活动也是，正式组织或随意安排都可以，例如喝咖啡、外出聚餐、烧烤、野餐、各种娱乐活动、野外活动等。还有一些特殊安排，例如为某位成员庆祝生日，为某人庆贺入职周年纪念等其他个人生活方面的事情。还有一些游戏活动，通过这些来调节，可以让成员更好地相互了解，培养感情，融合成家人。融洽的感情在关键时期会起重要作用，能帮助团队披荆斩棘、乘风破浪、共渡难关。

延伸阅读

大学生创业失败三大原因：创始人团队局限性居首

在过去，很多社会人士和风险投资家都并不看好大学生创业项目，原因很简单，就是存活率太低，死亡率太高。

但近些年来，随着互联网的发展、创业热潮的兴起和国家政策对创业的大力支持，大学生创业项目越来越受重视和青睐。但即便如此，大学生创业项目死亡率依然居高不下，到底是为什么？

根据这两年来我对大学生创业的观察和研究，大学生创业失败的首要原因就是创始人团队的局限性。

创始人或发起人在组建团队时，基本都是先把身边几个关系好的朋友组织起来，简要阐述一下自己的创业想法，把前景描绘得天花乱坠，似乎一年后就能把BAT（中国三大互联网公司百度公司、阿里巴巴集团、腾讯公司的英文首字母缩写）赶超了、把小米也颠覆了，当心潮澎湃之时，就一拍即合开始干了。但做着做着问题就出来了，团队结构、个人兴趣、价值观等问题互相冲突，有的坚持不了，有的忍受不了，而且团队的互补性也很差，所以失败是一开始就已经注定的了。

我认为创业者有了创业项目后，首先要解决的是创始人团队的专业化分工问题，如我们现在运营的校园O2O项目，项目涉及商家谈判、产品开发、文章编辑、产品设计等，那相对应的，你得要有熟悉市场、运营、技术、设计方面的人才，当然，还有最重要的CEO。

如果你仅仅是叫上几个朋友或同学一起干，专业分工是要大打折扣，甚至是会出问题的。我记得2013年准备创业的时候，整整花了半年的时间找合适的合伙人，因为核心团队的创业素养和合理性决定了项目的成败。

此外还有创始人的行业认知和价值观问题，行业认知就是你对你所从事行业的熟悉程度。如果自己对所从事行业认识不深，且没有不断地学习充电，很显然，你的路会越走越窄，最后一步步走向失败。

其实一年前我对创业和移动互联网行业是不熟悉的，但一年后我能在这里跟大家分享我的创业心得和我对移动互联网较为深刻的认识，是我通过不断努力学习、实践和研究得来的成绩。有了这段经历和精神，接下来我还打算写一本关于业“90后”创业类的书，将我的行业认知应用到极致。

而价值观则是指创业者创业的目的和初衷，你选择创业是为了挣更多的钱、丰富自己的阅历还是像Uber创始人一样解决市场上某个自己无法忍受的痛点。这个很重要，如果有的人想挣钱，有的人想丰富阅历，有的人想为社会做贡献，那大家的意见容易产生分歧，结果就是在拖团队的整体进度，可能导致团队分散。

我觉得一个项目要挣钱是没错的，但你要明白不是每个项目一投入就马上会有回报的，它需要前期的积累和准备，甚至还有烧钱的可能，而这个时间可能是一年、两年甚至更久。

像这一两年比较火的饿了么，在拿到8 000万美元融资前已经熬了七年了，这七年的默默无闻、痛苦和挣扎，相信创业者能体会得到，即使拿到8 000万美元后，也还不一定是晴天，因为竞争对手马上就紧追上来了。所以每个创业者都应该做好痛苦、挣扎的心理准备，这样才能专心致志地把产品做好，把市场做大，而不急于求成。

最后就是团队的创始人CEO，这是一个很麻烦的事情，在没有提前说好的情况下，要在多个联合创始人团队中选出一个 CEO 是很困难的，原因是每个人都认为自己很厉害，觉得你并没有比我厉害多少，所以会互相不服气，都觉得股份要平分、所有大小事情都应该共同决策，所以团队基本在内斗和猜忌中发展，结果当然不言而喻。

我见过一些团队产品还没做出来，就因为这些问题解散了。所以创始人的心态和格局很重要，谁有执行力、有信心、有想法、格局大就让谁去做，大家只是分工、角色不一样而已。大家只需要想怎样把自己的专业和价值最大限度地发挥出来就行了，如果你觉得自己有过人之处，做 CEO 只是时间的问题而已，只有这样的心态，你们才会发展得更好，走得更远。

课堂讨论

1. 分析一些成功的创业团队，看看他们是如何消除化解矛盾的。
2. 分析三个创业团队，了解他们团队彼此是如何相互协调的。

模拟实训

团队任务：

任务 1：从网上搜集大学生创业团队的案例。

任务 2：针对案例，讨论创业团队的组成要素有哪些。

任务 3：将学生分成若干小组，要求小组成员组成创业团队，并讨论确定一个创业意向。

任务 4：针对本团队的创业意向进行“三分钟电梯演讲”。

个体任务：

任务 1：熟悉创业团队的组建原则。

任务 2：根据团队分工及选定的创业项目进一步确定自己的分工，为创业团队进一步完善提供支持。

本章小结

1. 团队就是由两个或者两个以上的，相互作用、相互依赖的个体，为了特定目标而按照一定规则结合在一起的组织。

2. 创业者要十分注重选择能够与创业者自身优势与劣势互补并符合企业需求的合伙人、关键的事业伙伴与管理者。

3. 单打独斗的创业者固然可以谋生，但是要发展成一个高潜力的公司一定不是单打独斗就可以的，团队发展才是创业者正确的选择。

4. 团队管理过程中成员定位明确，形成畅通的沟通机制和团队激励机制是必要的。

5. 影响团队和谐的关键因素是团队的股权分配机制，良好的股权分配机制是团队良性发展的关键。

给大学生的建议

1. 创业是一项复杂的事业，大学生们缺乏全面的创业知识和创业资源，通过组建创业团队，形成互补的团队结构，在一些重大决策过程中用集体的思想和智慧去克服个人决策的不足，形成合力，是创业者最好的选择。

2. 在团队管理过程中，团队成员要定位明确，形成畅通的沟通机制和团队激励机制，创业初期良好的股权分配是团队良性发展的关键。希望大学生在创业过程中要重视团队的组建和发展，实现初创企业的可持续发展。

第六章　商业模式

本章要点

- 为什么需要商业模式，商业模式的本质是什么。
- 商业模式的构成要素有哪些。
- 从哪些方面入手设计商业模式，商业模式的设计方法有哪些。

创业语录

今天企业之间的竞争，已经不是产品和服务之间的竞争，而是商业模式之间的竞争。

——现代管理学之父　彼得·德鲁克

章节导图

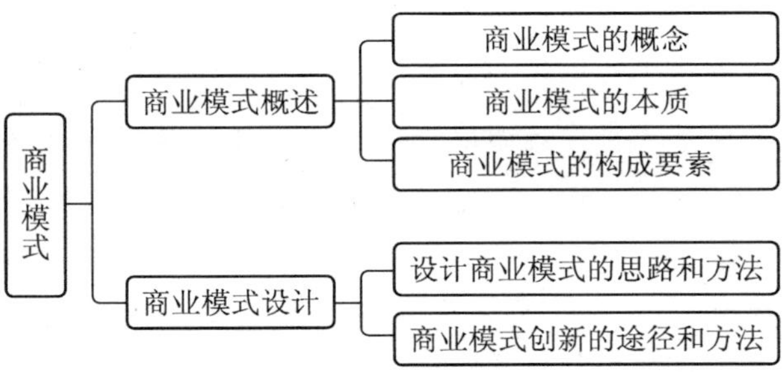

今天的创业者希望通过投资商获得资金，而投资商希望他所投资的项目有一个较好的商业模式。实际上，很多创业者并不知道真正的商业模式是什么。正如很多企业家一样，成功之后才会总结出来企业的商业模式。

第一节　商业模式概述

案例导读

麦当劳的商业模式

有一天，麦当劳的总裁克罗克到哈佛商学院讲课，问同学们："同学们，我是做什么的？"大家一致说："你不就是做快餐的吗？""错了，我是做房地产的。"他说："如果我不做房地产，仅仅做快餐，麦当劳早就关门倒闭了。"

把两块牛肉饼、特质酱汁、生菜、干酪、腌菜、洋葱，夹到两片芝麻面包之间——一道美味大餐亮相了。但是高速、优质、统一和房地产有什么关系？正是这些建立起了一个伟大的商业模式。

主打产品汉堡并不赚钱

麦当劳的主打产品是大汉堡，也是吸引大家走进麦当劳消费的主要原因。麦当劳一个汉堡卖十余元，但是这个汉堡的利润非常微小，甚至不赚钱，因为这么大的汉堡要用最好的牛肉、最好的面包。考虑到这么高的成本，再考虑到房租，人员费用、推广费用，麦当劳的汉堡其实是不赚钱的。

可乐、薯条等赚小钱

那么，麦当劳到底是靠什么赚钱呢？它通过那小小的、不引人注意的可乐和薯条赚到小钱。它的一杯可乐卖 6.50 元，可能毛利就有 4.50 元，这是它赚小钱的地方。

供应链赚中钱

麦当劳通过它的供应链赚取中钱。麦当劳做集中采购，把全球几万家店用的所有的牛肉、面粉、土豆等集中采购过来，这样它的利润一下就出来了。但是麦当劳供应链的高明之处远远不止如此。麦当劳不仅通过集中采购来获取稳定的利润，同时还积极地参与到供应链的改造之中，通过改造供应链来降低成本，从而获取最大的收益。

房产升值赚大钱

如果只有供应链的利润，麦当劳还无法形成今天如此明显的竞争优势。那么，麦当劳主要靠什么赚钱？答案就是：麦当劳是个房地产公司，主要利润来自房地产。麦当劳有很强的选址能力，它看中的地段房价都会涨。

麦当劳的独特之处体现在：它不仅有很强的选址能力，同时通过辛辛苦苦地卖汉堡，建立起麦当劳的餐饮文化，这样就建立起了麦当劳的一个商圈。通过麦当劳商圈，不断拉动海量的消费者来到麦当劳以及它附近的商区，这种做法就会主动、直接地推动房地产价格的提高。这就是麦当劳之所以成为一个优秀的房地产公司的秘诀所在。

> 麦当劳专门成立了一个连锁房地产公司，负责寻找适合的开店地点，向土地所有者租赁土地和房屋。连锁房地产公司以20年的合约向土地所有者租得土地、店面以后，再将店面租给连锁店主，在其中赚取差价。麦当劳至少可以在房地产上赚取40%的利润。麦当劳还要求当餐厅生意达到一定水准以后，各店必须缴纳一定的营业收入，作为增值租金。
>
> 随着时间的推移，麦当劳还通过买下土地自建连锁店的方式扩大其连锁房地产业务。麦当劳一般以10年分期付款的方式来购买土地，再以连锁房地产公司的名义租给加盟者，并使用加盟者交纳的保证金作为土地购置的首期款。购买土地的差额则是由土地所有者支付的，而且土地所有者须将第一债权人的权利让给麦当劳，以使麦当劳向银行取得贷款建屋的资格。
>
> 目前，在麦当劳的全部店面中，有60%是属于麦当劳的，其他40%则是由总部向土地所有者承租的。这使得麦当劳成为全美价值最高的零售房地产公司。麦当劳的收入中，约有1/3来自直营店，其他全部来自加盟店，而这一部分收入的9%来自房租。从这个角度来讲，麦当劳表面上是一个以汉堡为主的快餐企业，但它的本质、核心的盈利来源是房地产。

一、商业模式的概念

麦当劳的案例告诉我们，一个好的商业模式如何成就一家伟大的企业。在某种意义上，商业模式决定企业成败。

商业模式概念最早出现在信息管理领域。随着网络经济的蓬勃发展，特别是20世纪90年代中后期互联网创业浪潮的兴起，“商业模式”（business model）一词也为越来越多的人所熟知，同时也引起了企业界和学术界的关注。美国著名投资商罗伯森曾用简单而贴切的描述表达了他对商业模式的精辟见解。他说：“商业模式就是一块钱在你的公司里转了一圈，最后变成了一块一，这增加的部分就是商业模式所带来的增值部分。”由此可见，商业模式与企业的价值创造、价值实现有着密切的关系，换句话讲，商业模式就是关于为谁做、做什么、如何做、如何盈利的问题。

创业者常常会把商业创意误认为是商业模式。商业创意主要是针对市场或买方效用的一个新思路，即企业对买方或者潜在客户提供怎么样的前所未有的价值。它是基于市场运作层面的，可以包含很多奇思妙想，但是效果如何，企业能否从中获得持续利益是不确定的。而商业模式则反映了该项业务为企业获取利润的能力及相关的设计。一个好的商业模式肯定是具有创意的，但没有经过设计的商业创意并不是商业模式。

商业模式是描述企业如何在市场上建立价值。它包括独特的产品、服务、形象和分销的组合，也包括基本的人员组织和完成他们的工作所需要的运营基础设施。一个商业模式就提供了一个框架。如果你再读一遍麦当劳的例子，就会发现这些因素是如何一起协调构建独一无二的麦当劳商业模式的。概括起来讲，商业模式就是为实现客户价值最大化，把能使企业运行的内外各要素整合起来，形成一个完整的、高效率的、具有核心竞争力的运行系统，并通过提供产品和服务使系统持续达成盈利目标的整体解决方案。

二、商业模式的本质

有人认为商业模式就是盈利模式，就是企业通过什么途径或方式来赚钱，如饮料公司通过卖饮料来赚钱；快递公司通过送快递来赚钱；网络公司通过点击率来赚钱；通信公司通过收话费来赚钱；超市通过平台和仓储来赚钱等。这种理解有失偏颇。实际上，商业模式是一种包含了一系列要素及其关系的概念性工具，用以阐明某个特定实体的商业逻辑。它描述了企业所能为客户提供的价值以及企业的内部结构、合作伙伴网络和关系资本（relationship capital）等用以实现（创造、推销和交付）这一价值并产生可持续盈利收入的要素。

因此，商业模式实质上是一个系统，它描述了企业如何发现价值、创造价值和获取价值的基本原理，即企业在一定的价值链或价值网络中是如何向客户提供产品和服务并获取利润的。商业模式的核心是价值创造，使客户价值最大化。

下面的这则故事，或许可以让我们从中体味到商业模式的本质是什么。

一个小姑娘在网上开了一个花店，她一无资金，二无店铺，却在半年内卖了几百束捧花。她的做法很简单，一是从网上找来 1 000 多种鲜花的图片，做成漂亮的照片，同时还详尽地介绍各种花的知识，其实就是在网上陈列展览；二是与全国 100 多家鲜花配送店签订合同，建立战略合作伙伴关系；三是用电脑记下每名客户的姓名，甚至记下给他们送花的故事，再将这些资源整合一番，将它们全部变成自己的“知识产权”。

有人问她就不怕别人模仿吗？她回答说，她自己建立的商业模式，一般人很难掌握。她究竟有什么特别之处呢？她说：“我的特点是可亲可信。我在中国台湾的远传电信受过严格的培训。培训内容就是如何在电话里和客户交流。培训的结果让我做到：不管对方是什么样的态度，你都要微笑对人，让客户感觉到你是可亲的。我现在卖花，这个感觉更深刻。客户每订一束花，我都热情介绍；花送到，我就马上回访，请他们放心。客户让我送花，实际上是让我帮他传递一份感情。我要用我的工作表明我可以胜任。全国 100 多家花店，为什么愿意和我合作？因为我想着他们，尽量先和他们结算。在利益分配上，也需要相互体谅。有时候，因为特殊原因，我们没有在规定的时间把花送到，我会很内疚，真心实意退款，并且免费补送一束花表示歉意。有时候，客人定了花临时不要了，或者花送过去收花人不在家，我们也尊重客人意见，退款给他。客人感觉麻烦，要先存在我们这里，我们就按 110% 存入。”

她接着说了两个故事：一次，一个客户订了两束花给远隔千里的父母。花送到后，客户打来电话说："花很漂亮，父母很感动，激动得说不出话来，妈妈当时就流下了眼泪。"还有一次，一个女孩子给远在东北的妈妈订了束花。东北天冷，伙计怕花冻坏，把花藏在大衣里。那位妈妈收到花时也哭了。她说，客户每订一束花，都有一个美丽的故事在里面，都是一份真诚的感情表达。

商业模式很简单，赚钱逻辑也很简单。但是她真实把握了商业模式的本质和核心。其本质是满足了客户的内心需求，使客户得到了很好的服务（客户价值实现），其独特的核心竞争力是整合客户和花店的能力，并用真诚的服务构建竞争壁垒。

商业模式本质上是若干因素构成的一组盈利逻辑关系的链条，回答了创业的 7 项基本问题：①谁是企业的顾客？②企业能为顾客提供怎样的（独特）价值和服务？③企业的产品与服务应该何时投入市场？④企业的产品与服务应该投放在哪个市场上？⑤企业的产品与服务为什么能赢得客户？⑥企业如何以合理价格为顾客提供这些价值，并从中获得企业的合理利润？⑦企业能多大程度为顾客提供（独特）价值和服务？

在这里，我们可以看到商业模式的本质就是"5W2H"，即一个组织在何时（when）、何地（where）、为何（why）、如何（how）和多大程度（how much）地为谁（who）提供什么样（what）的产品和服务，并开发资源以持续这种组合。

三、商业模式的构成要素

根据对商业模式本质的讨论，我们知道商业模式是由价值主张、价值网络、价值维护、价值实现四个要素构成的一组盈利逻辑关系的链条。

（一）价值主张

价值主张是指企业通过价值链上的资源整合以独特的方式为客户创造的价值。简言之，价值主张就是为客户创造什么样的价值。

成功的商业模式的基础是要有一个非常有影响力的客户价值主张，它能够给客户带来显著的价值。2008 年，Johnson 等指出价值主张包括三个元素：目标顾客、客户利益（要解决的某个重要问题，或满足目标客户的某项重要需求）、提供物（即解决问题或满足需求的某种产品或某项服务）。

（二）价值网络

价值网络反映的是企业为了创造价值，对内对外运营活动的结构特性，泛指企业同其他商业伙伴之间为有效提供和创造价值并实现其商业化而形成的合作关系网络。

随着技术进步和顾客个性化需求的主张，现实中的价值网络变得更为复杂，原有网络参与者除了顾客、供应商、竞争者和互补者之外，还包括其他多种类型的经济主体，如广告商、商业伙伴、联盟企业、中介机构（渠道商、贸易商等各种服务提供者）和政府等。

这些不同类型的参与者之间通过特定的方式建立起直接或间接的竞争与合作关系，并互为依存、彼此联动构成了一个复杂的利益共同体，被称为价值网络生态系统，不同的价值网络生态系统构成了不同的价值网络形态。

（三）价值维护

有效的、创新的商业模式可能会因为没有得到伙伴的有力支撑或者竞争者迅速模仿而造成价值流失，导致失败，因此企业必须进行价值维护。国内外大量案例表明，许多商业模式的失败都是因为没有建立有效的价值维护，以致价值创造活动无法维持，甚至彻底失败。

价值维护由伙伴关系与隔绝机制两部分组成。

（1）伙伴关系。企业与价值网络合作伙伴在相互信任的基础上，双方或多方在价值创造活动中采取的共担风险、共享利益的长期合作关系。

（2）隔绝机制。为价值创造的成果、方法及价值网络免受侵蚀和伤害而做出的机制安排，即如何隔绝破坏者和模仿者，使价值创造活动不被外来因素所破坏。

（四）价值实现

价值实现是指通过各种收入流来获取所创造财富的途径。商业模式以顾客价值创造为起点，最后都必须归结到企业如何将盈利“赚到手”。

价值实现具体内容主要包括收入模式和成本管理两个因素。

（1）收入模式。企业获得收入的方式，即企业如何对创造出来的价值进行回收。

（2）成本管理。企业管理成本的方式。要解决的根本问题是企业在创造价值的活动中，如何进行成本布局和成本控制，以实现盈利最大化。

商业模式的核心功能在于创造价值和获取价值。

上述四要素构成的逻辑关系链条，解释了商业模式创造价值、实现持续盈利的因果关系。

延伸阅读

《愤怒的小鸟》的商业模式

《愤怒的小鸟》是由芬兰的一家手机游戏开发商 Rovio 于 2009 年 12 月正式发布的一款游戏，继在苹果应用商店首次登陆以来，迄今已经成功登陆了 Android、Symbian、PC、MAC、PSP 及 Chrome 等各大平台。这款简单生动的游戏一举成为苹果应用商店 2010 年最卖座的应用游戏，甚至被《纽约时报》评为“2010 年度文化符号”，为 Rovio 公司创造了巨额盈利，使其从一个濒临被市场淘汰的公司摇身变为即将准备上市的公司。《愤怒的小鸟》的商业模式构成要素，如表 6-1 所示。

表 6-1　《愤怒的小鸟》的商业模式构成要素

要　素	描　述
价值主张	提供针对客户碎片化时间的乐趣与娱乐
目标群体	男性和女性；7～60 岁；普通上班族及所有学生群体
分销渠道	苹果应用商店、Android 平台、Symbian 平台、PC 平台、MAC 平台、PSP 平台、Chrome 平台（及即将合作的 Facebook 平台）
客户关系	买卖关系（如与游戏玩家）、合作伙伴关系（如与苹果、谷歌等公司）
资源配置	市场配置方式：Rovio 公司不断根据市场的需要扩大《愤怒的小鸟》的游戏平台及周边产品
成本结构	游戏开发费用＋游戏维护及更新费用＋技术人员的薪酬＋租用的买服务器的投入＋游戏代理费用＋广告和推广的费用
盈利模式	向用户直接收取下载费用（如在苹果应用商店）＋向广告商收取在用户进行游戏前播放广告的费用（如在 Android 平台）＋销售游戏周边产品（如毛绒公仔、iPhone 手机保护壳、T 恤、蛋糕等）
核心竞争力	以前：简单而生动的游戏设计、苹果平台； 现在：游戏自身的品牌、多元化商业模式
合作伙伴网络	包括苹果公司、谷歌公司、Symbian 公司、Facebook 公司、索尼公司、福克斯数字娱乐公司等

其中，价值主张的创新被很多人看作是商业模式的“魂”，它意味着一次关于商业成长的战略思想改变。《愤怒的小鸟》的开发商 Rovio 注意到了目前市场上两个巨大的趋势。从技术方面来说，随着移动互联网的发展，我们可以预见新生代手机和其他智能、互联、便携式的移动产品将逐渐取代电视、个人电脑、收音机等，移动平台和应用将是消费者关注的重点。另一方面，从顾客来说，现在越来越多人的时间趋于碎片化，对于普通上班族而言，他们每天将会在上下班的车上度过很多时间，对于学生，也同样面临上下学的问题及课间休息，而这些时间又不足以或不方便做一些工作或学习上的事，因此，他们都有很多频繁中断、短而易逝的时间，同时，他们在这些时间里的沉浸度以及忍耐度都比较低。事实上，时间碎片化这一特点不仅仅局限于这两个群体，还包括像明星、企业高管等人群。

《愤怒的小鸟》就是一款基于这两点市场需求而开发的游戏。首先，它现在的使用平台包括 iPhone 手机及一般的智能手机、掌上游戏机、个人电脑程序、网络页面等，覆盖了几乎所有可以运用到互联网的设备。而由于手机是最普遍的社交工具，因此 Rovio 最先从苹果应用商店和 Symbian 平台下手，也是极其正确的做法。其次，《愤怒的小鸟》的游戏设计角色设定鲜明，情节简单易懂，学习上手容易，任务结束迅速，正好满足了碎片化时间的需要。加上小鸟富有娱乐精神的声效与动画，就更能吸引这些容易浮躁的人们了。

课堂讨论

1. 何为商业模式，商业模式是由哪些要素构成？
2. 列举你熟悉的三家企业，分析其各自的商业模式。

第二节 商业模式设计

案例导读

绿山咖啡的商业模式创新

玩咖啡，还能有和星巴克不一样的商业模式吗？有，绿山咖啡！它卖的一种咖啡机及“K杯咖啡”，能即刻煮出口感很棒的咖啡，价格却是星巴克的1/10。它卖咖啡机不赚钱，但一年能卖掉10亿个K杯！更酷的是，它允许其他饮料生产商生产K杯，这样，不仅顾客有更多选择，自己也能获得权益金。

这家公司叫绿山咖啡烘焙公司，生产“克里格咖啡机”和配套的“K杯咖啡”，是它近两年来持续发展的最大驱动力。

在美国，家庭和办公室经常使用咖啡机，但传统的咖啡机一煮就是一大壶，这会使咖啡的香味散发掉很多，口感也比较粗糙。我只想喝一杯，为什么要煮一壶？绿山咖啡的咖啡机每次只煮一杯，较之传统咖啡机更便捷，咖啡香味也更浓郁。

但这种咖啡机只能和绿山申请专利的“K杯”配套使用。所谓“K杯”是一个外表像纸杯的容器，里面有一个小一点的纸杯状的渗透装置，只能渗透液体，里面装的是咖啡或茶，上面用铝箔盖封口，以保证咖啡的香味不会散发。

将K杯置入这种咖啡机。按一下按钮，加压注水管就会穿破铝箔盖进入滤杯中注入热水。咖啡机会精确控制水量、水温和压力。这些都是设计好的，以保证咖啡香味最大化。不到一分钟，一杯香浓的咖啡就出现了。

24杯装的K杯通常卖12美元，相当于每杯0.5美元。这不仅抢走传统咖啡机的客户，还抢了星巴克的生意。越来越多的美国人在经济危机中放弃了咖啡厅5美元一杯的咖啡，而选择0.5美元一杯的K杯。K杯只能在这种咖啡机上使用。咖啡机全部外包给中国的供应商生产，每台售价通常在100美元以上。据说只是以成本价销售，根本不赚钱。而真正赚钱的是K杯。2008年，绿山卖了98万台咖啡机，但你知道K杯卖了多少吗？10亿个！如今，北美的家庭和办公室每天都会消耗掉300多万个K杯。绿山咖啡2008年的销售收入中，3/4来自咖啡机和K杯，其总裁拉里·布兰福特称之为“剃刀/剃刀片的商业模式”。

> 如果仅仅是这样，那绿山公司的K杯不就和其竞争对手雀巢的咖啡胶囊差不多了？雀巢也提供类似的产品，它授权电器生产商为它生产咖啡机，但所用的咖啡只能用雀巢生产的胶囊。而绿山的商业模式则更进一步。其他咖啡生产商、茶或者热可可生产商，也可以采用K杯包装销售，在绿山的咖啡机上使用，但是它们要为此向绿山公司支付权益金，每杯6美分。
>
> 现在K杯的品种需求很多，有13个品牌200多种咖啡、茶和热可可，满足消费者不同的需求。这样做的好处显而易见，绿山咖啡不仅丰富了产品种类，迅速扩张，甚至被认为，K杯正在成为标准。

一、设计商业模式的思路和方法

商业模式的价值主张、价值网络和价值实现等要素之间的不同组合方式形成了不同的商业模式。设计商业模式的思路应该从创业者现有的资源及市场竞争的实际出发，充分考虑社会资源的整合优化，为顾客、合作伙伴提供最大化的价值，这是商业模式设计的重点。

所有成功的大企业都是从小企业秉持成功的商业模式一步步走过来的。众所周知，沃尔玛其实是开杂货店的，可口可乐是卖汽水的，微软是卖软件的，国美是开电器店的，小肥羊是开火锅店的，等等。这些普通行业的成功说明什么？其实说明一个道理：必须有自己的盈利模式。那么，如何设计适合的商业模式呢？根据马克·约翰逊、克莱顿·克里斯腾森和孔翰宁等对商业模式的研究，创业者设计商业模式要整合三大要素：

（1）客户价值主张。沃尔玛的“天天低价”、宝马汽车的“驾驶乐趣”、飘柔洗发水的“柔顺”等。企业拥有一个独特而有力的价值主张，可以给客户一个充分的理由，购买你的产品或服务而不是别家的。

（2）盈利模式。公司的盈利方式主要有三种：高端模式（高价格、高运营成本、高端化经营），如路易威登等高端品牌和奢侈品品牌；低价模式（低价格、低运营成本、规模化经营），如格兰仕微波炉等奉行总成本领先战略的企业；中间模式（适中价格、中高利润率、中等运营成本）。

（3）关键资源和关键流程：客户价值主张的实现必须依托于企业的关键资源和关键流程，这些资源和流程构成了企业的核心竞争力，企业可以借此来超越竞争对手，来服务好目标客户群体，从而创造持久的差异化竞争优势。设计商业模式时，这三个要素之间相互作用，形成一个有机整体。关键资源和关键流程联合作用形成企业独特的盈利模式：企业的关键资源和关键流程与盈利模式共同为客户提供独特的价值。

创业者设计商业模式具体步骤如下：

第一步，界定和把握利润源——顾客；

第二步，不断完善企业利润点——产品；

第三步，打造利润杠杆，构筑商业模式内部运作价值链；

第四步，疏通拓宽利润渠道，构筑商业模式外部运作价值链，如伙伴关系；

第五步，建立有效保证利润的利润屏障，如创新盈利模式、技术革新等。

二、商业模式创新的途径和方法

商业模式建立在一定的外部环境、自身的资源和能力的假设之上。因此，没有一个商业模式适用于任何企业，也没有一个商业模式永不过时，商业模式需要不断地创新。商业模式创新的途径、方法必须是可操作的，并且能够产生充分增长的、比竞争对手更有优势的销量、收入和利润。商业模式需要对顾客进行定义，选择细分顾客，提出对顾客的价值主张，提供合适的产品和服务去满足顾客的需求。而商业模式中其他的组成要素或环节是基础或者支持、辅助的部分。对商业模式中上述要素或环节作出改变，形成了商业模式创新的一般途径。

（一）重新定义顾客需求

价值增加是商业模式的核心，而要实现价值增加，就必须以为顾客提供有效价值为前提，可以说，洞察顾客的需求是企业经营的起点。企业根据目标顾客的需求提出对顾客的价值主张，通过合适的产品和服务去满足顾客。因此，有创业者说，做企业就是研究顾客的心理，然后去满足顾客的需求。顾客需求不断发生变化，企业根据这种变化重新定义顾客，选择新的细分顾客，提出相应的顾客价值主张，可以帮助企业更好地适应顾客需求，获取潜在的利润，从根本上创新企业的商业模式。如分众传媒突破传统广告的顾客定位方式，意识到媒体传播的分众性，发现了一些有巨大潜力但被长期忽视的广告播放空间，如商业楼宇、卖场终端、公寓电梯、户外大型 LED 彩屏等，使广告更接近目标受众，从而以独特的商业模式迅速成长，并于 2005 年 7 月成功登陆美国纳斯达克，成为海外上市的中国纯广告传媒第一股。

（二）提供特别的产品或服务

提供什么样的产品或服务是商业模式的重要组成部分。任何一种产品或服务在市场中都有一定的生命周期，都要经历诞生、成长、成熟、衰亡的生命历程。随着知识经济时代的到来，产品的内涵与外延发生了巨大的变化，不仅农产品、工业品是商品，知识、技术、服务及信息也都成为商品，顾客对于产品中的知识含量要求也越来越高。迈克尔·波特在《竞争优势》中提出，如果一个企业能够提供给顾客某种具有独特性的东西，那么它就具备了有别于其竞争对手的经营新异性。由此可见，产品的差异化是竞争优势的一种重要来源。企业可对现有产品或服务的生产方式进行重新规划，通过对产品或服务的结构、功能、形态进行创新，提高产品或服务的知识含量，实现与既有产品或服务在价值上的区别。并通过宣传、促销手段改变顾客的感知，对产品或服务进行捆绑组合及提供综合的解决方案等。

（三）发展独特的价值网络

企业可以对价值活动进行垂直分解和重组，集中于自身技术核心能力所涉及的价值活动，而将其余的部分外包给其他具备这方面核心竞争力的企业。例如，在全球家电产业链中，格兰仕自定位为“全球名牌家电制造中心”，为国外知名企业进行微波炉贴牌生产，不断积攒实力，实现了超大规模和专业化生产，极大地降低了产品成本。格兰仕以自有品牌为主，专注于研发和制造。将物流外包给专业公司，采用区域独家代理的经销商制度。格兰仕在价值链中选取了合理的定位，发展出独特的价值网络，创造了“低成本设计”的商业模式，将微波炉做到了全球市场占有率排名第一。

（四）改变提供产品或服务的路径

改变提供产品或服务的路径就是要改变分销渠道。分销过程中的流通和服务提高了产品的附加值，企业可以通过增加或压缩渠道的层次和环节，改变与分销商的合作形式，或者采用全新的渠道，节约成本，提高分销的效率。分销渠道的调整和改变，最终目的是增加对目标顾客的覆盖，使顾客更便捷地得到产品或服务，创造更多的顾客价值。

（五）改变收入模式

收入模式定义了企业的商业模式如何取得收入，包括收入的介质，即选择什么产品或服务取得收入；交易方式，即通过什么样的方法和渠道取得收入；计费方法，即怎样对收入介质定价。灵活地改变收入模式中的这些要素，可以刺激顾客的消费欲望，增加购买，或者提高单位产品的收入。企业可以通过改变收入介质，与竞争者形成差异，从而获得新的利润来源。例如谷歌创造了“竞价广告”的商业模式，依据客户购买的关键字，以纯文本的方式把广告安置在相关搜索页面的右侧空白处，当有人点击广告时才付费，使搜索引擎变成企业推广的利器，给企业带来了高额利润。

（六）改变产业模式

改变产业模式是最激进的一种商业模式创新，它要求一个企业重新定义本产业，进入或创造一个新产业。产业模式改变往往是在技术改变的前提下完成的。当今，最具潜力的技术是云计算，它能提供诸多崭新的用户价值，从而提供企业进行商业模式创新的契机。另一项重大的技术革新是3D打印技术。如果一旦成熟并能商业化，它将帮助诸多企业进行深度商业模式创新。如汽车企业可用此技术替代传统生产线来打印零件，甚至可采用戴尔的直销模式，让用户在网上订货，并在靠近用户的场所将所需汽车打印出来。

除了以上六个常用的商业模式创新途径外，商业模式的任何一个要素或几个要素发生改变，都可以成为商业模式创新的途径。建议创业者从创业的实际出发，思考商业模式要素的可能变化，以及对原有商业模式其他各要素的影响，寻找商业模式创新之路。

延伸阅读

创业企业十大创新商业模式

大疆——消费级无人机市场的霸主

无人机以前主要是应用在军事方面，而大疆是第一个将无人机应用在商业领域并获得成功的企业。大疆无人机如今已被应用在军事、农业、新闻报道等方面，是可以“飞行的照相机”。这家公司将目标受众从业余爱好者变成主流用户，而且它在这一过程中还能占据市场的主导地位，这种成功的案例在科技行业发展史上实属罕见。

滴滴巴士——定制公共交通

滴滴巴士是第一个尝试将巴士进行多场景应用的定制巴士。滴滴巴士是关于定制化出行的城市通勤定制服务，它根据大数据测算并推出城市出行新线路。滴滴巴士还将巴士进行多场景应用，比如旅游线路定制、商务线路定制等，扩展了巴士出行的场景。事实上，做定制服务的门槛是极高的，而滴滴巴士母公司滴滴出行的互联网技术和用户基础为其创造了有利条件。

百度度秘——表面它陪你聊天，其实你陪它消费

度秘（英文名 duer）是为用户提供秘书化搜索服务的机器人助理。度秘是聊天机器人+搜索引擎+O2O 的整合型产品。它把现在互联网最热、最精尖的技术全集合在了一起。百度大动干戈在百度世界大会上发布这款产品，满足了“懒人”的期待。

人人车——“九死一生”的 C2C 坚挺地活了下来

人人车是用 C2C（个人与个人之间的电子商务）的方式来卖二手车，为个人车主和买家提供诚信、专业、便捷、有保障的优质二手车交易。它首创了二手车 C2C 虚拟寄售模式，直接对接个人车主和买家，砍掉中间环节。该平台仅上线车龄为 6 年且在 10 万千米内的无事故个人二手车，卖家可以将爱车卖到公道价，买家可以买到经专业评估师检测的真实车况的放心车。

e 袋洗——力图用一袋衣服撬动一个生态

e 袋洗是第一个以洗衣为切入点进入整个家政领域的平台。e 袋洗的顾客主要是“80 后”，洗衣按袋计费：99 元按袋洗，装多少洗多少。e 袋洗致力于将幸福感作为商业模式的核心和主导，推了新品小 e 管家，通过邻里互助去解决用户需求，满足居民幸福感。小 e 管家在小 e 管洗、小 e 管饭内基础上，计划推出小 e 管接送小孩、小 e 管养老等服务，以单品带动平台，从垂直生活服务平台转向社区生活共享服务平台，以保证 C2C 两端供给充足。

实惠 APP——团购不彻底，直接免费

实惠 APP 是一款基于移动端、主打社区的生活服务类 APP。用户通过入驻实惠 APP

上自己工作的写字楼或居住的社区，可以领取实惠或商家提供的优惠礼品，享用身边的生活服务和便利商品，同时进行邻里间的社交，让用户生活更便捷、更实惠。实惠商业模式的创新之处是做免费的团购——颠覆团购低价模式，直接0元团购，通过平台将商家提供的免费福利派发给参与活动的用户。它以城市的上班族为主要对象。

干净么——餐饮界的360，免费还杀毒

干净么是一个互联网餐饮卫生安全监管平台，是基于移动互联网并连接各个环节、各个部门的第三方卫生监管平台，同政府、媒体、商家、用户等多方互动来进行监管。它是第一家利用互联网思维来打食品安全这场仗的第三方平台，不仅对餐饮商家进行测评、监管，还包含学校、幼儿团、单位食堂等在内，用户可以查阅自己感兴趣商家的卫生安全等级，从而判断是否就餐。

很久以前——不久的将来给小费将成为常态

很久以前是北京簋街的一家烧烤店，店内推出的打赏制度被各大餐饮集团引用。它是第一家将餐厅给小费的形式进行互联网思维改良的餐厅。打赏金额为4元，打赏人是到店里用餐的顾客，被打赏人是前厅员工，包括服务员、传菜工、保洁人员、炭火工。4元钱顾客买不了吃亏，买不了上当，却买了一个好的服务，也给服务员多一个收入途径。积少成多大大提升了服务员的积极性。

多点（Dmall）——不是多点少点的问题而是快点

多点是一个以超市为切入口的O2O生活服务平台，将日常生活消费和生鲜产品作为突破口。多点的创新点与京东到家、天猫超市等截然不同。它与商超之间完成系统上的对接：可以通过深度整合的系统，动态地获取商超库存价格等重要数据，同时，多点通过数据分析及供应链控制能力，将C2B模式引入商超以解决其生鲜进销问题。此外，多点自建物流，有自己的配送员。在用户下单后，多点会和合作商家一起分拣货物，然后送货上门。

云足疗——上门服务中的垂直环节

云足疗砍掉了足疗店等中间环节，让技师和顾客实现无缝对接，不仅解放了长期局限在足疗店的技师们，让他们获得了比同行更高的薪资，同时也让顾客体验到低价便捷的优质上门养生服务。云足疗率先实现了上门足疗服务的标准化，平台通过面试、实名认证、技能考核、系统培训等严格筛选，来保障上线的技师的专业技能和高服务水准。

课堂讨论

1. 怎样进行商业模式的顶层设计？
2. 简述商业模式设计的具体流程？

模拟实训

团队任务：

任务 1：从网上搜集李彦宏创建百度公司时的相关资料。

任务 2：分组分析并讨论，李彦宏当时为百度公司设计的商业模式及其利弊。

任务 3：将相关资料与分析结果整理为“李彦宏创建百度公司时的商业模式分析”的报告。

任务 4：针对本团队的报告，制作展示用的 PPT，进而在课堂展示。

个体任务：

任务 1：掌握商业模式的构成要素有哪些。

任务 2：熟悉设计商业模式的思路和方法。

本章小结

1. 好的创意未必是一个好的商业模式。一个好的商业模式肯定是具有创意的，但没有经过设计的商业创意并不是商业模式。

2. 商业模式描述了企业如何发现价值、创造价值和获取价值的基本原理，通俗地说，就是企业如何赚钱。

3. 商业模式是由彼此关联的九大要素组成，分别为客户细分、价值主张、渠道通路、客户关系、收入来源、核心资源、关键业务、伙伴网络以及成本结构。构成完整的商业模式还需要加入人员组织要素。

4. 一个企业拥有良好的商业模式，但随着时间推移，当其所处环境出现重大的变化时，这就需要企业及时调整与创新，但商业模式创新没有规定的路径可以遵循。

给大学生的建议

1. 阅读成功创业企业的案例，并学着从中提炼它们的商业模式。

2. 找到一个好的创业想法，找到建构商业模式的逻辑起点，并构建它的商业模式。

3. 学会使用商业模式画布，尝试用商业模式画布和同学们一起讨论商业模式的问题。

4. 尝试改变商业模式的要素，寻找商业模式创新的途径和方法。

第七章　创业计划书

本章要点

- 什么是创业计划书，创业计划的主要内容有哪些。
- 如何撰写创业计划书，如何评价创业计划书。
- 如何展示创业计划书，怎样进行项目路演。

创业语录

人生中最痛苦的事莫过于不得不承认自己没有充分准备。

——梅林·奥尔森

章节导图

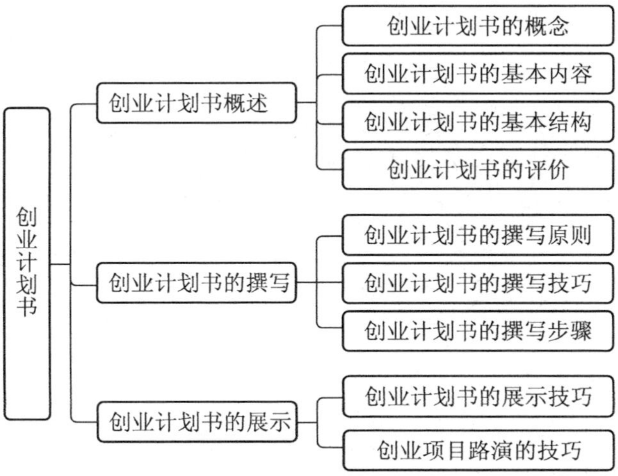

创业是一项系统工程，涉及面广，影响因素复杂多变。“凡事预则立，不预则废。”只有事先进行认真思考和精心策划，才能有效进行、稳操胜券。创业者在经过一系列的思考或学习后，创业的构思也就基本成形了。当创业者的创业动机与目标都已明确，并在资金、人脉、市场等各方面都准备妥当或已经积累了相当的实力，接下来所要做的就是把自己脑海中的思路与想法整理出来。通过整理使自己的创业思路更加清晰，这份创业者的完整构想，也就是创业计划书，它能为创业者争取创业投资提供有效帮助。

第一节 创业计划书概述

案例导读

艺电公司：一切始于创业计划

在美国超级橄榄球决赛仅剩 6 秒时，费城老鹰队获得一次 37 码球机会，大卫·阿克斯正站在罚球点准备射门。此时，老鹰队仅落后新英格兰爱国者队 2 分。老鹰队其他球员都弯着腰，静静地等待着，因为如果阿克斯得手，老鹰队就将捧回超级杯。“啪”的一声响，阿克斯一脚怒射，皮球绕过爱国者队防卫队员的手臂，射门得分，老鹰队最终战胜了爱国者队。

但很快，爱国者队又与卡罗莱纳黑豹队在超级杯决赛中争夺起来。这究竟是怎么回事？我们描述的赛况来自宾夕法尼亚州安布勒地区一个 16 岁男孩的索尼 PS2 游戏，并非美国橄榄球职业联赛的赛场。这个男孩是数百万《疯狂橄榄球 2003》游戏的购买者之一，该游戏做得十分逼真，男孩能在游戏的整个赛季扮演老鹰队教练，并最终帮助球队赢得超级杯。请不要以为这很容易，为了最终得到超级杯，他必须正确处理整个赛季中可能出现的队员伤病、三连败和黑色五分钟等状况。

《疯狂橄榄球 2003》游戏出自美国艺电公司，它是全球最大的交互式电子游戏开发商。为了反映联赛各队球员名单的变化，该游戏每年都会更新，结果导致那些在《疯狂橄榄球 2003》游戏中努力赢取超级杯的宾夕法尼亚青少年极可能继续购买《疯狂橄榄球 2004》《疯狂橄榄球 2005》……艺电公司还开发了许多大众游戏，包括《模拟人生》《哈利·波特》《詹姆斯·邦德》和《FIFA 足球》等。仅在 2002 年，艺电公司销售量超过百万的游戏就有 16 种，公司年收入高达 17 亿美元，净利润超过 1.015 亿美元。

尽管艺电公司已经成为一家成功的大企业，但对它如何走向成功进行反思仍有意义。事实表明，它的成功始于一份商业计划和特里普·霍金斯的愿景，即创立一家新式的电子游戏公司。

快到 20 岁的时候，霍金斯开始尝试进行创业，他创办了一家企业，销售由他发明的名为 ACCU-Stat 的桌面足球游戏。当时，个人电脑时代远未来临，游戏开发者使用方块和图表来模拟现实世界。ACCU-Stat 是《疯狂橄榄球》游戏的雏形。在提到他的第一家企业时，霍金斯说道：“我当时只有 19 岁，毫无疑问，自己对所做的事情一无所知，所以就是败了。但是，它也许是我工作生涯中最重要的一段经历。因为我发现，对游戏开发的喜爱可以和创业热情相结合，对我来说，这次失败反而成为事业成功的助推剂。”

1980年，在第一家企业失败后，霍金斯进入苹果公司工作。尽管在苹果公司工作很舒服，但他仍决定再次创业。不过，这次他更加谨慎小心。直到1982年，他才下决心创立一家电子游戏开发企业，并围绕创意制订了详细的商业计划。

霍金斯认识到，他需要一个真正的“大创意”，以便使新企业有别于电脑游戏产业中的其他公司。事实上，他找到了三个大创意，围绕这三个大创意的商业计划使艺电公司超越了当时软件出版商之间的趋同风潮。

艺电公司引入了“软件艺术家”的概念。与其他软件企业不同，艺电公司雇佣工程师和电影制片人而非程序员，强调把每一款游戏开发都当做好莱坞的电影制作。这一做法不仅鼓励了创造力，而且也要求创造力。艺电公司把产品直接送交零售店出售。艺电公司成立时，软件出版商一般都通过第三方渠道来销售产品，而艺电公司却认为直接通过零售商销售产品，能帮助公司更好地捕捉市场脉搏和把握未来趋势。艺电公司完全采用自有工具和技术，通过有组织的高效率交叉平台来开发游戏产品。

数年后，霍金斯发现艺电公司最初的商业计划简直就是一个奇迹，因为它准确预测了公司的未来。他进一步强调，在起步时就注定艺电走向成功的是：战略愿景与发现错误、不断调整并执着行动的结合。

一、创业计划书的概念

在讨论创业计划书之前，首先要了解“计划”和商业运行的计划类型。计划是追求短期或者长期目标的一个手段，基于创业的基本逻辑，从发现问题到解决问题的方案阶段，即从创业项目成熟到初创企业的成功成立，创业者都要准备一个初步的创业计划，这是非常重要的。这个计划包括：项目是什么，解决什么问题，资源是如何保障的，创业者及其团队是如何思考的。这一计划既可以是战略层面的，也可以是执行层面的。商业计划的类型取决于创业运行过程中的预期目标。不同类型的创业计划起到的作用不尽相同，但它们都有一个重要的目的，那就是在快速变化而又不确定的未来环境中，对创业者起指导作用。

创业计划书也称为商业计划书（business plan），描述了创建一个新企业或者完成一个新项目所需要的所有相关因素，是由创业者准备的书面文件，是创业计划的书面呈现。创业计划描述了创业意图达成的目标，以及如何实现这些目标。对大多数创业者而言，创业计划是一份可用于创业组织内外两方面的文件。对组织内部来说，创业计划能帮助创业者设计出实施其战略和计划的“路线图”；对外部而言，创业计划用于向潜在投资者及其他利益相关者介绍企业试图追求的商业机会，以及如何把握机会的行动计划。因此，撰写一份创业计划书对创业者绝对有必要，不仅能节约时间和金钱，更主要的是提前预测企业创办时所需的资源保障和可能遇到的问题，减少失败的可能性。创业计划书不能做到万无一失、面面俱到，不会绝对保证创业的成功，但是，从创业计划的制订过程当中可以获得知识、认清风险，而且书写创业计划时的成本投入是非常有限的。

概括地讲，创业计划书是公司或项目单位为达到招商融资或其他发展目标之目的，在前期对项目进行科学调研分析的基础上，从企业内部的人员、制度、管理、财务，以及企业的产品、营销、市场、风险等各个方面，对即将展开的商业项目进行可行性分析，全面展示公司和项目的背景、现状与规划、未来发展前景，进而形成的实现计划的策略文件。

创业计划书是一份全方位的项目计划，既可以成为创业者成功获取融资的“利器”，又可以帮助创业者有计划、有步骤地开展创业活动。其主要功能体现在以下三个方面。

(1) 沟通功能。对于创业者而言，创业计划书是创业者与投资人之间必要的，也是最佳的沟通工具，你的项目价值、创业前景、实现计划等重要信息，都可以通过创业计划书向融资对象全面展示。

(2) 管理功能。创业计划书可以引导创业者走过企业发展的各个阶段，尤其是在创业过程中，还可以依据创业计划书来跟踪监督企业的业务流程、分析实际成果与预期目标的差距等，及时调整自己的策略与方法。

(3) 承诺功能。一方面，创业计划书通常会作为创业者与投资人所签署的合同附件，因此，从法律意义上讲，创业计划书将成为创业者对投责人的承诺书；另一方面，创业计划书也体现了核心领导对团队成员或者上级对下级的承诺，尤其是战略目标的定位、未来发展的规划、行动方案的提出都是一种书面的承诺，从而避免出现朝令夕改的问题。

二、创业计划书的基本内容

创业计划是创业的蓝图，是创业融资的关键文件。事实上，创业计划没有固定模式，但大都包含了执行总结、企业介绍、团队管理介绍、产品（服务）介绍、市场分析、营销策略、生产计划、财务分析、融资计划、风险分析等内容。

（一）执行总结（计划摘要）

创业计划是敲门砖，执行总结则是点燃投资者投资意向的火种。执行总结列在创业计划的最前面，是为了吸引战略合伙人与风险投资人的注意，将创业计划书的核心提炼制作而成的。它浓缩了整个创业计划的精华，以便潜在的投资者能在最短的时间内评审计划并做出判断。如果没有好的执行总结，创业计划就不可能卖给投资者。

执行总结一般包括以下内容：公司介绍、管理者及其组织、主要产品和业务范围、市场概貌、营销策略、销售计划、生产管理计划、财务计划、资金需求状况等。主要是概括介绍企业的来源、性质、目标和策略，产品和服务的特点，市场潜力和竞争优势，管理队伍的业绩和其他资源，企业预期的财政状况及融资需求等信息。

执行总结是全部计划的基本框架，涵盖创业计划的要点，不要过长，它必须能让潜在投资者有兴趣并渴望得到更多的信息。一般要在后面所有内容编制完毕后，再把主要结论性内容摘录于此，以求一目了然，在短时间内给使用者留下深刻的印象。如同推销产品的广告，编制人要反复推敲，尽量简明生动，力求精益求精，形式完美，语句清晰流畅而富有感染力，以引起投资人阅读创业计划书全文的兴趣，特别要详细说明自身企业的不同之处以及企业获取成功的市场因素。

（二）企业介绍

介绍融资企业或项目的基本情况，如果企业处于种子期或创建期，可重点介绍创业者的成长经历、求学过程，并突出其性格、兴趣、爱好与特长，创业者的追求，独立创业的原因以及创意如何产生。如果企业处于成长期，应简明扼要地介绍公司过去的发展历史、现在的状况以及未来的规划。具体而言。包括公司概述、公司名称、地址及联系方法、公司的业务状况、公司的发展经历、对公司未来发展的详尽规划、本公司与众不同的竞争优势、公司的法律地位、公司的公共关系、公司的知识产权、公司的财务管理、公司的纳税情况、公司的涉诉情况等。在描述公司发展历史时，正反面的经验都要写，特别是对以往的失误不要回避。要对失误进行客观的描述，中肯地进行分析，这样更能赢得投资者的信任。

（三）管理团队介绍

管理团队是投资者非常看重的，这部分主要是向投资者展现企业管理团队的结构、管理水平和能力，职业道德与素质，使投资者了解管理团队的能力，增强投资信心。内容包括管理团队、技术团队及营销团队的工作简历、取得的业绩，尤其是与目前从事工作有关的经历。另外，可以着重介绍企业目前的管理模式，如果无特色，也可以不介绍，或者归入劣势部分。

此外，在这部分创业计划书中，还应对公司组织结构做一些简要介绍，包括公司的组织机构图、各部门的功能与责任、各部门的负责人及主要成员、公司的报酬体系等。这部分应让投资者认识到，创业者具有与众不同的凝聚力和团结战斗精神，管理团队人才济济且结构合理，在产品设计开发财务管理及市场营销等各方面均具有独当一面的能力，足以保证公司以后成长发展的需要。

（四）产品（服务）介绍

企业的产品、技术或服务能否以及能在多大程度上解决现实生活中的问题，或者企业的产品（服务）能否帮助顾客节约开支、增加收入，这是市场销售业绩的基础。产品（服务）介绍一般包括以下内容：产品的名称、特性、性能及用途，产品处于生命周期的哪一阶段，市场竞争力如何，产品的研究和开发过程，产品的技术改进、更新换代或新产品研发计划及相应的成本，产品的市场前景预测，产品的品牌和专利。在这一部分，要对产品（服务）作出详细的说明，说明要准确，也要通俗易懂，让不是专业人员的投资者也能明白。一般产品介绍都要附上产品原型、照片或其他介绍。

对于一些以技术研发为重点的高新技术企业来说，还要对相关技术及其企业研发情况进行分析，包括企业技术来源、技术原理、技术先进性及技术可靠性，公司的技术研发力量和未来的技术发展趋势，公司研究开发新产品的成本预算及时间进度，技术的专利申请、权属及保护情况、技术发展后劲和技术储备等，以使投资者对公司的技术研发队伍的实力和公司未来竞争发展对技术研发的需要有所了解。

（五）行业、市场分析预测

行业与市场分析主要对企业所在行业基本情况、企业的产品或服务的现有市场情况、未来市场前景进行分析，使投资者对产品或服务的市场销售状况有所了解。行业分析主要介绍行业发展趋势、行业发展中存在的问题、国家有关政策、市场容量、市场竞争情况、行业主要盈利模式、市场策略等。市场分析包括已有的市场用户情况、新产品或服务的市场前景预测等几个部分，要分析公司在以往经营中拥有了什么样的用户，用户数量有多少，市场占有率如何，市场竞争情况如何，是否已经建立了完整的市场营销渠道等。

因创立企业面临较大的风险，特别是对于高新技术企业来说，企业对市场的预测应建立在严密、科学的市场调查基础上。创业企业所面对的市场本来就有风云莫测、难以捉摸的特点，因此，创业企业首先应尽量扩大收集信息的范围，重视对环境的预测并采用科学的预测手段和方法。让投资者相信，预测是建立在科学基础之上的。其次，要注意自己所假设的一些前提条件（特别是宏观经济发展，消费者爱好及消费能力等）并且要根据前提条件下可能发生的变化对市场前景预测作出必要的调整。千万不能单凭想象，作出不切实际的美好的前景估计，对市场的错误认识是创业失败的最主要原因之一。

（六）市场营销策略

企业的盈利和发展最终都要拿到市场上来检验，营销成败直接决定了企业的生存命运。营销策略的内容应包括：营销机构和营销队伍的建立、营销渠道的选择和营销网络的构建、广告策略和促销策略、价格策略、市场渗透与开拓计划、市场营销中意外情况的应急对策等。在介绍市场营销策略时，创业者要讨论不同营销渠道的利弊，要明确哪些企业主管专门负责销售，主要使用哪些促销工具，以及促销目标的实现和具体经费的支出等。

三、创业计划书的基本结构

创业计划书一般包括五部分：封面、目录、执行概要、正文、附录。

（一）封面

封面是创业计划书外面的一页，又称为封皮、外封等。封面作为创业计划书的外包装，有创意的创业计划书封面对吸引读者、打动读者非常重要。封面上应包括创业项目名称，标示出创业计划书的标题、企业名称、地址、联系方式、徽标或商标等。同时，应提醒读者对计划书的内容保密。

（二）目录

目录是创业计划书正文所载的目次，是正文的索引，需要按照章节顺序逐一排列每章大标题、每节小标题以及章节对应的页码。目录是指导阅读、检索计划书的工具。以下为“××有限公司创业计划书”目录。

××有限公司创业计划书

目　录

第一章　创业背景

1.1　政策支持

1.2　公司投资

1.3　市场需求现状

第二章　公司简介

2.1　公司概况

2.2　公司标志

2.3　公司文化

2.4　项目简介

2.5　项目规划

第三章　项目建设

3.1　总体规划

3.2　平台功能

3.3　平台架构

3.4　业务板块介绍

第四章　市场分析

4.1　宏观市场分析

4.2　行业现状分析

4.3　市场细分与评估

4.4　市场目标选择

4.5　市场定位

4.6　市场容量与销量预测

4.7　本项目对市场潜力的开发预测及设想

第五章　营销策略

5.1　营销理念

5.2　营销目标

5.3　营业策略

5.4　定价策略

5.5　渠道策略

5.6　促销策略

（三）执行概要

执行概要也叫作执行预览，是创业计划书第一页的内容，是整个创业计划书的概述、精华和亮点，是对创业计划的准确概括、提炼，它能让投资者对创业计划书有简短和全面的了解，激发读者兴趣。以下是“××有限公司创业计划书”的执行概要。

1. 公司介绍

××有限公司是一家集产品研发、工业生产与创意服务于一体的企业，初期以高性能环保硅酸钙板涂料（硅氧烷改性硅溶胶复合涂层材料）为主要研发对象，主要应用于家庭装修与民用航海领域。公司秉承“技术创新、绿色环保、个性定制、中国创意”的宗旨，致力于涂料研发与提供墙体彩绘服务，推广中国传统文化。

2. 发展前景

(1) ××市将于××××年××月举办上海合作组织峰会。自××××年××月××日，××市全面放宽落户政策，本科生可先落户再就业。同时近期××颁布新的拆迁补偿标准及细则，不断扩建市区。以上政策可得出××市政府要留住人才，借助上合峰会的“东风”打造成为人口 2 000 万的中国一线城市。近几年，××市政府扩展市区搞建设，同时有大量拆迁户进行装修，涂料需求量巨大，适合现在打入市场，夯实市场基础。

(2) 中国传统文化的缺失。诚然，中国的发展离不开日益成熟的市场经济、离不开各国联系日益紧密的全球化，离不开高科技和跨国公司，但是更离不开自己本土上已经孕育了五千年的中华文化。如果将高科技比作立国之骨，市场经济比作立国之肉，那么民族文化将是立国之气。三者互相依赖，缺一不可。气强则筋骨健壮，气弱则根基扶摇。作为一个主要服务于家具装修的企业，将中国传统特色融入墙体彩绘，可以提高国民对传统文化的认同感。

3. 产品优势

目前市场上没有一款像本产品一样专门作用于硅酸钙板的涂料，硅氧烷改性硅溶胶复合涂层材料在硬度、附着力、VOC、耐温性能以及耐水耐污性能优于国家标准与同类产品。

经过硅氧烷改性后的有机硅涂料在性能上得到提高，从而弥补纯树脂涂料的需要高温烘烤，耐有机溶剂差等性能缺陷，扩大其应用领域。并且在环境保护方面有积极可观的效果。

硅氧烷改性硅溶胶复合涂层材料的系列产品的生产技术，本公司拥有独立的知识产权，团队中×××担任专利第一作者，×××、×××担任主要作者。其中：一种硅氧烷改性硅溶胶的复合涂层材料及其制备方法，获得国家发明专利授权（专利号：××××××××××××××）

4. 市场定位与营销策略

（1）市场定位。硅氧烷改性硅溶胶复合涂层材料是一种最新研发，科技含量高、环保无异味、市场需求大的高品质的涂层材料。

本公司产品的性能与国内同类产品比，均得到显著提高，我们公司的创意墙体彩绘服务提高了我们的利润空间。

结合产品本身的核心竞争力与市场环境的分析，公司将初期的目标市场立足××，放眼××。目标顾客定于××市及周边城市的装修房屋人群。根据公司的经营管理理念和秉承宗旨，确定产品的定位策略。

（2）营销策略。在企业发展初期，产品知名度低，公司经济实力有限，因此本公司在这一阶段将采取直销与上门喷涂特色服务相结合的方式。我们将提供普通与高端服务，其中普通服务为顾客直接选择已有的样式进行喷涂，高端服务为公司可进行私人订制，根据个人需求由专门设计师进行设计。

公司将通过线上线下多种渠道对产品进行宣传和销售，线上建立自己的网站，展开对产品全面直观的介绍，并提供购买渠道，与此同时，还将在各大涂料售卖网站建立售卖平台，线下采取一对一推销法（一个推销员对一个企业顾客开展深入介绍），使顾客深入了解我们的产品的价值，与此同时，我们将开展展销会、专业期刊广告来提升知名度。

（四）正文

正文在创业计划书中所占篇幅较大，是创业计划书的主要内容，包括主体和结论两大部分。主体部分由创业计划的主要内容和创业构想组成，创业计划的主要内容见本节第二部分，创业构想见本章第二节第二部分。结论与执行概要相呼应，它是对创业计划书的凝练总结，具有概括性。

（五）附录

附录中的内容主要为在正文中无法展示的部分，是在保证正文正常逻辑的前提下，对创业计划书主题、正文的补充、解释、说明。例如：创业团队提供的参考资料、数据的详细来源及附带信息、研究方法、财务报表、主要合同资料、信誉证明、图片资料、获奖和专利证明、行业资质证明、核心产品或服务示意图、企业选址等。附录内容及篇幅应适当，若附录中内容不多，可直接按顺序号编号并说明名称；若附录中内容较多，可以依次分为“附录A”“附录B”“附录C”等，然后在每一个附录中再按顺序号编号并说明名称。

四、创业计划书的评价

创业计划的好坏直接关系到创业项目的成败。因此，使用创业计划的组织或个人拿到创业计划后，首先要对创业计划进行评价，以判定其优良程度。创业计划评价一般有第一方、第二方以及第三方评价：第一方为创业者，主要判定制订的创业计划是否具有吸引力或实施操作性；第二方为资源提供方，包括风险投资者、一般投资人以及管理者、员工等；第三方为独立于计划制订及使用方的咨询机构，受人委托对创业计划进行公正性评价。

创业计划评价要素一般包含如下一些内容：①创业计划报告的完整性；②方案可行性；③方案的技术含量或创新性；④经济效益性；⑤资金筹措方案的合理性；⑥市场前景。

延伸阅读

“创青春”全国大学生创业大赛评审基本原则及评分参考标准

1. 大赛下设大学生创业计划竞赛、大学生创业实践挑战赛、大学生公益创业赛三项主体赛事。其中创业计划竞赛的竞赛项目分为已创业与未创业两类：分为农林、畜牧、食品及相关产业，生物医药，化工技术和环境科学，信息技术和电子商务，材料，机械能源，文化创意和服务咨询七个组别。

2. 评审过程中综合考虑作品的创新性、实践性、现实意义等因素。其中，大学生创业计划竞赛侧重创新性和实践性，创业实践挑战赛侧重考核与社会的结合程度和现实意义，公益创业赛侧重考核作品的公益价值和转化前景。

各类作品之间评选标准是相对的。评审按百分制评出原始分，具体权重如下：

(1) 创业计划竞赛评审权重。

创业机会（占总分10%）；

发展战略（占总分15%）；

营销策略（占总分50%，其中，市场占总分10%、竞争占总分10%、营销占总分15%、经营及落地实现占总分15%）；

融资与财务（占总分10%）；
风险分析（占总分5%）；
管理团队（占总分5%）；
文字表述（占总分5%）。
（2）创业实践挑战赛评审权重。
经营状况（占总分25%）；
发展前景（占总分25%）；
营销策略（占总分30%，其中，市场占总分10%、竞争占总分10%、营销占总分10%）；
财务管理（占总分15%）；
文字表述（占总分5%）。
（3）公益创业赛评审权重。
公益性（占总分30%）；
创业性（占总分30%）；
实践性（占总分30%，其中，公司战略占总分10%、营销策略占总分10%、融资与财务占总分10%）；
文字表述（占总分10%）。

课堂讨论

1. 运用头脑风暴法分析创业计划应包含的内容有哪些？
2. 对特定的创业计划书进行案例分析，分析其优势及存在的问题。

第二节　创业计划书的撰写

案例导读

一份创业计划书引来500万元投资　观音桥可看裸眼3D

不用戴眼镜也可看3D视频。今年29岁的小伙孙德才，在重庆打拼9年，创业几经挫折。在涉足裸眼3D领域后，凭着成功的创业计划书引来500万元风投资金。

曾创业失败血本无归

"我在2005年市长峰会时来到重庆创业。"孙德才说。他的老家在山东，从海口经济学院摄影专业毕业以后，也有过不错的工作和收入。"我在新闻上看到重庆要举办市长峰会，当时就觉得重庆的发展前景非常好，肯定有许多创业的机会，于是毫不犹豫地来到这里。"

孙德才来到重庆后，做过推销员，当过电视编导。在上海举办世博会前，他到上海帮朋友负责一个世博会项目，偶然发现布放在街头的打折机很有商机，于是在2010年在重庆做打折机项目。当年底这种打折机正式在主城商圈内亮相，市民可在自助打折机上打印出自己需要的商家优惠券。“我们在2011年最多时拥有200多台打折机，常常给消费者带来20%—40%的优惠。”

但打折机项目没运作多久即举步维艰，终端机器租金每月达数十万，再加上员工的开销，从项目面世就没有赢利。这个项目最终失败，孙德才和伙伴们所有投入血本无归。

对于这次创业失败，孙德才总结了两大原因。第一个原因是合作伙伴的信任问题，当时一个团队负责场地开发，另一个团队负责商户拓展，结果双方互相指责；第二个原因是合作伙伴的信心问题，看到不能赚钱，大家逐渐失去了信心，导致内部不断地出现问题。

一本计划书成功引资

从打折机项目退出后，孙德才并没有气馁。“我在重新考虑了20个创业项目以后，发现3D行业充满了不少商机。”孙和朋友到电影院看3D电影，感觉戴着眼镜看始终不方便，“我当时就想，能不能不戴眼镜看裸眼3D？能不能把裸眼3D屏幕安装在主城区商圈内做户外节目呢？”

有了这个创业的想法以后，他立即着手技术方面的调研，发现完全可以实现，于是写出了5份详细的计划书。“缺资金怎么办呢？”孙德才说，“我当时就想通过引进风险投资来实现再次创业。”

“后来我找到了天使投资。”孙与天使投资的董事长见面后，向对方详细介绍了自己的创业计划，“我当时告诉他最终完成投资，需要300万元资金，前期需要100万元资金”。

这个创业项目引起了天使投资的兴趣。虽然当时项目还停留在创业计划书上，完全没有实际运作，但天使投资方面看中了项目前景，很快便决定注入资金帮助项目启动，第一期100万元资金很快到位。

“天使投资现在已经累计对这个项目投资500万元，超过了当初我们想要的投资额。天使投资不但给我带来了资金上的帮助，还给我带来了资源上的帮助，比如介绍成熟的业态帮助我迅速增强实力。现在我对项目前景更加充满了信心。”

不戴眼镜可看3D节目

“我们已经成功推出两个项目，均布放在观音桥商圈内。”孙德才称，这两块屏幕一个在观音桥雕塑，另一个在阳光城靠茂业百货一侧的外墙，“我们采用了高科技含量的3D投影设备，打造了全新的、具有视觉震撼的裸眼3D夜景效果，市民不用戴眼镜就可以在这两个地方看到3D节目。”

现在每晚 20 时—23 时，裸眼 3D 灯光秀会在观音桥播出。“在这个时段，屏幕中，重庆火锅、脸谱、大剧院等，全都立体从画面跑出来，直奔市民眼前，与在电影院看 3D 电影几乎一样。”

重庆晚报记者 8 月 14 日晚上便体验到了“裸眼 3D”。由灯光合成的屏幕里，一会儿是火锅、脸谱等具有重庆元素的画面；一会儿是大剧院、大礼堂等重庆地标建筑。人站在大屏幕前，不用戴 3D 眼镜，火锅仿佛会立即“端”到面前。

孙德才称，与传统的 LED 屏幕相比，现在的耗电量只有 LED 的$\frac{1}{12}$，还不用破坏楼面、地面，更不会影响场地环境及总体规划。

“眼下在两个地方播放的所有 3D 节目，都是由我们自己制作完成的。”孙德才称，现在播放的 3D 节目，除了观音桥的传说、重庆的历史变迁、重庆的发展建设外，还有一些小品类的节目。

孙德才透露，在繁华商业地段设置裸眼 3D 视屏，已引起了国内多个地区的关注，“我们接下来将在西部地区部分城市布放。我们希望立足重庆，放眼全国。”

一、创业计划书的撰写原则

创业计划书不是写学术论文，也不是写主题报告，而是描述一个创业构想的整体执行方案、运行模式和运作机制。所以创业计划书的撰写有自己的内在要求。不能多于简短，写成执行概要，也不能篇幅太长，做到篇幅长短适中，一般 20～40 页为宜，最长不超过 50 页。撰写创业计划书参照原则如下。

（1）思路清晰，简明扼要。创业计划书定要思路清晰、简单明了，一看就懂、一读便知，让投资者一看就知道创业者做的是什么，如何做，主要措施是什么，未来展望是什么。切忌因为写太多的内容，而让内容冲淡计划书的思路。

（2）逻辑严密，环环相扣。创业计划书虽然是语言文字表达，但也有内在逻辑，不能把主要事项前后颠倒，不能语无伦次。不同的创业计划书虽然内容不相同，但先写什么，再写什么，最后写什么，是有基本要求的。逻辑严密，便于记忆、消化、演说和演示。

（3）通俗易懂，方便阅读。审阅创业计划书的投资者未必是所在行业的专家，创业计划书不能过多使用专业术语，少用、慎用偏僻词语，要易读、易会、易理解，文字尽量简练，语言尽量通俗。

（4）客观公正，实事求是。创业计划书必须客观公正、实事求是，计划书中所列数据要翔实准确，不能似是而非，对产品描述要真实，不能夸大其词，要面对问题，不能回避遮掩，要直视风险，不能掩饰。

(5) 换位思考，客户至上。创业计划书不能只强调自己的利益，忽视对方利益，这只会引起对方的反感。创业计划书要兼顾利益相关者利益，做到客户至上，尤其是投资者和消费者的利益，让投资者感到风险小、收益高，让消费者感到为他们好，解决他们的需求问题，让政府感到吸纳就业、增加税收、稳定社会。

二、创业计划书的撰写技巧

创业计划书撰写既要遵循一般的原则，又要注意一些技巧，整体来说，即态度决定一切，细节决定成败，专业决定水平。

(一) 态度决定一切

撰写创业计划书要态度端正，心态积极，不能简单应付，马马虎虎。如果创业者态度都不重视，不端正，不可能让投资者、内部员工、外部消费者重视，创业者的重视程度在创业计划书上能够显示出来。

要从生死存亡的高度来对待创业计划书。投资能否引入，消费者能否认可，创业能否成功，创业计划书是关键。如果创业计划书撰写都不认真，创业成功的概率也不会高。

要站在利益相关者的立场对待创业计划书。创业成功必须得到投资者的资金支持、消费者的货币支持，税务的减免鼓励，银行的优惠贷款、公关的形象塑造、政府的政策扶持等，撰写创业计划书必须高度重视，充分重视利益相关者的利益诉求。

态度来自创业者的内心，撰写创业计划书必须要肩负使命、高度负责、敢于担当，以端正的态度、积极的心态撰写创业计划书。

(二) 细节决定成败

撰写创业计划书要高度重视细节，强调计划书的精细化。创业计划书可能因为封面不大气、内容有错别字、标题不工整、符号不准确、数据不完整等一些小细节而让投资者犹豫，让消费者排斥，让其他利益相关者不自信。所以，必须重视细节，多次认真修改，对内容千锤百炼。

封面上的文字大小、色彩搭配、标题长短、措辞运用等都要做到至善至美。

内容中的一级标题、二级标题、三级标题表明清楚，前后要一致，大标题、小标题、子标题都要标注清晰。

句子与句子的标点符号，是用逗号、分号还是用顿号、句号，都要小心谨慎，慎用问号、省略号、感叹号等不客观、不确定的符号。

句子与词语要字斟句酌，不写废话，不说空话，不罗列大话，词语运用得当，描述准确。

数据要准确，不能似是而非，模棱两可，数据来源要标注清楚，尤其是涉及财务资金，单位是千元、万元、亿元等要标注清楚。

（三）专业决定水平

创业计划书撰写要有专业水平，让人一看就眼前一亮，是专业人士所写，是匠心之作。尽管创业计划书大同小异，但细节就能体现水平，比出高低。

以市场调查为例，专业的创业计划书，一定会使用专业的市场调查表、灵活的调查工具、科学的数据收集、先进的数据处理软件，市场调查数据表述方式恰当，表达准确，图表并用，图文并茂，非常专业。

以财务资金管理为例，财务使用术语、财务使用表格、财务需求预算、资金收支情况等非常专业，数据非常准确，表达非常严谨，让人感觉创业团队有很强的财务管理能力、资金运作能力。

撰写专业性很强的创业计划书并不容易，由于每个人不可能既熟悉团队管理、市场营销，又熟悉财务管理、生产经营。这就需要分工合作，让专业的人做专业的事情，让专业的人做擅长的事，发挥每个人的优势，撰写完毕，再请其他专业人士把关修改，做到至善至美。

三、创业计划书的撰写步骤

创业计划书是一个循序渐进、环环相扣的过程，需要遵循一定的原则，掌握一定的技巧，按照一定的步骤，围绕一个目标，沿着一条主线，紧扣一个主题来撰写，只有这样，撰写创业计划书才能目标明确、思路清晰、逻辑严密、内容丰富、数据准确、客观公正、重点突出，主次分明。

一般来说，撰写创业计划书可以分为六个步骤。

（1）明确创业构想，确定撰写提纲。确定创业计划书的主要内容，明确创业的目标，设计创业的商业模式、营销策略，预测创业资金需求等，初步制订创业计划构想，通过团队成员之间的头脑风暴，提炼出创业计划书的撰写提纲。

（2）收集相关材料，提炼有用信息。在创业构想和撰写提纲的指导下，进行行业和市场调研，收集相关材料和数据，并对材料进行整理，对数据进行处理，提炼有用信息，为撰写创业计划书提供丰富的材料。

（3）分析市场情况，做到知己知彼。对市场进行深入分析，了解市场需求状况，细分市场，明确目标市场。对自己的优势、劣势进行全面评估，准确评价自己，同时全面了解竞争对手，做到有备无患。

（4）整合相关资源，做到随机应变。整合内部人力资源、财力资源、物质资源、信息资源，做到物尽其用，人尽其才。同时，根据外部市场环境、政策环境、经济环境、技术环境的变化，而适时调整措施，做到内部环境和外部环境的动态平衡，做到随机应变。

（5）预测资金需求，合理使用资金。对创业的启动资金、经营成本支出、未来资金需求，进行科学预测，准确把握，确保资金充足，确保业务正常开展。同时，也要采取措施，约法三章，做好预算，严格管理，合理使用资金，把资金用到刀刃上。

（6）认真修改完善，做到精益求精。好的创业计划书，不是一次就能写好的，需要进一步厘清思路，突出重点内容，填补必要材料，校对财务数据，丰富计划内容，修改错误部分，努力做到精益求精，止于至善。

尽管上文已给出相应的撰写步骤，但兵无常势，水无常形，在撰写创业计划书时，不能死搬硬套，而要结合实际，因地制宜，突出自身特点，做到与众不同。

延伸阅读

10分钟教你写份商业计划书

简单说来，创业者对商业计划书的编写，标志着公司融资工作的正式启动。对创业者来说，商业计划书一个很重要的用途是帮助自己厘清创业思路，第二个用途才是将自己的故事讲给风险投资听。

因此，对创业者来说，一是要想清楚自己的创业思路，二是要想清楚到底要呈现什么样的内容给风险投资。这份商业计划书制作指南将会帮你搞定这两件事。

商业计划书的版式

这篇指南要讲的第一部分就是商业计划书的版式，具体来说有如下要点。

（1）整体风格需简洁、美观、传递信息明确。

（2）版式风格统一，颜色不超过3种（主色，搭配色，重点突出色）。

（3）不超过20页，适合20～30分钟的演讲。

（4）用PPT制作，将最终文件转换成PDF格式。

（5）文字内容不宜过多，搭配图片+图表来更清晰地展示问题。其中图片需画质清晰、质量高。图表需制作精准，数据准确、易识别。

有了基础的大体版式轮廓之后，第二部分就是要想清楚内容规划。

商业计划书的内容规划

1. 项目概况

项目用一句话介绍。用简洁清晰的一句话概括项目在××领域解决××问题，目的是让投资人很直观地了解你现在做的事情。

2. 用户痛点

分别列出用户最重要的痛点关键词ABC，表明该用户群有此类需求（需求要合理且强烈）。痛点需与产品功能相对应，此处正是体现产品价值所在的关键。

3. 行业分析

分析整个行业现状的目的是告诉投资人产品在行业内所担任角色的重要性。进行整体分析行业现状：分别列出行业痛点的关键词ABC并加以解释分析。

4. 产品优势

（1）具体描述产品的情况，一是为了表明产品解决了用户行业痛点问题；二是为了向投资人阐述目前产品进行的阶段，其中应该包括产品的形式、核心功能，产品优势。需将产品亮点最大化，此部分内容页数控制在1～3页。

(2) 产品形式，如微信公众号、网站、APP、实物等（此时需要提供照片）。

(3) 核心功能，如社交、交易等（简要描述其最核心的功能）。

(4) 产品优势，如便捷、垂直等（最核心的优势列出三点即可）。

5. 竞争产品分析

(1) 分析产品主要是为突出产品的优势和差异化，列出竞争产品ABC，并分别分析出各自优势、劣势和差异，其中包括直接竞争对手和间接竞争对手（需要深入思考后得出结论，否则会让投资人对团队专业能力产生怀疑）。

(2) 如果没有竞争产品，则此项可不写。

6. 商业模式

商业模式最重要的是可行性，能否产生收入和利润。此页用一两句话清晰地描述项目运转情况及盈利模式。再用一两句话说清楚项目目前是否有盈利，如果有，用数据图表证明，如果没有，请注明何时会以怎么样的方式盈利。

7. 运营现状

(1) 此部分应尽可能多地用图表展示出项目运营的进展及数据。

(2) 进展，如开发阶段、正式发布阶段、已有数据（如果处于开发阶段，请注明开发周期）。

(3) 数据，如用户量、活跃度、交易额、留存率等（列出项目涉及的主要关键性数据）。

8. 核心团队

(1) 在早期项目的最初阶段，团队是获得融资的一项关键考核指标。

(2) 核心团队成员可以是创始人、联合创始人、CXO等，描述信息包括真实头像、姓名、简介（简介包括核心竞争力、过往职业背景，重点突出担任角色的匹配度即可）。

(3) 核心团队成员不宜过多，介绍2～4人最为合适，适当补充相关行业有经验人士。

9. 发展规划

(1) 发展规划，一是为创业者自己梳理思路；二是为投资人表明公司接下来的发展路线清晰、明确。其中包括产品线的拓展、新市场的进入、对外合作的战略、营销推广手段等，这可使得投资人清楚公司的想法及未来的走向和目标，也可增强投资人对项目的信心。

(2) 发展规划可分三个阶段来写，短期、中期、长期（长期规划不重要，中期规划次之，短期规划最重要）。

(3) 短期规划，如产品迭代、团队招募、营销推广等。

(4) 中期规划，如拓展功能、拓展品类等。

(5) 长期规划，如拓展领域、营造生态链等。

10. 融资计划

(1) 此处需要尽可能清楚地写明所需融资额度、出让股权、资金用途、是否有过往融资经历。

(2) 融资额度，资金使用周期以24个月为宜。

(3) 出让股权的百分率，投后估值合理。

(4) 资金用途，如人员工资、产品研发、营销推广所占百分率。

(5) 过往融资经历，获得××机构/个人的××万××轮融资，出让××股权（如果没有可不写）。

11. 联系方式

(1) 此页留联系方式是为了增加意向投资人联系创业者的便捷性。

(2) 产品图+项目。

(3) 个人电话+微信号。

课堂讨论

根据本节所学，小组讨论创业计划书的撰写原则、撰写技巧和撰写步骤有哪些。

第三节 创业计划书的展示

案例导读

十页完美计划书

对于早期融资的项目，一份好的计划书就是一个不超过十页的PPT，最重要的是要有干货。

第一页，目前市场上存在的主要问题

用几句话清楚说明你发现目前市场中存在一个什么空白点，或者存在一个什么问题，以及这个问题有多严重，几句话就够了。应该相信风险投资人很聪明。比如，现在网游市场里盗号严重，你有一个产品能解决这个问题，只需要一句话说清楚就可以。很多人写了300张纸，抄上一些报告，对于网游和互联网的报告内容比他自己的计划内容还多。投资人天天阅读行业报告，天天看这个，还需要你教育他吗？不要给他论证市场有多大，上来就开门见山。

第二页，问题的解决方案

你有什么样的解决方案，或者什么样的产品，能够解决这个问题。你的方案或者产品是什么，提供了怎样的功能，你是怎么解决这个问题。越正规越职业的投资人就会把自己假想成一个用户，如果我是一个用户会不会用你的东西，我会感同身受你说的东西，你解决的问题越具体、越实在，他觉得你的这个事越有价值。否则的话，上来宏论了半天，集 Web2.0. 社区、搜索于一体的网站，三年内超越新浪、搜狐，这个是空话。一定要说实话，用朴实的话来解释我发现了一个什么机会，要去解决这个问题，我会怎么做。

第三页，产品的目标用户

你的产品面对什么样的用户群，是给全国老百姓都用，还是只是外企白领用，还是只给学生用。对早期创业公司，即使你说这个想法十年以后可能会统治世界，但这仍然只是一个想法，你说出来没有人会信。最开始找一个哪怕很小众的用户群精准定位，让人感觉你比较聚焦，明确你面对什么样的用户，这样对你的商业合作和融资更有利。

第四页，未来的市场有多大

你认为未来你所做的这件事市场有多大，可以做一个预测和估计。日本有人发明在手纸上印数独游戏和广告，这个事情在中国做市场有多大，你通过中国有多少个厕所就能计算出来一个大概的量，告诉风投我准备进入一个多大的市场。

第五页，竞争对手

有其他人在做同样的事不可怕；重要的是你能不能对这个行业有一个基本了解和客观认识。要说实话、干实事，可以进行一些简单的优劣分析。这个市场里面千万不要说只有你一个人最聪明，这种话一说风投就很鄙视你，觉得你消息太不灵通了，也不事先上网搜搜。把握目前的竞争对手在做什么，他们做得怎么样，不要怕说别人比你强，没关系，至少要说实话，说明你做这个事之前会看看周边，而不是井底之蛙。

第六页，核心竞争力

为什么这件事情你能做，而别人不能做？否则如果这件事谁都能干，为什么要投资给你？在这里，投资者看重的关键不在于所干事情的大小，而在于你能在哪些点上比别人干得好，与别人干得不一样。你独门的东西或许是你的营销手段、生意模式、推广模式等。

第七页，你的计划

可以做一个简单的财务分析。不要预算未来三年挣多少钱，没人会信。说说未来一年或者六个月需要多少钱，你大概准备多少钱，用这些钱干什么，在未来12个月里面准备做哪几件事，诸如很多买电脑、招聘、定盒饭，这种事就别说了，就给自己定出几个关键点，投资者听你说，有时候通过这些事情看你的思维能力，是不是眉毛胡子一把抓，还是定出几个关键点。

第八页，盈利模式

你知道自己是怎么挣钱的，我未来的收入模式是什么样的。如果不知道就老老实实说不知道怎么挣钱，这里面最大的陷阱就是您确实不知道怎么挣钱，说实话刚开始很多公司都不知道怎么挣钱。很多人有一个偏见，以为商业模式就等于挣钱模式，其实不是，挣钱模式只是商业模式最后一个环节，完整的商业模式首先包括你的产品模式，你是什么样的产品，你的市场定位，针对什么样的用户群，怎么推广，最后才是怎么挣钱，这才构成一个完整的商业模式。讲到营收挣钱，知道就写一个，不知道就不要写，就老老实实地告诉投资者：我是早期阶段不知道如何挣钱，相信你们会帮我，但是我现在会先把产品做好，把用户做上去。这样还是比较实事求是的做法。

第九页，团队介绍

团队的几个人简单做一个介绍，不要像写简历或者写三好学生评语似的把美誉之词写在自己头上，不要说自己才貌双全，胸有大志，立志成为比尔·盖茨第二，这种话没有信息量。

第十页，投资人

最后，把你的投资人给列一下，对你的融资也许会有很大帮助。一个包含以上内容的计划，就是一份非常好的创业计划书了。做创业计划书就是说大实话。怎么想的就怎么说，用最朴素、最明了的语言，说出你的行动计划，说出第一步准备干什么。

对于创业者，学会写商业计划书，学会以一个良好的心态建立一个合作的团队，完成第一个挑战获得风险投资，这样创业就有了一个很好的开始。

一、创业计划书的展示技巧

进入创业计划展示阶段，说明你的项目的确有一定的价值，至少投资者愿意给你时间，听你详细描述。

创业计划书内容丰富，一般都在20～40页，要想把创业计划书形象直观、简明扼要地介绍给投资者和内部员工，让投资者和内部员工印象深刻，就需要采取幻灯片（PPT）形式展示，在展示过程中需要熟练掌握展示技巧，这样能事半功信，取得更好的展示效果。

创业计划书的展示包括PPT制作和展示两个部分。

（一）创业计划书PPT制作

凡是参加过创业大赛或商业路演的创业者都知道，有的PPT制作精美，简单大方让人过目不忘，有的PPT制作粗糙，只是简单材料的堆积，让人看过没有什么印象。

商业 PPT 一定要做到简单大气，内容清晰明了。所以，PPT 制作是一个技术含量高、制作过程精的工作。

制作精美的 PPT，需要注意以下几个方面：

（1）列出文字大纲。先列出文字大纲，大纲要求主线明确，条理清晰，重点突出，内容完整。

（2）准备资料。根据所列大纲，准备资料，做好数据收集和材料整理，以备制作 PPT 时使用。

（3）选择模板。制作 PPT，选取模板非常重要，模板的选取要和演示的内容相一致，如果演示与科技有关的内容，一般用蓝色为主的模板，如果演示与公益有关的内容，则选取暖色为主的模板。

（4）设计标题。标题是演示思路的体现，标题是否醒目，是否有特点，对于吸引投资者很重要，所以标题不能罗列，而要精心设计，设计字体、颜色、字号等。

（5）增加特效。尽管不提倡使用过多的特效，但有些内容无法用实物展示，用软件设计特效展示是非常必要的，恰当的特效可以增强演示效果。

（6）注重细节。制作 PPT 需要注意细节，字号、颜色、字体、行间距、字数等都要注意，字号不能太小，字间距和行间距不能太小，颜色不能太艳等。

（7）图文并茂。PPT 不要求内容罗列，主要演示思路、演示重点、演示特点，凸显特色。所以，在不影响演示思路的情况下，多插入图标，多使用图片，这样形象直观，印象深刻，容易记忆。

（8）植入视频。PPT 制作过程中，根据需要植入视频，无疑会增强演示效果。不过，视频用时不能太长，一分钟左右，视频画面要精美，节奏要快，衔接要好，解说清晰等。

（9）控制张数。无论是商业演示和比赛演示，一般都是 8 分钟左右，如果 PPT 张数过多，每张所用时间就会少，解释就会不清楚，即使解释清楚，也给人种紧张感，所以 PPT 页数不能太多。

如果创业者不具备制作精美 PPT 的能力，就需要找比较专业的机构来制作，因为 PPT 演示不仅是内容的演示、信息的传递，更是形象的展示，态度的表现、重视的体现。

（二）创业计划书展示技巧

创业计划书展示的目的不是展示什么，如何展示，而是投资者和内部员工看到什么、听到什么，展示不是自我表演，而是让受众接收更多的展示信息，了解更多展示的内容。

同样的 PPT，同样的内容，同样的受众，展示人不同，其效果就会不同。为了取得更好的展示效果，掌握一定的展示技巧是必要的。

在展示过程中，展示者需要注意以下几个方面。

1. 展示前准备

（1）了解受众。在展示前，必须对受众的性格特点、兴趣还好、知识背景、学历层次、工作经历、感兴趣话题进行全面深入了解。因为展示是以受众为导向，如果受众是专业人士，在准备展示内容时，要多用专业术语，讲专业问题，说专业话。如果受众人员是普通受众，学历层次不高，在准备展示时，就要尽量通俗易懂，易于接受和理解。只有了解受众，才能有的放矢，针对性强。

（2）组织材料。尽量收集足够多的相关信息，并对信息进行整理加工，尤其是数据信息，不但要牢记在心，还要记住数据来源。掌握信息和数据，讲起来说服力强，便于回答受众所提的问题，与受众进行互动。把信息和数据转化为自己的语言，讲起来更自然流畅，在展示创业计划书时，经常会碰到这样的问题，展示人员不是在演讲，而是在背稿，很不自然，效果很不好，这就是没有很好地把书面语言转化为演讲语言。

（3）准备内容。展示中经常会碰到忘词的尴尬现象，很多人都认为这是心理素质不好、高度紧张、压力过大导致，这只说出了表面原因，根本原因还在于掌握内容不熟练。判断熟练掌握展示内容的最重要标准就是只要一开口，即使大脑一片空白，也能本能地做出反应，把内容准确表达出来。在大脑一片空白的情况下本能地展示好创业计划内容的奥秘在于熟练，这就需要对着镜子背诵内容，在背诵的同时，把自己当成受众，注意自己的面部表情和肢体语言，反复训练，直到滚瓜烂熟。然后再把背诵内容转化为自己的语言，再面对镜子练习，散步时练习，睡觉前练习，功到自然成，一分耕耘，一分收获，只要练习到家，一定能熟能生巧。

（4）做好展示分工。PPT 展示不是创业者一个人的“唱独台戏”，可以由创业核心团队成员相互配合，相互合作，共同完成，让成员讲各自熟悉的内容。这样既可以展示内容，又可以展示团队形象，起到双重功能。此外，还可以减轻一个人的压力，容易在比较短的时间内准备好。当然，团队集体展示好的前提在于分工明确，责任到人，各尽其职。

2. 展示中投入

展示中投入是展示成功的关键，在有限的时间内，展示人员必须集中精力，完全进入状态，投入展示。在准确充分的情况下，还要掌握展示技巧。

（1）自信登场，得体大方。登场要自信，步伐要稳健，目光要有神，站姿要飒爽，打招呼手势自然，面带微笑，彬彬有礼，和善从容，热情大方。

（2）幽默开场，直奔主题，幽默语言可以活跃气氛，放松心情，缓解压力，开场语言不能太多，因为时间有限，尽快直奔主题，尽快进入状态。

（3）激情演讲，注意互动。在演讲时，语调要沉稳，咬字要清楚，发声要洪亮，语速要适中，表达要清，重点要强调。在演讲时，要用眼光或者肢体语言与公众进行有意识的互动，以增强演讲效果。通过语速、语调、手势等方式加以强调，引起受众注意。

(4) 突出主题，强调重点。演示围绕中心，不脱离主线，突出主题。对重点内容要通请示过程中，如果感情丰富，富有表情，则更具有感染力，会提高展示效果。

3. 展示后互动

展示完毕后还有重要的提问和互动环节。投资者或者大赛评委会根据创业计划书或演示情况进行提问，并进行互动交流。在演示后互动时要注意以下几点。

(1) 要谦虚而自信。在回答问题或者互动过程中要谦虚，对投资者和大赛评委提出的问题要肯定和赞扬，要表示他们提的问题很好，很有水平，以示尊重对方，同时回答问题要自信，用语要准确，不要用口语，不要用或许、大概、也许、差不多等词语。

(2) 要积极而礼貌。态度积极，对投资者或评委提出的问题要积极回答，正面应对问题，实在回答不出来，不要拐弯抹角，不要不懂装懂。回答完要说谢谢，用词要礼貌，尊重受众。

(3) 要讲理而有节。针对投资者或评委的质疑，要摆事实，讲道理，用事实说话不要和投资人或评委争辩，与投资人或评委争辩可能会使效果适得其反。

二、创业项目路演的技巧

目前人们对讲故事的兴趣急剧增加。在文学领域关注讲故事是理所当然的事情，但是在商业领域中对讲故事的关注也大幅增加了，这是为什么呢？

(一) 为什么要会讲故事

随着互联网的普及，人们的注意力集中的时间越来越短，记忆力越来越差，分析力越来越弱。在这个信息发散、时间碎片化的年代里，这些因素导致人们传统的沟通技巧、沟通方式都不好用了，甚至以前借助 PPT 开展的演讲也被如今的微信群分享等线上手段所取代。

举一个小例子：去大学报到的第一天晚上，一群哥们围在一起聊天，互相了解。有位仁兄显得少年老成，讲起话来也是头头是道，说以前中学怎么成为风云人物，去过哪个地方，参加过各种看似上档次的比赛……管他说得是否属实，肯定有人崇拜性地看着他，觉得他阅历丰富。在随后的大学生活中，也会收获更多的人缘与好感。

这种例子在大学生活中很常见，它告诉我们做人要有故事，这样才有“高谈阔论”的资本。既然可以被称为“故事”，当然跟一般的经历有所区别。故事是有媒体属性的，可以拿出去说；而吃饭打水这种人人都有的经历，是没有传播价值的。

一个有故事的人似乎会更有吸引力，起码别人都有点兴趣去了解他背后的故事是什么。同样，一个有故事的企业，也会被某种吸引力笼罩，做起生意来更加得心应手；相反，一个没故事的企业，则可能碌碌无为。就像一个没有故事的人生活没有高低起伏一样。创业者如果不会讲故事，根本没办法说服人，没办法创业，没办法管好公司。

而这种讲故事的方式，正是今天在创业圈中盛行的“内容营销”。其本质是把自己的故事用别人喜闻乐见且善于接受的方式表达出来。通过讲各种各样的故事，将自己的品牌理念、企业文化、产品信息、服务水平、员工素质等信息无形地输出去。

(二) 讲故事的技巧

一个好的故事能解决“信任”的问题，让用户相信你不会骗他，这是新秀产品最需要解决的。同时故事也向用户传达你的创业理念。

好的故事不需要你挖空心思去发明、创新，故事需要能够回答为什么做（why）、怎么做（how）、做出了什么（what）这三个问题。这就是万能的 2W1H 法。

1. Why——你为什么要做这个产品？你的初衷是什么？

很多创业者做的产品在市场上都是罕见的，或者是市场上没有针对某个用户群体的产品出现，此时你创造的产品就刚好能够解决该用户群的需求。所以这样的产品就可以站在，目标用户的角度来放大痛点，让用户认为你的产品就是来帮助他解决痛点的。

拿小米举例，最初小米的目标用户群是发烧友，而当时没有一款智能手机能满足发烧友玩机。小米就可以讲：“我们的研发团队也是发烧友，他们也有玩机的需求（用户角度），在用其他手机玩机时到哪些困难、不爽（放大痛点），最终他们走到一起，开发小米手机（解决痛点）。”

还有一类创业的产品同质化很严重，并且行业可能已经有巨头，这种情况就可以从热爱的角度切入。自己曾经热爱某个领域，并且从小就有这方面的天赋，现在开始一心一意地专注这项事业。这种故事最能引发听众的共鸣。试想谁当年没有梦想，最终却因为种种原因没有实现，故事中的主人公却实现了，听众自然而然地就完成了角色代入。

2. How——为什么要相信你能做好产品？你是怎么做的？

经过了努力得到的东西才是好东西。反之，没注入心血，很轻松就得到了，人就不会珍惜，这就是人性。

所以怎么做的过程一定是艰辛的，需要经历九九八十一难。什么样的故事能打动他们？穷人逆袭、富二代吃苦、融资失败、用户增长缓慢、人员流失、服务器宕机、合作伙伴毁约等，此时故事达到一个低谷。但创业者仍不忘初心，坚持高品质的标准，最后通过奋斗，克服这些困难逆袭成功，完成华丽的转身。

3. What——你创业的发展目标是什么？

作为创业者，你必须制订切实可行的发展目标。像“3 年占领国内市场，5 年上市”这种纯商业性的空话可能会起到适得其反的效果。创业者的目标应该是站在用户的角度，例如能够帮助用户解决什么问题，像“未来几年要帮助更多人实现……”这类话语便能很好地引起用户的好感。

除了上述三点，讲故事时还要注意以下几点。

(1) 故事必须“实在”，它并不一定就是真人真事，但要能够自圆其说，不被用户抓住漏洞。

(2) 故事不能平铺直叙，要像电影一样有低潮也有高潮，这样才能突出主题，才能够打动用户。一个好的故事，能够带领听众进入那个场景，让他们想象自己就是故事的主人公，真切地感受主人公所经历的困难，听众自然而然就会产生共鸣。

(3) 要贴近大众的生活，不能有太多的行业术语、缩写。用专业术语是能让人感到高档，但这些词对普通用户来说生涩难懂，与用户生活就离得远了，用户没法角色代入，这样就共鸣不起来了。乔布斯最令人佩服的特质就是他对简洁的执着追求。他的观念是，不要期望你的客户来适应你的产品，而正相反，你的产品必须要去主动适应客户。

(4) 一定要个性化，不是所有的故事都适合你的产品。有太多的故事被讲烂了，用户早已开启防御模式，不买你的账。所以，无论是匠心、情怀都要重新包装一个新的故事，适合自己的故事。

延伸阅读

18个演讲PPT技巧

如何成为一个演讲高手呢？当今年代，PPT是必不可少的，讲就是使用大屏幕PPT。下面的18个技巧或许可以帮助你提高。

(1) 10-20-30原则。这是Guy Kawasaki（旧金山湾区著名的风险投资家，同时也是一位充满激情睿智和幽默的演讲家）提出的一个幻灯片制作和演讲原则，即一个PPT不能超过10张，演讲总长不能超过20分钟，而且字体要大于30号。他说，不管你的想法是否能够颠覆世界，你必须要在有限的时间里，用较少的PPT和精练的语言将其精华传达给听众。

(2) 有趣的演讲。演讲要讲求寓教于乐。这里不是指做演讲时要又蹦又跳，但是同文章或杂志相比，人们期望在演讲中感受到演讲者的激情，而不是枯燥无味的背诵。

(3) 放慢速度。紧张或没经验的演讲者更容易在演讲时像打机关枪一样说个不停。试着放慢你的语速，并且通过增加一些停顿来达到强调的效果。

(4) 眼神交流。与所有听众进行眼神交流。销售人员都知道，你不能把所有的注意力都盯在做决定的人身上，因为秘书和助理也在一定程度上影响老板做决定，总是将注意集中在一人，会让对方感到不舒服。

(5) 用15个词做总结。你能把你的想法用15个词总结出来吗？如果不能，那就再总结。演讲对信息的传递并非理想中的那么强有力，所以在演讲中不断重复这15个词的总结可以达到强调和加深记忆的效果。

(6) 20-20原则。这条原则指的是，演讲中你要有20张幻灯片，并且每张幻灯片只演讲 20 秒。其目的就是逼使你做到简练，避免听众听得不耐烦。

(7) 不要读幻灯片，常回头看屏幕。读 PPT，指很多人都认为自己可以脱稿演讲，可事实上如果你根本就不理解自己要讲的内容，会不断打断你的演讲思路，这也间接地告诉听众，从而对你的演讲失去信心和兴趣。

(8) 演讲就像讲故事。如果你的演讲时间比较长，那最好加入一些小故事、双关语和奇闻趣事等来串联整个演讲，同时也帮助你阐述观点。优秀的演讲者都知道怎样将小故事和要阐述的观点联系起来，从而达到吸引观众的目的。

(9) 提高音量。演讲最忌讳听众无法听到演讲者在讲什么。虽然现在都有麦克风和扩音器了，但是你仍然要确保使所有听众都能听到你。提高音量不是说要你喊，正确的做法就是挺直身体，从肺部而不是从喉咙里发出更为清晰的声音。

(10) 不要事先计划手势。演讲中的任何手势都应该是你要传达的信息的延伸，它是帮助你传递信息中的情感。事先计划手势会看起来很不自然，刻意为之时还会和其他自然的肢体语言不搭配。如果你不知道该做什么手势，那把手随意地放到身体两侧就好了（不要用手指着听众）。

(11)“这是个不错的问题”。通过使用“这真是个不错的问题”“我很高兴你提出这个问题”等语句来为自己争取时间以组织问题的答案。听众一般不会察觉这样客套的话，而且你要避免“嗯”“啊”等口头语。

(12) 吸气而不是呼气。当你感觉要说“呃”“啊”等语气词时（过多语气词只会让演讲变得糟糕），可以停顿一下或者深吸一口气。虽然停顿会显得有些尴尬，但是听众会很少注意到的。

(13) 提早到会场。不要等到听众都坐好了，你才慢吞吞地调试好投影仪和 PPT。提早到达演讲地点，熟悉一下场景，检查电脑和投影设备，确保不会出现异常的境况，这有助于消除紧张感。

(14) 熟能生巧。参加如 Toastmasters 等的提高及锻炼演讲和交谈技巧的组织。这些锻炼会使你上台演讲时显得更有能力和自信。

(15) 避免道歉。只有做错事情时才需要道歉。不要为自己的能力不足、紧张和准备不充分道歉，这只会使听众觉得你没自信。再者，多数情况下，听众并不会注意到你的紧张和小错误。

(16) 当你有错误时一定要道歉。虽然要避免道歉，当你在传达信息包含了错误的观点时，或者有其他明显错误的地方，一定要道歉。保持自信是当然的，但是过度自信就会出问题了。

(17) 从听众的角度。要从听众的立场来撰写演讲稿和思考问题。哪些内容对于听众比较难理解，哪些内容会使听众感到烦恼。要时刻记得，对听众来说，这里面表达的内容有什么意义。

(18) 乐在其中。将你的激情注入演讲中去，乐在其中。

课堂讨论

通过资料搜集，小组讨论如何更好地进行创业计划书展示？

模拟实训

团队任务：

任务 1：从网上至少搜集一份获奖的创业计划书，阅读后讨论其获奖的原因，侧重和计划书有关的内容。

任务 2：针对团队项目，设计一份调查问卷，对回收的问卷资料进行分析整理。

任务 3：将团队项目的论证整合成一份完整的创业计划书，展开计划书的撰写。

任务 4：针对本团队的创业计划书制作展示用的 PPT。

任务 5：按照成员分工，对其他团队的 2～3 个创业项目（最好是不同行业的创业项目）进行模拟。从互联网搜索所需资料，将时间控制在 3 小时左右，以在练习过程中掌握创业计划书的基本要素、写作方式和写作流程，培养自己的企业家思维方式。

个体任务：

任务 1：掌握创业计划书的主要内容和撰写技巧。

任务 2：熟悉创业计划书常见的问题及解决对策。

任务 3：根据团队分工，进一步搜集自己负责部分的资料，为创业计划书的完善提供支持。

本章小结

1. 创业计划既是创业者实施创业的“蓝图”，又是叩开投资者大门的“敲门砖”，可以帮助创业者进一步明晰自己的创业思路，使投资者明白项目的投资价值。

2. 创业计划没有固定的模式，但大都包含了执行总结、企业介绍、管理团队介绍、产品（服务）介绍、市场分析、营销策略、生产计划、财务分析、融资计划、风险分析等内容。

3. 创业者要想写出一份具有吸引力的创业计划，撰写前必须通过市场调查获得必要的信息，然后根据所获得的信息进行预估，并且根据一定的原则和程序进行写作。

给大学生的建议

1. 创业是一项系统工程，必须事先进行认真思考和精心策划，才能有效进行、稳操胜券。对大学生创业者而言，编制一份创业计划尤为重要。

2. 当前，社会上有各种创业大赛，有创业梦想的同学不妨先通过参加创业计划竞赛如“互联网+”大学生创新创业大赛、“创青春”大学生创业大赛等，逐步完善自己的创业想法。

3. 如果你编制创业计划书的目的是争取投资，其内容要尽量简练、突出重点，使投资者在最短时间内了解最多的关于商业计划的内容。

第八章　创业资源

本章要点

- 什么是创业资源，获取创业资源的途径有哪些。
- 什么是创业融资，创业融资的渠道有哪些。
- 创业资源开发的方法有哪些。

创业语录

创业者在企业成长的各个阶段都会努力争取用尽量少的资源来推进企业的发展，他们需要的不是拥有资源，而是要控制这些资源。

——霍华德·史蒂文森

创业没法做到万事俱备，万事俱备才能去做的事情也肯定不是创业。

——编　者

章节导图

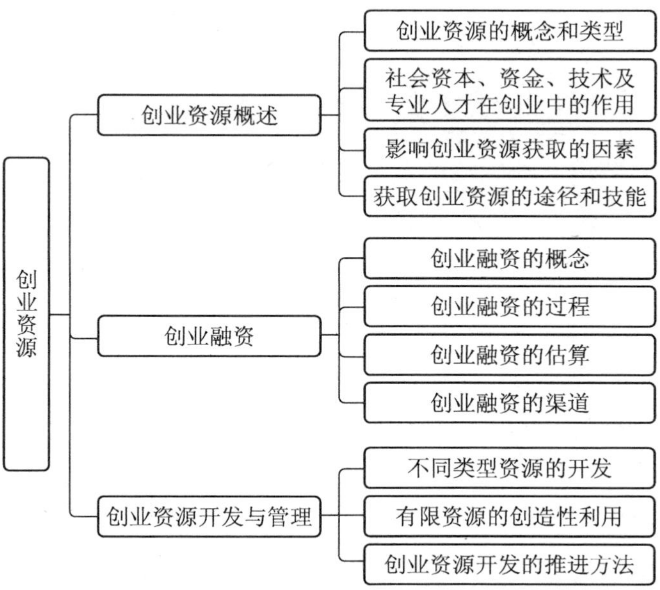

资源是构成市场经济活动的基本因素，拥有一定数量的资源，可以获得经济活动的主动性进而掌控行业制高点。但是，对于大多数创业者来说，资源稀缺已经常态化，它始终与创业行为如影随形。通过本章学习，相信你会对创业资源有更深刻的认知，对获取创业资源的方法有更多的感悟。

第一节　创业资源概述

案例导读

“90后”大学生白手起家创业，从夜间摆摊到获投百万

“90后”周宝超，湖北天门人，是曾经的留守儿童，如今的草根创业达人，2013年考入武汉职业技术学院机电工程学院。说到自己的创业初衷，他腼腆地说：“其实就是为了赚生活费。”为了不再伸手找父母要钱，周宝超从大学一年级开始便尝试各种兼职，加油站的加油工、餐馆服务员、快递派件员……在兼职的过程中，他萌生了自己创业当老板的想法。由于缺少经验也没有本钱，周宝超盯上了投资风险低的夜间摆摊洗车业务。他白天在学校上课，晚上骑着三轮车带着三名同学去洗车，每天从晚上11点工作到次日凌晨5点，“当时我每天晚上洗60台左右的车，每天收入超过500元”。

周宝超用了三个月的时间，赚到了创业的第一笔启动资金——3万元。同时，他也更加坚定了创业方向，接手了学长创办的“车到家”项目，专门为学校老师上门洗车。随后，他入驻学校大学生创业基地，有了自己的办公室。

但周宝超并不满足于此，他开始寻找更广阔的市场，将目光投向了大学生群体。经过一番市场调查后，周宝超看准了服装租赁和拍毕业照的商机。敢想敢做的周宝超大二这年选择了休学创业，他四处“拜师学艺”，先后收购了两家服装租赁公司。

2016年，周宝超在武汉创办了一家公司，短短一年时间，凭借敏锐的商业洞察力及团队高效的执行力，他收获了人生第一桶金，并在武汉购置了一套120平方米的商业住宅。

2017年3月，校导网董事长杨晓峰与周宝超签订了合作协议，并投资100万元帮周宝超和团队扩大品牌影响力，将传统租衣行业做出自己的特色。

一、创业资源的概念和类型

（一）创业资源的概念

对于创业资源的含义，学术界有不同的定义。巴尼认为：“创业资源就是任意一个主体，在向社会提供产品或服务的过程中，所拥有或者所能够支配的能够实现自己目标的各种要素以及要素组合。”阿尔瓦雷斯和布森尼特斯认为：“创业本身是一种资源的重新整合。”我国学者林强及林嵩认为：“创业资源是企业成立以及成长过程中所需要的各种生产要素和支撑条件。”张斌认为：“创业资源是指新创企业在创造价值过程中需要的有形与无形资产，具体包括创业人才、创业资本、创业机会等。”综上所述，创业资源是指新创企业在创造价值的过程中所需要的特定资源的总称。

从广义上看，创业资源可界定为：能够支持创业者进行创业活动的一切东西。

它既包括可见的物质资源，如厂房、机器设备、资金等，也包括不可见的无形资源，如创业战略、创业方案、知识、技术、创业团队等；既包括创业者实际拥有的资源，也包括创业者可间接获取的资源，如广泛的社会关系等；既包括体现创业者个性特征的个体资源，也包括组织性、社会性的资源；既包括国内各种资源，也包括国外提供的资源。

总而言之，广义上的创业资源是涵盖使创业者创业活动顺利进行的一切支持性资源，包括有形与无形的资产。它是新创企业创立和运营的必要条件，主要表现形式为创业人才、创业资本、创业机会、创业技术和创业管理等。创业的过程实际上是创业者建立、整合和拓展资源的过程。

从狭义上看，创业资源是促使创业者启动创业活动的关键优势资源。

关键优势资源是指建立企业盈利模式的业务系统所必需的和重要的资源与能力，如麦当劳的标准化资源与能力、海尔的创新资源与能力、沃尔玛的低成本战略资源与能力。并不是企业现有的所有资源和能力都同等珍贵，也不是企业每一种资源和能力都是企业所必需的，只有和企业定位、盈利模式、整个业务系统流程、现金流结构相契合并且能互相强化的资源和能力才是企业真正需要的。

从资源的角度看，创业者是否具备业务系统所需的关键资源能力是其能否成功创业的核心问题。创业者对关键优势资源和能力识别得越清晰，利用得越充分，在激烈的市场竞争中保持创业后的竞争优势也就越持久。创业者对创业资源管理的原则是：必要资源要齐备适量，关键优势资源要富集并不断追求。

创业者要么根据自己的关键优势资源选择创业项目，要么根据创业项目整合关键优势资源，否则创业必败无疑。

（二）创业资源的类型

不同的创业活动具有不同的创业资源需求。我们把创业资源分为有形资源和无形资源两大类，而其中无形资源往往是撬动有形资源的重要杠杆。

1. 有形资源与无形资源

有形资源包含金融资源、实物资源和组织资源三大类。

（1）金融资源。企业物质要素和非物质要素的货币体现，具体表现为已经发生的能用会计方式记录在账的，能以货币计量的各种经济资源，包括资金、债权和其他。

(2) 实物资源。企业从事生产经营活动所需要的一切生产资料，其构成状况可按实物资源在生产经营过程的作用划分为劳动对象和劳动手段。

(3) 组织资源。为了实现既定的目标，按一定规则和程序而设置的多层次岗位及其相应人员隶属关系的权责角色结构。包括企业的战略规划、员工开发、评价和报酬系统等。

无形资源包含人力资源、科技资源、品牌资源、市场资源、政策资源、信息资源六大类。

(1) 人力资源。存在于企业组织系统内部的有经验的、掌握特殊技能的、被激励起来的员工等和可供企业利用的外部人员的总和。人力资源是企业资源结构中最重要的关键性资源，是企业技术资源和信息资源的载体，是其他资源的操作者，决定着所有资源效力的发挥水平。

(2) 科技资源。包括两个方面：①与解决实际问题有关的软件方面的知识；②为解决这些实际问题而使用的设备、工具等硬件方面的知识。科技资源的专有性主要表现为与企业相关的专门知识、商业秘密、专利和著作权等，又是有形资源。

(3) 品牌资源。品牌是一个名称、名词、符号或设计，或是它们的组合，其目的是识别某个销售者或某群销售者的产品或服务，并使之同竞争对手的产品和服务区别开来。品牌资源又可细分为产品品牌、服务品牌和企业品牌三大类。

(4) 市场资源。包括营销网络与客户资源、行业经验资源、人脉关系。凭什么进入这个行业？这个行业的特点是什么？盈利模式是什么？是否有起码的商业人脉？市场和客户在哪里？销售的途径有哪些？

(5) 政策资源。近年来，政府会采取一系列系统的创业扶植政策，从支持创业教育与培训，提升创业技能，通过资金扶持、减免税费、财政补贴、社会保障等鼓励创业，为创业者提供信息与管理咨询及专业化服务，提供金融支持、项目支持等。

(6) 信息资源。依靠什么来进行决策？从哪里获得决策所需的信息？从哪里获得有关创业资源的信息？

2. 无形资源是撬动有形资源的重要杠杆

由于企业新创，企业的战略规划、员工开发、评价和报酬系统等制度安排还不完善，所以有形资源中的组织资源无疑是较为薄弱的部分；从而无形资源中的人力资源在很大程度上承担着组织资源的功能，成为创业时期最为关键的因素，创业者及其团队的洞察力、知识、能力、经验及社会关系将影响到整个创业过程的开始与成功。

同时，在企业新创时期，专门的知识技能往往掌握在创业者等少数人手中，因而此时的技术资源在事实上和人力资源紧密结合，并且上述两种资源可能成为企业竞争优势的重要来源。

在有形资源中，创业时期的资源最初主要为财务资源和少量的厂房、设备等实物资源。然而，这些资源的取得（如风险投资），很大程度上取决于创业者及其团队的能力、经验、社会关系及其掌握的关键技术资源，以及信息资源、政策资源等无形资源；同时，在企业新创过程中对所需的厂房、设施、原材料等有形资源的组织与运作也有赖于创业者及其团队的能力与经验。

二、社会资本、资金、技术及专业人才在创业中的作用

创业活动的本质，是创业者围绕潜在机会来调动和整合一切可能获得的资源以创造商业价值的过程，这些资源包括社会资本、资金、技术以及专业人才等。创业者所拥有或者能够支配的资源在很大程度上决定了创业方向。

（一）社会资本在创业中的作用

“社会资本”的概念最初由经济学的“资本”概念演变而来。社会资本是基于人际和社会关系网络而形成的资源，包括规范、信任、网络等形式。

社会资本主要表现为个人所拥有的关系网络，在创业中能提供市场机会，并提高创业者机会识别能力，还可弥补创业者资源匮乏，增加创业成功的可能性。

（二）资金在创业中的作用

“巧妇难为无米之炊。”创业需要资金，无论是有形资源、无形资源还是人力资源的构建与购置都需要资金的投入，否则只能是纸上谈兵。绝大多数创业者往往由于资金缺乏而在创业之初就陷入困境。

创业之前创业者必须结合创业计划，合理确定资本结构与资金需求数量，并切实筹集到所需数量的资金，才可能正式开始创业起步。只要有一个环节的资金不到位，即便再伟大的创业事业也会面临“断炊”的风险。因此，资金在创业中具有不可或缺的重要作用。

（三）技术在创业中的作用

创业资源中的技术资源指的是技术资产及技术开发能力。技术资产包括诀窍、专利等，技术开发能力是企业知识和技能的总和。创业技术决定了创业产品或服务的市场竞争力和获利能力，因此是创业企业生存和发展的基石。

技术是能够构建企业竞争优势的重要资源之一。Teece（1998）认为，对高科技新创企业而言，技术是其战略性资源。

（四）专业人才在创业中的作用

尽管技术是关键，但技术是由专门人才掌握的。知识经济时代，人才是经济和社会发展的第一资源。科技的迅猛发展、激烈的全球化竞争，任何技术都可能落后，任何资源都可能被取代，只有人才资源是任何时代都不能缺少的，人才是企业的创立、创新和持续发展的基础，也是企业永葆活力的坚强后盾。

因此，专业人才是创业企业的根本，是创业企业最为重要的人力资本。

三、影响创业资源获取的因素

资源获取是在识别资源的基础上，得到所需资源并用之于创业过程的行为。对于新创企业而言，是否能够从外界获取所需资源，首先取决于资源所有者对创业者或创业团队的认可，而这认可在很大程度上取决于商业创意的价值。商业创意为资源获取提供了杠杆，一项能被资源所有者认同的、有价值的商业创意，才有助于降低创业者获取资源的难度。

除了商业创意的价值，影响创业资源获取的因素还包括创业导向、创业者（创业团队）先前工作经验、资源配置方式、创业者的管理能力、社会网络等。

（一）创业导向

创业导向是创业者在经营、实践和决策的过程中所采取的创新、承担风险、抢先行动、主动竞争和追求机会的一种态度或意愿。

创业导向强调如何行动，是创业精神的表现过程。创业导向的企业能自主行动，具备创新和风险承担的态度，面对竞争对手时积极应战，面临市场机会时能超前行动。企业追求机会所表现出的创业导向，驱使企业寻求与整合资源，并创造财富。

（二）创业者资源禀赋

创业者资源禀赋是指创业者所具有的与创业相关的自身素质和外在关系的总和，主要包括创业者的经济资本、社会资本和人力资本，它们能够为创业行为和新创企业生存与成长提供有价值的资源。

大量的文献强调企业家资源禀赋在创业过程中的重要作用，认为企业家资源禀赋是创业行为过程的关键资源，甚至在一定程度上决定着新创企业的资源构成特征。

（三）创业者资源整合能力

新创企业资源整合能力是指在创业过程中，以人为载体，在资源整合过程中所表现出的对资源的识别、获取、配置和利用的主体能力。

创业资源在未整合之前大多是零散的、一般性的商业资源，要发挥其最大的效用，转化为竞争优势，为企业创造新的价值，就需要新创企业运用科学方法将不同来源、不同效用的资源进行优化配置，使有价值的资源充分整合起来，发挥“1＋1＞2”的放大效应。

资源整合能力在创业的各个阶段发挥着极为重要的作用。在创业起步阶段，资源整合能力影响并决定了创业者对创业机会的评估、识别与开发，同时帮助创业者摆脱资源约束，取得所需资源；生存与成长阶段，新创企业需要筹措更多的资源来满足自身的发展，创业者资源整合能力会对新创企业成长过程的战略决策与运营能力产生重要影响，资源整合的深度与广度将保障组织运作的持续性，进而影响创业绩效。

（四）创业团队

新创企业把创意变成产品/服务，把产品/服务市场化、产业化是一个艰苦的过程，必须组建好一个富有凝聚力和创新精神的创业团队，这是获取各项创业资源的重要前提，也是创业成功的一个基本保障。

借助团队就可能拥有创业所需要的各种知识和经验，如顾客经验、产品经验、市场经验和创业经验等。同时，通过团队，人脉关系网络可以放得更大，能够有效地增进创业者社会资本，提高创业成功的概率。因此，创业团队本身就是一项极为重要的创业资源。

团队创业较个人创业能产生更好的绩效，其内在逻辑在于创业团队是一个特殊的群体，群体能够建立在各个成员不同的资源与能力基础之上，贡献并且整合差异化的知识、技能、能力、资金及关系等各类资源，这些资源及群体协作、集体创新、知识共享与共担风险产生的乘数效应，能够帮助新创企业更好地克服创新的风险和资源的约束。

（五）外部环境条件和政府政策支持

创业活跃程度的一个重要决定因素是创业的环境条件。创业环境与创业活跃程度呈很强的正相关关系。创业企业与创业环境有着密切的关系，而这种关系的核心是创业企业资源的需求和创业环境资源的供给所具有的有机联系。

创业水平和创业资源受到外部环境因素的影响极大，尤其是政府的法规政策。创业环境好的地方一般会呈现较高的创业活动水平，而政府创业政策作为创业环境的重要内容是直接影响一个国家和地区创业活动水平的重要手段。

四、获取创业资源的途径和技能

（一）获取创业资源的途径

1. 获取技术资源的途径

获取起步项目所依赖技术的途径方式有：①吸引技术持有者加入创业团队；②购买他人的成熟技术，并进行技术市场寿命分析等；③购买他人的前景型技术，再通过后续的完善开发，使之达到商业化要求；④同时购买技术和技术持有者；⑤自己研发。但这种方式需要的时间长，耗资大。我们应该随时关注各高校实验室、老师或者学生的研发成果，定期去国家专利局查阅各种申请专利，养成及时关注科技信息，浏览各种科技报道，留意科技成果，从中发现具有巨大商机的习惯。政府机构、同行创业者或同行企业、专业信息机构、图书馆、大学研究机构、新闻媒体、会议及互联网等，都是我们获取这些信息的渠道，可以根据自己的实际情况与各种方式的特点，选择一种或多种方式，尽可能获取有效的信息。

2. 获取人力资源的途径

这里的人力资源不是指创业企业成立以后需要招募的员工，而是指创业者及其团队拥有的知识、技能、经验、人际关系、商务网络等。创业前，如果有可能，可以在读书期间做一些产品的校园或者地区代理，不管是热水袋、拖鞋、牛奶、化妆品还是手机卡、数码产品、婚纱店、家教中心等，都可以去尝试。在这个过程中既能赚些钱，增长关于市场的知识，还可以锻炼组织能力——因为往往要组织两三人的小团队(团队人数切忌太多，至多别超过五个)。也可以考虑进入一个企业工作，通过打工的经历学习行业知识、建立客户资源渠道，了解企业运作的经验，学习开拓市场的方法，认识盈利模式。为了创业而到一个公司工作，应该选择什么样的公司呢？是世界500强之类的大公司还是小公司呢？在这一点上，笔者赞成迪士尼公司总裁加里·威尔逊·沃特的观点："在一个小公司的资深层任职，可给你一种广阔的视野并向你提供更具创意的机会，小公司承受不了人员冗杂的压力，我了解发薪水时没有足够的现金情况如何，我了解贷款付息20%时的情况如何。我涉猎范围广泛，为我在大公司发展经营战略打下了良好的基础。"

3. 获取营销网络的途径

营销网络将帮助新创企业产品或者服务走向市场，换回用户的"货币选票"。一般情况下，新创企业可通过以下途径拥有未来的营销网络：①借用他人已有的营销网络，使用公共流通渠道；②自建的营销网络与借用他人营销网络相结合，扬长避短，使营销网络更适应于新创企业的要求。

4. 获取外部资金资源的途径

对于外部资金的获取，一般可通过以下五种途径获得：①依靠亲朋好友筹集资金，双方形成债权债务关系；②抵押、银行贷款或企业贷款；③争取政府某个计划的资金支持；④所有权融资，包括吸引新的拥有资金的创业同盟者加入创业团队，吸引现有企业以股东身份向新企业投资、参与创业活动，以及吸引企业孵化器或创业投资者的股权资金投入等；⑤一个详尽可行的创业计划，以吸引一些大学生创业基金甚至风险投资基金的目光。在获取外部资源之前，记住一个企业家曾经说过的一段话："创业首先要用自己的钱干起来，你自己的钱不先投进去，凭什么让别人为你投钱？"

以上途径中，通过打工和创业实践来提升自己和团队的人力资源，通过创业计划获得支持，是大学生创业最能把握也是最需要把握的能力。

(二) 获取创业资源的技能

1. 知人善任技能

当今社会任何人都不能靠单枪匹马获得事业的成功，作为创业者必须聚集一批志同道合的人一道来工作，这就要求创业者必须善于识人，敢于用人。那么如何做到看准人，用对人呢？对识人用人有独特见解的曾国藩认为，“办事不外用人，用人必先知人”。就是说，用人慎重须以知人至深为前提，具备察人本质的眼力。曾国藩总结八句相人口诀，其中两句“若要看条理，全在语言中”。曾国藩特别重视有条理，并把它作为用人最重要的四个方面之一。通过两个人谈话，看能不能切中要害，条理清晰，把对方抓住，就能显示出有没有条理。

2. 合作技能

要获取创业资源，首先要找到资源提供者。创业者在寻求合作时，往往并不具备优势，很难找到拥有丰富资源的合作者。只能另辟蹊径，尽可能多地找潜在资源提供者。资源通常与利益相关，创业者要善于识别利益相关者，并且要设计好有助于合作的利益机制，借助利益机制把潜在的和非直接的资源提供者整合起来，借力发展。

3. 沟通技能

对于组织沟通中可能遇到的偏差，需要从多方面采取改进措施，除了改善沟通信息本身的质量，还需要改进对于他人信息沟通的理解。改进组织沟通的主要途径是增强沟通技能。在各类组织日益全球化、员工队伍日益多样化的今天，开放式沟通成为最为重要的管理技能之一。研究表明，成功的高层经理约有 80%的时间花在谈话和倾听意见上；在几乎所有管理层，约有 75%的工作日时间花在各类沟通中，而在商务沟通中，大约 70%的沟通没能达到目的。这些都说明沟通技能对于组织管理具有特殊的重要性。

4. 杠杆技能

尽管存在资源约束，但创业者并不会被当前控制或支配的资源所限制，成功的创业者善于利用关键资源的杠杆效应，利用他人或者别的企业的资源来完成自己创业的目的：用一种资源补足另一种资源，产生更高的复合价值；或者利用一种资源撬动和获得其他资源。

5. 信息获取与利用技能

在信息爆炸的网络时代，信息的发生源和信息的传播途径要比传统社会复杂、广泛得多，传统意义上的正规信息传输渠道和非正规信息传输渠道的界限变得越来越模糊。面对纷繁复杂的信息，创业者要掌握信息检索与获取、信息评价与处理、信息整合与学习、信息利用与开发等技能，才能把握商机、获取创业资源，取得创业成功。

延伸阅读

大学生创业者资源盘点

随着社会政策的导向，越来越多的大学生参与到创业活动中。在创业之前，创业者有必要盘点自己拥有的资源。

创业者的内部资源

创业者刚开始拥有的内部资源主要是创业者自身的知识技术资源，及其所占有的生产资料等，也就是个人所拥有的有形资产及无形资产。拥有一份良好的内部资源，对创业者来说无疑是重要的。

(1) 现金资产。创业者本人（还可能包括其家庭）可以随时支配的现金和银行存款。请注意是“可以支配”的，创业要取得全家的支持，也要为家庭的生活留有余地。易于变现的国债、股票等也可以视同现金资产。

(2) 房产和交通工具。这种资源方面可以作为创业的硬件资源，另一方面可以作为现金资产的补充，在需要的情况下，可以作为抵押品向银行或其他投资人申请融资。如果这些房产和交通工具是按揭方式购置的，则要大打折扣。

(3) 技术专长。包括有形和无形两种。

① 有形。已申请成功的发明专利、实用新型专利和外观专利，或者是某一领域公认的专家，如注册会计师、律师、高级美工师、设计师、工程师、医生、心理咨询师等。

② 无形。专有技术、科研成果或者对某个特定行业和领域的深入研究。

(4) 家族资源。经济支持、创业指导、学习机会、人脉关系甚至是客户资源。即使家族资源非常丰富，也需要获得家族权威者的认可和支持，方能真正有效地利用好这些资源。

内部资源的积累则需要创业者进行一定的规划，充分准备，逐步获得创业所需的能力和资源。大学生可以先从自己的兴趣开始打造个人专长，往往个人感兴趣的事情能够成为未来的创业基础，甚至是创业的核心优势。

创业者的职业资源

所谓职业资源，即创业者在创业之前，在为他人工作时所建立的各种资源，包括项目资源和人际资源。从职业资源入手创业，例如充分利用工作中建立的各种关系，符合创业活动“不熟不做”的教条。尤其是在国内目前还没有像成熟的市场经济和法制社会一样，普遍认同和执行竞业避止法则的情况下，选择从职业资源入手进行创业，已经成为许多人创业成功的捷径和法宝。不过，职业操守仍然是应该维护的基本立场。据调查，国内离职下海创业的人员，90%以上利用了原先在工作中积累的资源和关系。

创业者的人脉资源

创业者外部资源最重要的一点可能是人脉资源，即创业者构建其人际网络或社会网络的能力。人脉关系对于创业之初非常关键。创业者的人际资源可分为同学资源和朋友资源。

(1) 同学资源。现在同学会很盛行，名牌大学在大城市都有同学会或校友会分会。很多老板到各大名校读 EMBA，其中的主要收获之一是拓展人脉关系。同学之间因为接触比较密切，彼此比较了解，同时因为同学圈子一般不存在利害冲突，友谊一般都较可靠，纯洁度更高，EMBA 这类同学圈子还因为大家比较成熟而容易建立高效率的圈子，对于创业者来说，是值得珍惜的战略性外部资源之一。

(2) 朋友资源。同学、战友、老乡也算是朋友，其实同事一样是朋友。朋友犹如资本金，对创业者来说是多多益善。在家靠父母，出门靠朋友；多一个朋友多一条路是至理名言。个创业者如果不能交朋友，没有一些高质量的朋友，恐怕很难发展。创业专家认为，人际交往能力应列在创业者素质的第一位。

课堂讨论

运用头脑风暴法分析各类创业资源在创业活动中的作用，并进一步分析各种资源获取的途径和方法。

第二节　创业融资

案例导读

没钱照样可以创业吗?

马云有过三次创业经历，创业开始都没什么资金。他的创业经历告诉人们，没钱同样可以创造一番事业。

第一次创业：创办海博翻译社

1992 年，马云是杭州电子工业学院的青年教师。他看到当时杭州的很多外贸公司都需要大量专职或兼职的外语翻译人才这一市场机会，准备开一家专业的翻译机构。当时杭州还没有专业的翻译机构，很多人都看到了这个机会却没有行动。而马云一有想法，马上开始行动。他当时每个月的工资还不到 100 元。创业没钱，不是问题，他找了几个合作伙伴一起，成立了杭州第一家专业的翻译机构——海博翻译社。

创业开始举步维艰，经常入不敷出，好多朋友都劝马云别折腾了，几个合作伙伴的信心也动摇了。但马云从未想过放弃，为维持翻译社的生存，他开始销售小商品补贴翻译社。整整三年，翻译社就靠着马云推销杂货来维持生存。1995 年翻译社开始实现盈利。海博翻译社在马云的创业经历中，也画下了重重的一笔。海博翻译社给马云最大的启示就是永不放弃。即使没有钱，只要永不放弃，就可能取得成功。

第二次创业：创办中国黄页

1995 年初，马云参观了西雅图一个朋友的网络公司，亲眼见识了互联网的神奇。他意识到互联网在未来的巨大发展前景，马上决定回国开办互联网公司。

创业开始，马云仍然没有什么钱，所有的家当只有6 000元。于是，他变卖了海博翻译社的办公家具，跟亲戚朋友四处借钱，这才凑够了8万元，再加上两个朋友的投资，一共10万元。很多人都说，做网络公司，没个几百万上千万元是“玩不转”的。

创办初期，资金的确是最大的问题。由于开支大、业务又少，最凄惨的时候，公司银行账户上只有200元现金。但是，马云克服了种种困难，把营业额从零做到了几百万元。

第三次创业：创办阿里巴巴

阿里巴巴无疑是中国互联网史上的一次奇迹，这次奇迹是由马云和他的团队创造的。1999年2月，阿里巴巴静悄悄地诞生在杭州湖畔花园的一间小公寓里。阿里巴巴成立那天的第一次机会也成了筹集会：18个人东拼西凑凑起来的50万元，是他们的全部家底。

互联网是一个“烧钱”的行业，它的规模效应比其他行业都重要，所以对资本最为渴求。马云需要风投资金。到了1999年年底，钱已经成了公司的最大问题。这时，高盛的500万美元天使投资把阿里巴巴从悬崖边拉了回来。

2004年2月17日，马云在北京宣布，阿里巴巴第三轮融资8 200万美元，软银牵头出资6 000万美元，其余2 200万美元由富达、TDF和GGV出资。这笔投资是当时国内互联网金额最大的一笔私募投资。

2005年8月11日，阿里巴巴创始人马云与雅虎全球首席运营官丹尼尔·罗森格（Daniel Rosensweig）高调宣布，阿里巴巴收购雅虎中国全部资产，同时得到雅虎10亿美元投资。

2007年11月6日，阿里巴巴在中国香港联合交易所上市，市值200亿美元成为当时中国市值最大的互联网公司。马云和他的创业团队，由此缔造了中国互联网史上最大的奇迹。

一、创业融资的概念

《新帕尔格雷夫经济学大辞典》对融资的解释是：融资是指为支付超过现金的购货款而采取的货币交易手段，或为取得资产而集资所采取的货币手段。从狭义上讲，融资即一个企业的资金筹集的行为与过程，也就是说，企业根据自身的生产经营状况、资金拥有状况以及企业未来经营发展的需要，通过科学的预测和决策，采用一定的方式，从一定的渠道，向企业的投资者和债权人筹集资金，组织资金的供应，以保证企业的正常生产和经营管理活动需要的理财行为。企业筹集资金的动机应该遵循一定的原则，通过一定的渠道，以一定的方式去进行。广义上讲，融资也称金融，就是货币资金的融通。

这里讲的创业融资是狭义的融资，是指创业者为了将某种创意转化为商业现实，通过不同渠道，采用不同方式筹集资金，以建立企业的过程。创业者应该根据初创企业在不同发展阶段的资本需求特征，结合创业计划和企业发展战略，合理确定资本结构以及资本需求数量。

二、创业融资的过程

（一）融资准备

创业融资不只是一个技术问题，还是一个社会问题，创业融资前要做好相应的准备工作。首先，要建立好良好的个人信用。市场经济是一种信用经济。信用对国家、对企业、对个人都是一种珍贵的资源。在创业融资中，信用具有很重要的作用。人都生活在一定的社群中，创业者也不例外。创业者因为具有创业精神和创新意识，在思维方法和行为方式上会有不同之处，显示出异质性人才资本的特征。但信任是一种市场规则，谁若违背了，则该信息就会在社群内通过口碑传播。而创业者最初的融资往往来自亲人、朋友和同事，如果口碑太差，信任度太低，融资难度会加大。个人信任不是在创业融资时速成的，而需要创业者平时注重自己的道德修养，培养良好的信用意识。

良好的人脉关系对于获取创业资源至关重要。创业者的关系网络形成了初创企业的社会资本。企业社会资本是指企业通过社会关系获取稀缺资源并由此获益的能力。研究表明，创业者的人脉关系对创业融资和创业绩效有直接的促进作用。不应该把人脉关系等同于所谓的“拉关系”“走关系”等寻租行为，而是基于正常的社会经历建立的，诸如师生、同学、朋友、同事等人际关系，这些关系在创业过程中会带来有用的信息和资源。

（二）融资估算

每个创业者在融资前都要明确资本需求量，换言之，资本需求量的估算是融资的基础。对于创业者来说，首先要清楚创业所需资本的用途。任何企业的经营都需要一定的资产，资产以各种形式存在，包括现金、材料、产品、设备、厂房等。创业所筹集的资金就是用来购买企业经营所需的这些资产，同时还要有足够的资金来支付企业的运营开支，如员工工资、水电费等。从资本的形式来看，可以分为固定资本和运营资本。固定资本包括用于购买设备、建造厂房等固定资产的资本，这些资本被长期占用，要考虑资本的长期性；运营资本包括购买材料、支付工资等日常开销，这些资本短期内可以回收，可以考虑用短期资金解决。创业企业还需要立足市场调查，对营业收入、营业成本和利润进行估算。创业企业的成长面临着各种问题。在成长阶段，单靠初始启动资本和企业盈利不能满足企业成长需求，还要从外部筹集企业发展资金。

融资需求量的估算不是一个简单的财务测算问题，而是一个将现实与未来综合考虑的决策过程，需要在财务数据的基础上，全面考察企业经营环境、市场状况、企业战略等内外部资源条件。

（三）寻找资金来源

估算完融资需求量，接下来就是确定资金来源，也就是融资的渠道和对象。此时，创业者需要对自己的人脉关系进行一次详尽的排查，初步确定可以成为资金来源的各种关系。同时，需要收集各方面的信息，以获取包括银行、政府、担保机构、风险投资机构等能提供资金支持的机构的信息；也包括政府新近出台的一些创业资金的支持政策、各种创业空间、创业孵化园等信息，从多方面入手寻找和筛选融资来源和对象。创业者还需要对企业的股权、债权、经营权的比例进行慎重的思考和安排。

（四）融资项目展示

选择一般性融资渠道进行融资，例如自有资金、亲友融资、银行贷款、政府基金等渠道，创业者只需要进行游说和按照机构要求提供并填写相应资料即可。但是，天使投资和创业投资与上述融资方式有所不同，除了要提交创业项目完整的创业计划书外，还需要创业者与投资者有深入接触。创业者通过对创业项目的充分展示，使投资者充分认识创业项目的市场潜力和可营利性，获得投资者的认可，才有可能获得投资者的投资。

因此，对于创业者来说，花时间去好好准备一份完整的创业计划书和融资 PPT 是非常重要的。这不仅能够帮助创业者争取投资，还可以让其明确自己的战略与发展计划，也能让创业团队得到一次集体亮相的机会，还为培训新员工提供了素材，并且为未来的融资打下了基础。

（五）融资决策

融资决策是指为筹集经营所需要资金制订出最佳融资方案。融资决策是每个企业都会面临的问题，也是企业生存和发展的关键问题之一。融资决策需要考虑众多因素，如融资渠道的选择、融资方式的确定、股权和债权出让的比例等，这些因素都直接影响着企业的后续经营和长远发展。因此，企业融资方案的确定对企业的生存和发展至关重要。

三、创业融资估算

正确测算创业所需资金有利于确定筹资数额，降低资金成本。新创企业投入运营之后，很难立即带来收入，为了保证公司在启动阶段业务运转顺利，在公司经营达到收支平衡之前，创业者必须准备足够的资金以备支付各种费用。

（一）投资资金的估算

对创业投资资金进行估算，需要丰富的企业管理经验，以及对市场行情的充分了解。为了较为准确地估算出自己的创业投资资金，需要分类列表而且是越详细越好。一个聪明的办法就是集思广益，想出你所需要的一切，从有形的商品（如场地、库存、设备和固定设施）到专业的服务（如装潢、广告和法律事务等），分门别类，就可以逐项开始测算创业启动所需要支付的费用。投资资金的测算范围包括新创企业开业之前固定资产、流动资金及开办费等。

（二）营运资金的估算

1. 营运资金的概念

营运资金是指新创企业开业后到盈亏平衡前，为保证日常正常运转所必不可少的周转资金。广义的营运资金又称总营运资本，是指一个企业投放在流动资产上的资金，具体包括现金、有价证券、应收账款、存货等占用的资金；狭义的营运资金是指某时段内企业的流动资产与流动负债的差额。流动资金通常在一个运营周期内就可以收回，可以通过短期资金解决，一般至少要准备企业开办前六个月所需的流动资金。

2. 营运资金的估算步骤

（1）测算新创企业营业收入。测算营业收入是制订财务计划编制预计财务报表的基础，新创企业无既往销售业绩可供参照，只能依据市场调查、销售人员意见综合、专家咨询，甚至是同类创业企业销售量等，预测月度、季度乃至年度的销售量，再根据定价估算出营业收入。

（2）编制预计利润表。利润表又称为损益表，是反映企业在一定时期内经营成果的会计动态报表。

（3）编制预计资产负债表。资产负债表亦称财务状况表，是反映企业在一定时期内全部资产、负债和所有者权益的财务报表，是企业经营活动的静态体现。

资产负债表根据“资产 = 负债 + 所有者权益”这一会计恒等式，依照一定的分类标准和要求编制而成，是重要的财务报表，最重要的功用在于确切反映企业的营运状况和企业需要外部融资的数额。

四、创业融资的渠道

融资渠道是指协助企业获取资金的来源的方向与通道。了解融资渠道的种类、点和适用性，有利于创业者充分利用和开拓融资渠道，从而实现各种融资渠道的合理组合，筹集所需资金。

创业融资渠道按照融资对象，可以分为私人资本融资、机构融资和政府背景融资。私人资本融资主要包括创业者自有资金、向亲朋好友融资、天使投资；机构融资是指企业向相关机构融资，主要包括银行贷款、信贷融资、融资租赁、创业投资等；社会融资是指针对创业企业的各种扶持基金和优惠政策，主要包括政府专项基金、财政补贴、贷款援助、税收优惠等。

(一) 私人资本融资

由于企业创建初期风险较高、不确定性较大，很难获得金融机构的关注及青睐。世界银行的一项调查表明，我国私营中小企业创业初期的资金，90%以上都是由创业者及创业团队的家庭和亲友所提供的。私人资本是创业初期的主要融资渠道。

1. 自有资金投入

尽管有些创业者没有个人投资就办起了新企业，但这种情况非常少。从资金成本的角度来说，个人资金成本最为低廉。另外，创业者在试图引入外部资金时，外部投资者一般会要求企业必须有创业者的个人资金投入其中。创业者自有资金是创业融资最根本的渠道，几乎所有创业者都向自己新创办的企业投入了个人积蓄。创业者个人资金的投入对于初创企业来说具有非常重要的意义。创业者个人资金的投入，表明了创业者对项目前景充满信心，愿意以自己的金钱和时间来承担初创企业的风险。创业者向企业投入个人积蓄，是创业者长期对企业尽心尽力付出时间和精力的有效保障。创业个人积蓄的投入是对债权人债权的保障，由于在企业破坏清算时，债权人的权益优于投资者的权益，所以，企业能够筹集到的债务资金一般以投资者的投入为限。创业者前期向初创企业投入的资金越多，最终获取创业投资的分红也会越多，对企业的控制权也越大。因此，准备创业的人应从自我做起，较早就有意识地进行储蓄，作为创业资金。

2. 向亲友融资

向亲戚朋友融资也是初创企业比较常见的融资渠道。亲友融资是建立在亲情和友情的基础之上，而不是单纯为了获得高额利润回报。在向亲友融资时，创业者必须用现代市场经济的游戏规则、契约原则和法律形式来规范融资行为，保障各方利益，减少不必要的纠纷。首先，创业者一定要明确所筹集资金的性质，据此确定彼此的权利和义务。若筹集的资金属于亲友对企业的投资，则属于股权融资的范畴，双方共同承担企业经营风险，享有企业经营获利；若资金是从亲友处获得的借款，则需以书面的形式明确借款金额和偿还日期等内容。此外，无论是从亲友处借款还是获取投资，创业者都应通过书面方式将相应问题确定下来，以避免将来可能的矛盾。创业者在向亲友融资之前，要仔细考虑这一行为对亲友关系的影响，尤其是若创业失败，无力偿还亲友投资等问题。要将日后可能产生的有利和不利方面都告诉亲友，尤其是创业风险，以便将来出现问题时将对亲友的不利影响降到最低。

3. 天使投资

天使投资主要是指由自由投资者或非正式机构对有创意、有市场潜力的创业项目或小型初创企业所进行的一次性前期投资。天使投资介入初创企业的时间较早，一般在企业的种子期和初创期就已经介入了。

“天使投资”一词起源于美国百老汇，原指为公益汇演提供资助的富人，人们称之为“天使”。后来这一称谓被经济领域引入，指那些资金雄厚的人士，在企业经营早期对一些具有发展前景的初创企业提供资金支持的行为，“天使”在投资过程中，既体验了创业的乐趣，同时还有可能获得丰厚的投资回报。

早期的天使投资人一般都是资金雄厚的创业成功人士，企业高层管理人员经验丰富的行业专家、高校科研机构专业人士等个体投资者。随着经济的发展和风险投资业的兴起，日前也有一些投资机构专门从事天使投资业务，如真格基金、险峰华兴、天使湾创投、梅花天使创投等。因此，现在的天使投资既可以是个人投资行为，也可以是机构投资行为。

天使投资的融资程序简单，融资效率高，资金投放方式多样。天使投资人对初创企业不但可以提供资金支持，还可以提供专业知识指导和社会资源的引进等方面的支持。天使资金通常以股权的方式注入公司。初创企业一旦创业成功、其投资回报率会非常高。

（二）机构资金融资

随着创业企业进入发展期和成熟期，许多前景明朗的企业会逐步吸引越来越多的投资机构的资金注入。初创企业的机构融资渠道主要包括银行贷款、商业信用融资、融资租赁、创业投资基金等。

1. 银行贷款

银行贷款是指企业通过银行为企业筹集资金，它是初创企业的重要资金来源。银行借款是企业根据借款合同向银行（或其他金融机构）借入的需要还本付息的款项。银行贷款通常以风险最小化为原则，因此会要求企业提供可抵押资产，对于进入发展期或成熟期的企业，这种融资方式具有较强的适用性。

银行贷款按有无担保，可分为信用贷款和担保贷款。信用贷款是指银行依据对借款人资质的信任而发放的贷款，借贷人无须向银行提供抵押物。担保贷款是指以担保人的信用为担保而发放的贷款。

创业者在向银行申请贷款时，并非仅仅与银行打交道，往往还需要与工商、税务、中介机构等部门进行接洽，手续较为烦琐，所需时间较长。

2. 商业信用融资

初创企业步入正常运营之后，逐步开发并拥有了自己的客户和供应商，通过商品交易过程中以延期付款或预收货款等方式进行购销活动而形成资金的借贷关系。商业信用融资是初创企业常见的融资方式，主要有以下几种形式：应付账款、商业汇票、票据贴现、预收货款。商业信用融资形式可以帮助企业在资金缺乏时能够彼此帮助、渡过难关。

3. 融资租赁

融资租赁是一种以融资为直接目的的信用方式，是指出租人根据承租人对租赁物的特定要求和供货商的选择，出资向供货商购买租赁物，并租给承租人使用，承租人分期向出租人支付租金。在租赁期内，租赁物的所有权属于出租人所有，承租人拥有租赁物的使用权；租赁期满，租金支付完毕，租赁物归出租人所有，但承租人有优先购买权。

融资租赁实质上是一种融资方式，它将融资和融物集于一体。融资租赁对从租赁企业的资质信用和担保要求不高，对于需要购买大件设备的初创企业及中小企业非常适用。企业不用支付高额费用购买设备而改为租赁，将固定投入转变为流动投入，可盘活企业运营资金，减小企业资金压力。应注意的是在融资租赁时，初创企业一定要选择资金实力强、信誉良好的租赁公司进行合作。

4. 创业投资

创业投资（venture capital）也称为风险投资，是指向不成熟的初创企业提供资金支持，并为其提供管理和经营服务，获取初创企业股权，以期望企业发展到相对成熟后，通过股权转让收取高额中长期收益的投资行为。

创业投资的经营方针是在高风险中追求高回报，特别强调初创企业的高成长性。其投资对象是那些不具备上市资格的处于起步和发展阶段的企业。其投资目的是希望取得企业的少部分股权，通过资金和管理等方面的援助，促进初创企业发展，使资本增值。一旦企业发展起来，股票可以上市，风险投资家便通过在股票市场出售股票，获取高额回报。天使投资是创业投资的一种形式，多是个人投资者利用个人资金的投资行为，现在也有投资机构从事天使投资业务，两者的投资和获利方式基本相同。天使投资相较创业投资而言，介入企业的时间更早一些，投资规模较小，决策速度快，承担风险较大。创业投资机构所选择的投资项目主要集中在高新技术产业，项目具有高成长性、发展速度快、“高风险、高回报”等特点。

（三）其他社会融资

1. 科技型中小企业技术创新基金

科技型中小企业技术创新基金（以下简称创新基金）是于 1999 年经国务院批准设立的，为扶持、促进科技型中小企业技术创新，用于支持科技型中小企业技术创新项目的政府专项基金，由科学技术部科技型中小企业技术创新基金管理中心实施。创新基金重点支持产业化初期（种子期和初创期）、技术含量高、市场前景好、风险较大、商业性资金进入尚不具备条件、最需要由政府支持的科技型中小企业项目，并将为其进入产业化扩张和商业性资本的介入起铺垫和引导作用。创新基金以创新和产业化为宗旨，以市场为导向，连接“863”“攻关”等国家指令性研究发展计划和“火炬”等高技术产业化指导性计划以及商业性创业投资者。根据中小企业和项目的不同特点，创新基金通过无偿拨款、贷款贴息和资本金投入等方式扶持和引导科技型中小企业的技术创新活动，促进科技成果转化。

2. 中小企业国际市场开拓资金

中小企业国际市场开拓资金是由中央财政和地方财政共同安排的专门用于支持中小企业开拓国际市场的专项资金。市场开拓资金用于支持中小企业和为中小企业服务的企业、社会团体和事业单位组织中小企业开拓国际市场的活动。该资金的主要支持内容包括：举办或参加境外展览会；质量管理体系、环境管理体系、软件出口企业和各类产品的认证；国际市场宣传推介；开拓新兴市场；组织培训与研讨会；境外投标等方面。市场开拓资金支持比例原则上不超过支持项目所需金额的50%，对西部地区的中小企业以及符合条件的市场开拓活动，支持比例可提高到70%。

3. 大学生创业优惠政策

自我国推行“大众创业、万众创新”以来，国家和地方对大学生创业在各个方面提出了大量的扶持政策。在全国范围内实施大学生创业引领计划，扶持和帮助大学生创业。各地采取保障措施，确保符合条件的高校毕业生能得到创业指导、创业培训、工商登记、融资服务、税收优惠、场地扶持等各项服务和优惠政策。各地的公共就业人才服务机构要为自主创业的高校毕业生做好人事代理、档案保管、社会保险办理和接续、职称评定、权益保障等服务。同时，鼓励各地充分利用现有资源建设大学创业园、创业孵化基地和小企业基地，为高校毕业生提供创业经营场所支持。各银行金融机构要积极探索和创新符合高校毕业生创业实际需求的金融产品和服务，本着风险可控和方便高校毕业生享受政策的原则，降低贷款门槛，优化贷款审批流程，提升贷款审批效率，多途径为高校毕业生解决担保难问题，切实落实银行贷款和财政贴息。

4. 众筹平台融资

众筹（crowd funding）的兴起源于美国网站 Kickstarter 该网站通过搭建网络平台面向公众筹资，让有创造力的人有机会获得他们所需要的资金，以便使他们的梦想有可能实现。这种模式的兴起打破了传统的融资模式，每个普通人都可以通过众筹模式获得从事某项创作或活动的资金，使得融资的来源者不再局限于风投等机构，而可以来源于大众。

众筹是通过“团购 + 预购”的形式，向网友募集项目资金的模式。众筹利用互联网和 SNS（即社会性网络服务）传播的特性，让小企业、艺术家或个人向公众展示他们的创意，争取人们的关注和支持，进而获得所需要的资金援助。众筹由发起人、跟投人、平台构成，具有低门槛、多样性、依靠大众力量、注重创意等特征。群众募资被用来支持各种活动，包含灾后重建、竞选活动、创业募资、艺术创作、设计发明、科学研究以及公益慈善等。

众筹最初是艰难奋斗的艺术家们为创作筹措资金的手段，现已演变成初创企业和个人为自己的项目争取资金的一个渠道。众筹网站使任何有创意的人都能够向几乎完全陌生的人筹集资金，消除了向传统投资者和机构融资的许多障碍。众筹融资也要遵循一定规则，如：筹资项目必须在发起人预设的时间内达到或超过目标金额才算成功；在预设天数内，达到或者超过目标金额，项目即成功，发起人可获得资金；筹资项目完成后，支持者将得到发起人预先承诺的回报，回报方式可以是实物，也可以是服务，如果项目筹资失败，那么已获资金全部退还支持者；众筹不是捐款，支持者的所有支持一定要设有相应的回报。

延伸阅读

创业融资应遵循的原则

筹集创业资金时，创业者应在自己能承受的风险的基础上，遵循既定的原则，尽可能以较低的成本及时获得足额创业资金。一般来说，创业融资应遵循以下原则：

合法性原则

创业融资作为一种经济活动，影响着社会资本及资源的流向和流量，涉及相关经济主体的经济权益，创业者必须遵守国家的有关法律法规，依法依约履行责任，维护相关融资主体的权益，避免非法融资行为的发生。

合理性原则

在创业的不同时期，创业资金的需求量不同，能够采用的融资方式可能也不同，创业者应根据创业计划，结合创业企业不同发展阶段的经营策略，运用相应的财务手段，合理预测资金需求量，详细分析资金的筹集渠道，确定合理的资本结构，包括股权资金和债权资金的结构，以及债权资金内部的长短期资金的结构等，为企业持续发展植入“健康的基因”。

及时性原则

在市场经济条件下，机会稍纵即逝的特性要求创业者必须能够及时筹集所需资金，将可行的项目付诸实施，并根据初创企业不同阶段的资金需求，使融资和投资在时间上协调一致，避免因资金不足影响生产经营的正常进行，同时也要防止资金过多造成的闲置和浪费，将资金成本控制在合理的范围之内。

效益性原则

创办和经营企业的根本目的是获得一定的经济利益，所以，创业者应在进行成本效益分析的基础上决定资金筹集的方式和来源。鉴于投资是决定融资的主要因素，投资收益和融资成本的对比便是创业者在融资之前要做的首要工作。只有投资的报酬率高于融资成本，才能够使创业者实现创业目标；而且投资所需的数量决定了融资的数量，对创业项目投资的估计也会影响融资方式和融资成本。因此，创业者应在充分考虑投资效益的基础上，确定最优的融资组合。

杠杆性原则

创业者在筹集创业资金时，应选择有资源背景的资金，以便充分利用资金的杠杆效应，在关键的时候为企业发展助力。大多数优秀的风险投资往往在企业特殊时期会与企业家一起，将有效的资源进行整合，如选择投行、证券公司，进行IPO路演等，甚至还参与到企业决策中。这种资源是无价的。因此，创业者不能盲目地“拜金”，找到一个有资源背景的基金更有利于企业的持续快速发展。

课堂讨论

1. 初创企业的融资渠道有哪些?
2. 如何进行融资渠道和方式的选择?

第三节 创业资源开发与管理

案例导读

“希望集团”创业之初:从拼凑、将就到共赢

临近1983年农历除夕,四川省新津县顺江乡古家村一间茅草顶的小屋里,召开了一次将决定整个家族命运的方桌会议,会议的主角是刘家四个同胞兄弟老大刘永言、老二刘永行、老三陈育新、老四刘永好。

刘家的家庭会议开了三天三夜。最后大家通过了一项特别决议:“脱公服”当专业户。四兄弟决定创建一个良种鸡场,把外地种鸡引进来,孵化成小鸡卖给农民,然后再回购本地农民的种蛋,再孵化成小鸡出售。以此为契机,把贫困的新津县变成一个良种鸡的养殖县。

对于当时月工资只有三四十元的四兄弟而言,创业资金成为一大难题。他们首先想到了向银行申请贷款1 000元,但结果是当头一盆冷水,银行根本不理会他们。在当时,国家对私营企业贷款没有先例,相关政策直到10年之后的1992年才出台。

此时,母亲为他们拿出了自己辛辛苦苦积攒的一点积蓄,但这还远远不够。大家决定破釜沉舟,把自己的家当变卖了。

刘永言把自己的一块电子手表卖给了厂里一位新来的实习生,腿脚不便的刘永行甚至把自己代步的一辆永久牌自行车也卖了。这样,好不容易,大家凑足了1 000元资本。

这点钱对于创业来说还是捉襟见肘,他们必须小心翼翼地安排这些资金。没有地方,陈育新就把自己的住房改造成了育雏室;没有孵化箱,他们就到货摊上收购废钢材,然后到工厂租用工具自己来做。

大年三十的晚上,他们四兄弟竟然在一起敲废铁桶做孵化器;良种场需要用铁丝来做墙体材料,刘永好就跑到成都的一些建筑工地,找了一大堆废铁丝回来;他们甚至连一把剪刀都舍不得买,而是找了两块废钢自己制造;他们用秤称水泥、用斗量砂子来计算建筑材料的比例,尽可能不浪费一点点材料。后来良种场扩大，需要建造新的厂房，刘永好专门从成都买回一拖拉机的旧砖。由于道路狭窄，拖拉机无法进村，旧砖被卸到了两公里之外。几个农民兄弟来帮忙，大家手抱肩扛，愣是把一车砖给搬了回去。

等育种场建立起来后，种鸡蛋的收购成了一个难题。当时，国家恰好进口了一批良种鸡，分散给成都周边各个县的农贸公司，每个公司大概有十几只，然后又分散到各个农户家里。刘家兄弟听说后，决定找到这些农户，用比市场高一倍的价格收购这些良种鸡孵出的鸡蛋。

收购很辛苦，每天都要骑上自行车，带一个筐子，到方圆几十千米甚至上百千米的地方去寻找这些良种鸡蛋。一次，刘永好收购了200多个鸡蛋，回家的时候已经是夜晚10点多了，在途经某处田坎的时候，一只狗突然窜了出来，扑到刘永好脚后跟上狠狠地咬了一口，刘永好疼痛难忍从车上摔了下来，他一天的辛苦劳动也全部鸡飞蛋打。等他拿着仅剩的一枚鸡蛋回到家里时，已经是早晨6点多了。

陈育新在良种场的工作很顺利，孵化出来的小鸡苗供不应求。刘永言又决定，良种场想要大量孵化，必须要用电孵的方法。为了大哥这句话，刘永行在家里忙开了。他自告奋勇地买了些零件回来，又把家里的碗柜做成了孵化器。

为了节省成本，刘永行买的是处理的电子器件，第一次试验时，稳压器居然冒起了烟，幸亏及时切断了电源。第二次电孵实验，由于刘永行日夜奔波太过疲倦，在孵化前一晚居然不知不觉地睡着了，结果因为夜里电压过高又把继电器烧坏了，马上要出壳的小鸡也被全部烧死。

虽然看到的是满眼已经烧死的已有绒毛的小鸡，但他仍然十分高兴，因为他知道自己快成功了。1983年9月，在反复试验和失败后，刘永行设计制作的孵化箱终于成功了。看着第一批电孵小鸡出壳了，35岁的刘永行高兴得像个小孩子一样。

辛苦劳动终于换来了丰硕成果到1983年年底，兄弟们一盘点，这一年育新良种场孵鸡5万只，孵鹌鹑1万只，并带出了11个专业户，挣到了创业的第一桶金。

到了1986年，育新良种场已经年产鹌鹑15万只。“那时候，我们成了全国鹌鹑蛋批发中心，我们已经把鹌鹑养到了所能达到的最大的目标。在我们带动下，整个新津县有三分之一的农户养鹌鹑，最高峰的时候全县养了1 000万只鹌鹑，比号称世界鹌鹑大国的德、法、日还要多，我们是当之无愧的世界鹌鹑大王和世界鹌鹑蛋大王。”

一、不同类型资源的开发

大名数创业者难以整合到充足的创业所需资源。在非常不确定的环境中，创业者必须时刻对市场上有价值的资源进行关注。当资源十分稀缺时，企业就应通过一定手段进行获取，并经过与内部相关资源整合后加以利用，从而为企业带来优于竞争对手的绩效，这才是企业开发资源的初衷。

Brush 等阐述了创业资源获取的策略：创业者可以通过工具性资源（财务资源、人力资源等）获得生产性资源（物质资源、技术资源等），可以通过无形资源（社会资源、人力资源等）获得有形资源（财务资源、物质资源、技术资源等）。

Domenico 等基于文献总结了资源约束下创业者获取资源的策略：①通过社会网络（socinetworks）和创业者角色获得知识、信息和物质资源：②使用更具经济性的步步为营（bootstrapping）方式获得不被创业者所有或控制的资源：③利用更为理性的手段导向（effectuation）方式获得在不确定环境中所包含的资源；④采用创造性拼凑（bricolage）的方式获得手边零碎的资源。

开发创业资源是有效利用创业资源的重要途径，开发创业资源表现为一些独特的创业行为。由于创业者和创业团队资源开发的能力和经验都相对薄弱，因此资源开发不仅需要量力而行，更需要创造性地获取、整合和利用。

(一) 内部创业资源开发

内部资源主要包括企业内部的人、财、物等有形资产和技术、品牌、商标、专利等无形资产。开发的最根本目标则是如何更有效地优化配置和使用这些资源，因此可以把内部创业资源整合形象地比喻为内部挖潜。

1. 人力资源开发

人力资源开发的目标：①通过开发活动提高员工的素质才能；②通过开发活动增强员工的活力或积极性，人力资源的开发首先要改变传统观念，其次要采用科学方法招聘，选拔、培养、使用人才，最后要建立完善的激励机制吸引并留住人才。

2. 无形资产开发

(1) 技术开发，主要是指技术与产品创新。企业应当建立技术研发部门，加大对研发队伍和技术创新的投入。大力推进产品创新、服务创新、知识创新、管理创新、技术工艺创新、生产方式和流程创新，不断提高产品质量，开发出新的产品、提供新的服务，创造出新的市场价值。

(2) 品牌开发。品牌是企业拥有的最大的无形资产，是增加企业收入的核心要素，品牌是市场竞争优势的代表，创业者必须高度重视创建和不断开发自主品牌。

品牌要得到消费者的认同，需要长期的建设过程，在这一过程中，要始终把产品/服务的品质和质量放在首位，把诚信放在首位，并努力在产品/服务的品质、样式、商标、工艺等方面独树一帜。

(3) 企业制度。创业企业要想长远发展、做大做强，没有制度的保证，而只靠创业者个人魅力是不行的。

现代企业制度建设与不断完善是一个长期任务，要从创立之日起就开始考虑构建适应市场经济和本企业特点的有关组织机构、经营章程、经营范围、规模、方式、岗位职责和利益分配等一整套企业制度，并随着企业的成长而不断变革完善。

（4）企业文化。企业文化是企业发展过程中逐步形成和培育起来的具有本企业特色的企业精神、发展战略、经营思想和管理理念，是企业员工普遍认同的价值观、企业道德观及其行为规范。

优秀的企业文化对内有激励、凝聚、规范和引导作用，增强员工对企业的归属感，减少内耗，减少人才等无形资产的流失和提升企业形象。对外则有辐射功能和品牌功能，展现公司文化内涵和提升企业形象。

（5）企业专利与商标的开发。必须将企业的核心技术申请基本专利，围绕基本专利构筑严密的外围专利网，实施专利交叉许可战略：制订商标战略时，应尽量同时用商标权和专利权来保护自己的商标设计，使用组合商标、注册相近似的商标，保护好驰名商标。

（二）外部创业资源开发

梳理外部资源，对外部资源进行整合方面，首先是要保证可以利用这些外部资源，然后才能谈到效率问题。因此，首先需要厘清外部资源，其次才是拓展外部资源。

1. 人脉资源开发

人脉资源开发就是创业者人脉的构建和利用。在美国，有一句流行语："一个人能否成功，不在于你知道什么（what you know），而是在于你认识谁（whom you know）。"在当前知识经济时代，人脉已成为事业的重要支撑体系。

法国亿而富（Total Fina Elf）机油前总裁，每年都定下目标，要与 1 000 个人交换名片，并跟其中的 200 个人保持联络，跟其中的 50 个人成为朋友。其实，职业和事业上的贵人就在身边，关键是要有人脉资源经营的意识，用心寻找，用心经营。

（1）人脉资源的类别。血缘人脉：由家族、宗族、种族形成的血缘人脉关系；地缘人脉：因居住地域形成的人脉关系；学缘人脉：因共同学习而产生的人脉关系：事缘人脉：因共同工作或处理事务而产生的人脉关系；客缘人脉：因工作中与各类客户打交道而形成的人脉关系：随缘人脉："有缘千里来相会"，人是有缘分的。一次短暂的聚会，一次偶然的邂逅，这都是上天给我们安排的随缘机会。创业者在为顾客创造价值，提高企业效益的同时，切莫忘了投入自己的诚信和情感，积累自己的人脉资源。

（2）人脉资源规划。明确自己职业生涯规划；了解职业和事业的人脉资源需求；制订人脉资源规划。①人脉资源的结构要科学合理，如性别结构、年龄结构、行业结构、学历与知识素养结构、高低层次结构、内外结构、现在和未来的结构等。②人脉资源要兼顾事业和生活的需要，要平衡物质和精神方面的需要，重视心智方面的需要。③注意人脉资源的深度、广度和关联度。要善于利用朋友的朋友或他人的介绍等去拓展人脉资源，从长远考虑，千万不要有人脉"近视症"，需要关注成长性和延伸空间。

（3）人脉资源拓展。人脉资源拓展主要有熟人介绍、参与社团、利用网络等途径。①熟人介绍。一项调查显示，95%的人力资源主管或求职者透过人脉关系找到了适合的人才或工作，而且61%的人力资源主管及78%的求职者认为，这是最有效的方式。②参与社团。“虚拟团队”的力量很重要，即通过社团活动的开拓来经营人际关系。③利用网络。网络是便捷的人脉通道，能大大扩大自己的朋友圈，人脉资源的延伸取得突破性进展。

（4）人脉资源经营。人脉是一种资源和资本。无论你从事什么职业，学会处理人际关系，掌握并拥有丰厚的人脉资源，那么你就在成功路上了。但人脉需要经营和细心呵护，人脉资源经营有以下原则：互惠原则，诚实守信原则，分享原则，坚持原则，用心原则，“二八”原则。

2. 客户资源开发

（1）开发客户的渠道包括亲朋同事渠道、网络渠道、展会渠道、媒体渠道、通信渠道等。

（2）开发客户的方法。①优惠待遇。新创企业可以通过价格优惠，吸引客户与企业建立交易关系。但初期的客户关系非常脆弱，客户与供应商还没有建立完全信任关系，稍有疏忽就会导致精心建立的关系毁于一旦。②“二八”原则。对客户进行分类，针对重点客户和般客户，采取不同的营销策略。③中心开花。攻克了有影响力的客户，会为你带来一批新客户。客户会通过你拥有的客户来判断你的企业具备的素质和能力，拥有优质客户的企业更容易获得别人的认同。④顺藤摸瓜。通过老客户介绍新客户，以此类推，获得更多的客户。⑤找准机会，寻找最佳切入点。从潜在客户到正式客户并非轻而易举，需要选择合适的时机，才能实现客户关系的突破。⑥提升价值。以更具竞争力的产品或服务，为客户提供其他供应商无法满足的需求。

二、有限资源的创造性利用

（一）创造性拼凑

Baker 和 Nelson 将“创造性拼凑”定义为：为了解决新问题或利用新机会，整合手头现有的资源行事。

（1）整合手边的已有资源。创业者通常利用身边能够找到的一切资源进行创业活动，有些资源对他人来说也许是无用的、废弃的，但创业者可以通过自己的独有经验和技巧，加以整合创造。

（2）整合资源用于新目的。拼凑者善于用发现的眼光，洞悉身边各种资源的属性，将它们创造性地整合起来用于新目的。

（3）将就使用。拼凑的载体往往是手头边的一些“零碎”资源，出于时间和成本的考虑，这种先天不足从一开始就注定拼凑出的东西品质有限，将就使用。

（二）步步为营

在资源匮乏的情况下，创业者分多个阶段投入资源并在每个阶段投入最有限的资源，这种做法被称为“步步为营”。这种方法不仅适用于创业型小企业，也适用于高成长企业步步为营策略首先表现为节俭，设法降低资源的使用量，降低管理成本。步步为营策略其次表现为自力更生，最大限度地降低对外部融资的依赖，充分发挥企业内部资金的作用，使经营风险最小化。

很多时候，步步为营不仅是一种做事最经济的方法，也是创业者在资源受限的情况下寻找实现企业理想目的和目标的途径，更是在有限资源的约束下获取满意收益的方法。

（三）发挥资源杠杆效应

尽管存在资源约束，成功的创业者却善于利用关键资源的杠杆效应，利用他人或者其他企业的资源来完成自己创业的目的：用一种资源补足另一种资源，产生更高的复合价值或者利用一种资源撬动和获得其他资源。

对创业者来说，容易产生杠杆效应的资源，主要包括人力资本和社会资本等非物质资源。

创业者的人力资本由一般人力资本与特殊人力资本构成，一般人力资本包括受教育背景、以往的工作经验及个性品质特征等；特殊人力资本包括产业人力资本（与特定产业相关的知识、技能和经验）与创业人力资本（如先前的创业经验或创业背景）。

相比之下，社会资本有别于物质资本、人力资本，是社会成员从各种不同的社会结构中获得的利益，是一种根植于社会关系网络的优势。这正是其杠杆作用的关键所在。

（四）设置合理利益机制

资源通常与利益相关，创业者之所以能够从家庭成员那里获得支持，就因为家庭成员之间不仅是利益相关者，更是利益整体。

既然资源与利益相关，创业者在整合资源时，就一定要设计好有助于资源整合的利益机制，借助利益机制把潜在的和非直接的资源提供者整合起来，借力发展。

因此，整合资源需要关注有利益关系的组织或个人，要尽可能多地找到利益相关者。同时，分析清楚这些组织或个体和自己及自己想做的事情有何利益关系。利益关系越紧密、越直接，整合到资源的可能性就越大，这是资源整合的基本前提。

创业者在设计共赢机制时，既要帮助对方扩大收益，也要帮助对方降低风险，降低风险本身也是扩大收益。在此基础上，还需要考虑如何建立稳定的信任关系，并加以维护和管理。

三、创业资源开发的推进方法

资源开发是整个创业活动的主线，初创期创业者可以支配的资源数量规模决定了创业模式的选择。随着创业过程的开展，不同发展阶段资源利用特点不同、资源控制重点不同，创业者需要采用不同的资源推进方式、整合内外部资源以获得良好的创业绩效。创业成功的关键，就是看创业者是否能根据不同的创业过程和环节，有效地整合资源。

概括地讲，创业资源开发的推动方法可以归纳为寻找式资源整合、累积式资源整合、开拓式资源整合，这几种模式与创造性利用创业资源的方法可以交叉、相互转化。

（一）寻找式资源整合

对于初次创业者来说，其创业存在许多共性问题，比如管理经验不足、市场狭窄、创业资源匮乏。创业之初，创业所需资源主要依靠自身的努力来获取，但是仅仅依靠从自己的身边获取的创业资源很难维持企业的发展，要想使企业继续发展，那就不得不从外界寻找创业资源。

寻找资源整合主要是结合自身创业团队的资源情况，分析资源储备存在的不足，提出整合外界资源的方案，积极地寻找和整合所能利用的创业资源。这就要求创业者具备较强的预见力和洞察力。较强的预见能力可以让创业者准确地把握自己所在行业的发展热点和竞争焦点。洞察力是一种从不同类型的信息中获得知识的能力。创业者拥有较强的预见能力和洞察能力，才能在诸多的资源中获得对自己创业有所帮助的资源。

（二）累积式资源整合

进入创业过程的中期，新创企业得到了一定的发展，也积累了一些企业赖以生存发展的创业资源。这段时期，企业正处于发展关键期，创业资源需要不断累积和增加。这需要创业者掌握累积式的资源整合方法。为了使已获得的创业资源发挥其最大的效能，创业者必须在初创企业的发展过程中，进一步了解创业资源的特征，以便于更好地整合利用。也就是说为了有效利用已获得的创业资源，要对其进行分析、归类。只有对已有的资源进行准确的分析定位，才能在此基础上进行进一步的整合利用，才能发挥资源的最大效能，不断提高企业的核心竞争力。

（三）开拓式资源整合

企业取得初步发展之后创业者要想使企业继续快速发展，就必须采用开拓式创业资源整合。开拓式创业资源整合强调创新能力，当今社会的竞争，与其说是人才的竞争，不如说是人的创造力的竞争。创新是一个企业发展的动力和灵魂，没有创新的企业是很难成长和发展的。开拓式创业资源整合要求创业者不断地把创新式思维注入其中，从创新的视角去寻找具有创新点的创业资源。特别是继续寻找企业的新的增长点，在新的增长点上充分开拓和整合利用资源，这一点对创业基础较为薄弱的大学生创业者来说尤为重要。

（四）资源整合原则

创业者能否做到资源的真正整合，是决定企业生存还是灭亡的关键。因此，创业者在整合资源时，可以参照以下资源整合原则。

1. 识别利益相关者及其利益

该原则提示创业者，整合资源一定要关注有利益关系的组织和个人，首先就是把这些利益相关者一一识别出来，把他们之间的利益关系辨析出来，甚至有时候还要把利益创造出来。一般来说，寻找利益相关者就是要寻找那些具有共同点的人，同时也需要寻找可以互补的人。

2. 管理好能够促进企业持续成长的人力资源

企业持续成长需要大量的人力资源作为支撑，保持企业持续成长对人力资源管理提出更高的要求。高素质的人力资源是企业持续成长的根本，管理好人力资源是企业持续成长的重要保证。

3. 构建共赢机制

共赢机制是指创业者在进行资源整合时，一定要兼顾资源提供者的利益，使资源提供与使用的双方均能获益。在与外部的资源所有者合作时，创业者还要构建一套各方利益真正实现共赢的机制，给资源提供者以一定的回报，同时尽可能替对方考虑到规避风险。

4. 维持信任长期合作

资源整合以利益为基础，需要以沟通和信任来维持。沟通是产生信任的前提，信任是社会资本的重要因素。同时，创业者要尽快从人际信任过渡到制度信任，从而建立更广泛的信任关系，以获取更大的社会资本。

延伸阅读

创业者为什么选择步步为营的方法

至于创业者为什么选择步步为营的方法，杰弗里·康沃尔总结出9条理由，这些理由有助于读者理解步步为营。

（1）企业不可能获得来自银行家或投资者的资金。创业者特别是年轻的创业者没有足够长的工作经历积攒开办企业所需要的资金，没有足够的信用史，没有贵重的个人资产，所以难以从银行家或投资者那里筹到资金。

（2）新创建企业所需外部资金来源受到限制。大量有关初创资金来源的报告显示，创业者的初创资金主要来自创业者个人或家庭成员、朋友。传统的外部资金来源，如银行贷款，都不可能成为多数创业者的选择。即使是风险投资，也只是青睐少数的成长潜力大的企业。

(3) 创业者推迟使用外部资金的要求。多数的创业者特别关注对企业的控制权，他们不愿意别人来分享创业的收益，希望通过自己的努力创造和占有价值。随着实力的增强，获取外部资金的能力和谈判能力也会增强。另外，在创业初期，从外部筹集资金也会耗费创业者大量的时间和精力，创业者感觉不如把这些时间和精力投入到销售等活动中。

(4) 创业者对自己掌控企业全部所有权的愿望。许多创业者需要处理由于外部投资者期望，以及银行施加的要求而给企业增加的复杂问题。外部融资有可能降低创业者对企业所有权的份额，从而减少他们分享企业所创造的财富和利润。而且，新的合伙人加入也容易带来人际关系的变化，许多创业者说他们的合作伙伴之间的关系甚至比婚姻还复杂。

(5) 是可承受风险最小化的一种方式。很多创业者因为偿还贷款的压力而尽可能不使用银行贷款，减轻负债负担。他们用自己的现金储备保持盈利。创业会面临大量的不确定性，创业者虽有创业激情，但抗风险能力低，自己对未来发展也不很清晰，所以希望承受的风险小一些。

(6) 创造一个更高效的企业。在有些情况下，拥有很多资源并不一定是好事情，可能带来浪费和不必要的开支。相反，资源少会迫使企业更具柔性，更能随机应变。

(7) 使自己看起来“强大”以便争夺顾客。创业者常常会发现他们是在同那些大型的已经存在的公司争夺顾客，这要求他们看起来在产品和服务方面与那些大得多的竞争对手有同样的能力。如太太口服液一开始就请海外专业机构制作精美的广告。为此，创业者们就需要在其他方面设法降低成本。

(8) 为创业者在企业中增加收入和财富。通过步步为营的策略，创业者可以降低成本，尽量做到用最经济的办法做事，当然也就等于在增加企业和个人的收入和财富。

(9) 审慎控制和管理的价值理念。习惯于步步为营的创业者会形成一种审慎控制和管理的价值理念。在好的方面，这意味着责任心，对投资者负责，让所占用的资源发挥更大的效益。这种价值理念也可能演变成不好的结果，不少创业者在事业做大以后，仍然习惯于财物“一支笔”控制，事无巨细，谨小慎微，反而制约了企业的发展。

课堂讨论

1. 如何进行有限资源的创造性利用？

2. 创业资源开发的方法技巧有哪些？

模拟实训

团队任务：

任务 1：选择一个熟悉的创业案例。

任务 2：分析所选择创业案例的创业资源具备情况及其资源获取的可能途径。

任务 3：如果你是案例的主人公，你打算选择何种融资方式，在融资前应做哪些准备。

个体任务：

任务 1：明确创业资源的概念、类型和获取途径。

任务 2：清楚了解创业项目的资源需求及其作用。

任务 3：作为创业团队，要清楚融资需求及融资准备。

任务 4：了解创业资源的创造性利用的方法。

本章小结

1. 创业资源是创业不可缺少的、实现创业成功的重要因素。不同的创业活动具有不同的创业资源需求。

2. 创业资源是指经由创业者识别并开发利用，充分实现其新效用、获得新价值甚至是超额利润，具有异质性的商业资源。创业者必须注重控制、整合和充分利用创业资源，以建立新创企业的竞争优势。

3. 创业资源获取的关键往往取决于软实力。无形资源往往是撬动有形资源的重要杠杆。

4. 创业融资是创业管理的关键内容，在企业成长的不同阶段具有不同的侧重点和要求。

5. 不确定性和信息不对称是创业融资难的影响因素。

6. 正确测算创业所需资金有利于确定筹资数额，降低资金成本。

给大学生的建议

1. 创业不是“天马行空”，不是引“无源之水”、栽“无本之木”。创业需要资源，没有真正意义上的“白手起家”，创业者不可能完全靠一己之力轻松做老板。

2. 创业融资不止是一个技术问题，还是一个社会问题，应从建立个人信用、积累社会资本、写作创业计划、测算不同阶段的资金需求量等方面做好准备。

3. 任何一个创业者都不可能在创业之初就把创业中涉及的问题都解决好，也不可能把一切创业资源都备足，关键在于要学会进行资源获取与整合。成功的创业者大多都是资源整合的高手，创造性地整合资源是他们成功的关键因素之一。

第九章　　新企业的创办与管理

本章要点

- 企业的组织形式有哪些，新企业的注册流程是怎样的。
- 如何为初创企业设计名称，新企业选址的考虑因素有哪些。
- 如何进行初创企业的管理，新企业面临的风险有哪些。

创业语录

创业首先是去做，光想不做那是乌托邦。

——马　云

创建活动不仅是导致新企业形成的条件，而且是新企业生成过程中的功能性要素。借助创建活动，创业者一方面创造出新企业实体，另一方面也在形成并塑造着新企业的竞争优势。

——斯科特・纽伯特

章节导图

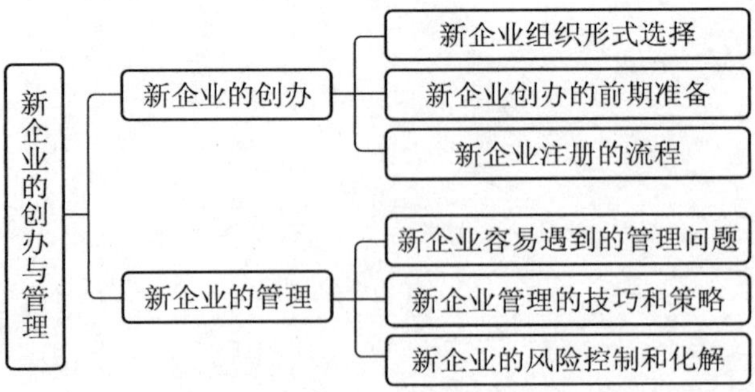

在将一个好的想法变成一份完善的创业计划之后，创业者面临的一个主要问题就是如何将创业计划落地实施。创业的实现是一个复杂的活动过程，创业者在决定创办公司时，需要从最简单的方面入手，如选择企业的组织形式、为企业命名、选址等，

这些都是创业实施的第一步。

第一节 新企业的创办

案例导读

可共苦，但不能同甘？

大学毕业后张经理创建了A建筑公司。A建筑公司原来是一家小企业，仅有10多名员工，主要承揽一些小型建筑项目和室内装修工程。创业之初，人手少，张经理和员工不分彼此，大家也没有分工，一个人顶几个人用，拉项目，与工程队谈判，监督工程进展，谁在谁干，大家不分日夜，工作热情高涨，公司因此得到快速发展。目前已经成为员工过百的中型建筑公司，有了比较稳定的客户，生存不再是问题，走上了稳定发展的道路。

然而，随着公司业务的发展，特别是经营规模的不断扩大后，张经理在管理工作中不时感到不如以前得心应手了。首先，让张经理感到头疼的是那几位与自己一起创业的“元老”，他们自恃劳苦功高，对后来加入公司的员工，不管其现在职位高低，一律不看在眼里。这些“元老”工作散漫，不听从主管人员的安排。这种散漫的作风很快在内部蔓延开来，对新来者产生了不良的影响。公司里再也看不到创业初期的那种工作激情了。其次，张经理感觉到公司内部的沟通不畅，大家谁也不愿意承担责任，一遇到事情就来向他汇报，但也仅仅是遇事汇报，很少有解决问题的建议，结果导致许多环节只要张经理不亲自去推动，似乎就“停摆”了。另外，张经理还感到公司内部质量意识开始淡化，对工程项目的管理大不如以前，客户的抱怨也逐渐增多。上述感受令张经理焦急万分，觉得有许多事情要做，但一时又不知从何处入手。

创建新企业需要什么条件，以及什么时间成立比较适宜，都是创业者普遍关心的问题，但是，关于这些问题并没有统一的定论。蒂蒙斯的创业要素模型提出创业团队、创业机会和创业资源三者形成了一个倒三角模型，只有各要素不断平衡，才能实现企业的持续经营。创业者发现具有高市场潜力的创业机会，组建好创业团队，并且整合好创业所需要的物质资源，便是创建新企业的最佳时机。但是，这种情况太过理想化了。如果等这些条件都具备了，所谓的或者自认为是的创业机会已经不再是机会了。然而现实情况是，部分创业者刚发现机会就去注册一家新企业，甚至连最基本的创业机会的识别和评估都没有。这样又过于草率，创建的企业很容易在早期就夭折。

那么，创业者在创业过程中究竟什么时候、具备什么样的条件再创建企业比较适宜呢？张玉利教授认为，要综合考虑外部和内部条件。外部条件包括：创业机会经过了有效的识别和评估，具备企业初期运营的基本条件，对企业的商业模式有一个相对清晰的计划，新企业的成立可以形成特有的竞争优势等；内部条件包括：创业者具有一定的创业能力和素质，具有创业精神和成为创业者的强烈动机等。具备了这些条件，就可以开始创建一家新的企业了。本章将对创建新企业的一般过程和注意问题进行详细介绍。

一、新企业组织形式选择

在创建新企业前，创业者应该事先确定企业的法律组织形式。目前，我国企业主要有三种基本的组织形式：个人独资企业、合伙企业（主要包括普通合伙企业和有限合伙企业）和公司制企业（主要包括有限责任公司和股份有限公司）。创业者在创建企业时，可以依据不同组织形式的要求建立不同组织形式的企业，企业组织形式如图 9-1 所示。创业者可以个人独立创办个人独资企业，也可以由创业团队一起创办合伙制企业，或者成立有限责任公司或股份有限公司。企业的各种法律组织形式没有绝对的优劣之分，对创业者来说各有利弊，但无论选择哪种形式，都必须根据国家法律法规要求和初创企业的实际情况，科学衡量各种组织形式的利弊，决定合适的组织形式。

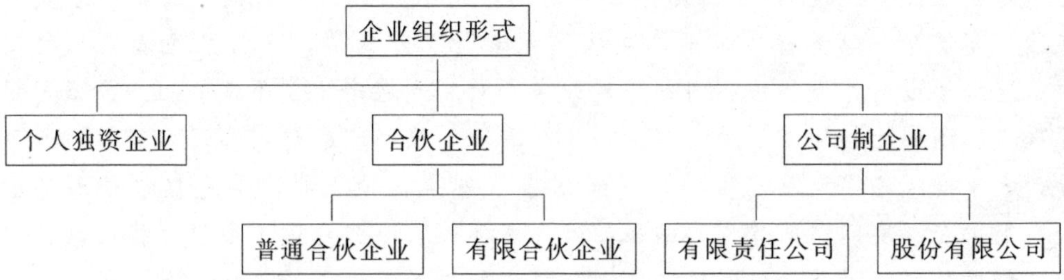

图 9-1 企业组织形式

（一）个人独资企业

个人独资企业是最古老也最常见的一种企业法律组织形式。个人独资企业又称个人业主制企业，是指依法设立，由一个自然人投资并承担无限连带责任，财产为投资者个人所有的经营实体。

个人独资企业成功与否依赖于所有者个人的技能和能力。当然，所有者也可以雇用那些有其他技能和能力的员工。当个人独资企业财产不足以偿清债务时，选择这种企业形式的创业者须依法以其个人其他财产予以偿清。

在各类企业当中，个人独资企业的创立条件最为简单。根据《中华人民共和国个人独资企业法》，只要具备以下条件，就可以申请设立个人独资企业。

1. 具备条件

（1）投资者为一个自然人。

（2）有合法的企业名称。

（3）有投资者申报的出资。

（4）有固定的生产经营场所和必要的生产经营条件。

（5）有必要的从业人员。

2. 设立应提交的文件

个人独资企业的设立、变更、注销，应当依照《个人独资企业法》和《个人独资企业登记管理办法》的规定，在所在地的工商行政管理部门办理企业登记。个人独资企业经登记机关核准登记，领取营业执照后，方可从事经营活动。大学生创业登记应提交的材料有：

（1）大学生本人签署的个人独资企业或个体工商户设立申请书。

（2）大学生身份证明，即大学生本人的身份证和学生证。

（3）企业住所证明。大学生创业多以租房为主，如果租房，注册登记时需向工商部门出示租房合同、房主身份证、房主房产证。

（4）国家工商行政管理总局规定提交的其他文件。

如果初创企业从事法律、行政法规规定须报经有关部门审批的业务的，应当提交有关部门的批准文件。例如，烟酒经营、书报刊经营等业务是我国法律、行政法规规定须报经有关部门审批的，应提交有关部门的批准文件，即“前置审批”。

如果委托代理人申请设立登记，应提交大学生投资者的委托书和代理人的身份证明或者资格证明。

（二）合伙企业

合伙企业是指依法设立的，由两个或两个以上合伙人订立合伙协议，共同出资、合伙经营、共享收益、共担风险，并且对合伙企业债务承担无限连带责任的营利性组织。合伙企业必须有两个以上具有完全民事行为能力的合伙人，并且都是依法承担无限责任者。我国法律、行政法规禁止从事营利性活动的人（如国家公务员等），不能作为合伙企业的合伙人。

合伙企业包括普通合伙企业和有限合伙企业两种形式。两者最大的区别在于有限合伙企业有两种不同的所有者：普通合伙人和有限合伙人。其中，普通合伙人对合伙企业的债务和义务负无限责任；而有限合伙人可以用货币、实物、知识、产权、土地使用权或者其他财产权利出资，也可以用劳务出资。但是，有限合伙企业的有限合伙人不得以劳务出资。有限合伙企业实现了企业管理权和出资权的分离，可以结合企业管理方和资金方的优势，因而是国外私募基金的主要组织形式，如黑石集团、红杉资本都是合伙企业。2007 年 6 月 1 日，我国《合伙企业法》正式施行，青岛葳尔、南海创投等股权投资类有限合伙企业陆续成立。

1. 具备条件

（1）普通合伙企业的具备条件：①有两个以上合伙人，并且都是依法承担无限责任者；②有书面合伙协议；③有各合伙人实际缴付的出资；④有合伙企业的名称；⑤有经营场所和从事合伙经营的必要条件。

(2) 有限合伙企业的具备条件：①有限合伙企业由两个以上50个以下合伙人设立，但是，法律另有规定的除外；②有限合伙企业至少应当有一个普通合伙人；③有限合伙企业名称中应当标明“有限合伙”字样；④有限合伙人可以用货币、实物、知识产权、土地使用权或者其他财产权利作价出资；⑤有限合伙人不得以劳务出资；⑥有限合伙人应当按照合伙协议的约定，按期足额缴纳出资，未按期足额缴纳的，应当承担补缴义务，并对其他合伙人承担违约责任；⑦有限合伙企业登记事项中应当载明有限合伙人的姓名或者名称及认缴的出资数额；⑧有限合伙企业由普通合伙人执行合伙事务，执行事务合伙人可以要求在合伙协议中确定执行事务的报酬及报酬提取方式；⑨有限合伙人不执行合伙事务，不得对外代表有限合伙企业。

2. 设立应提交的文件

(1) 全体合伙人签署的设立登记申请书。

(2) 全体合伙人的身份证明。

(3) 全体合伙人指定的代表或者共同委托的代理人的委托书。

(4) 合伙协议（普通合伙企业和有限合伙企业的协议内容有所不同，具体内容请咨询相关部门）。

(5) 出资权属证明。

(6) 经营场所证明。

(7) 国务院工商行政管理部门规定提交的其他文件。

(8) 法律、行政法规定设立合伙企业须报经审批的，还应当提交有关批准文件。

(三) 公司制企业

公司是现代社会中最主要的企业形式。它是以盈利为目的，由股东出资形成，拥有独立的财产，享有法人财产权，独立从事生产经营活动，依法享有民事权利，承担民事责任，并以其全部财产对公司的债务承担责任的企业法人。所有权与经营权分离，是公司制的重要产权基础。与传统“两权合一”的业主制、合伙制相比，创业者选择公司制作为企业组织形式的一个最大特点就是仅以其所持股份或出资额为限对公司承担有限责任；另一个特点是存在双重纳税问题，即公司盈利要上缴公司所得税，创业者作为股东还要上缴企业投资所得税或个人所得税。根据《中华人民共和国公司法》（以下简称《公司法》），我国的公司分有限责任公司（包括一人有限责任公司）和股份有限公司两种类型。

(1) 有限责任公司。有限责任公司的股东以其认缴的出资额为限对公司承担责任，公司以其全部资产对公司的债务承担责任。创业者设立有限责任公司，除了要有固定的生产经营场所和必要的生产经营条件外，还应具备下列条件：①股东符合法定人数；②有符合公司章程规定的全体股东认缴的出资额；③股东共同制订公司章程；④有公司名称，建立符合有限责任公司要求的组织机构；⑤有公司住所。

一人有限责任公司，指只有一个自然人股东或者一个法人股东的有限责任公司。

一个自然人只能投资设立一个一人有限责任公司。该一人有限责任公司不能投资设立新的一人有限责任公司。一人有限责任公司应当在公司登记中注明自然人独资或者法人独资，并在公司营业执照中载明。

（2）股份有限公司。股份有限责任公司的全部资本分为等额股份，股东以其认购的股份为限对公司承担责任，公司以其全部资产对公司的债务承担责任。设立股份有限公司要建立符合股份有限公司要求的组织结构，要有固定的生产经营场所以及必要的生产经营条件，股份发行、筹办事项要符合法律规定。除此之外，根据我国《公司法》规定，还应当具备以下条件：①公司名称和住所；②公司经营范围；③公司设立方式；④公司股份总数、每股金额和注册资本；⑤发起人的姓名或者名称、认购的股份数、出资方式和出资时间；⑥董事会的组成、职权和议事规则；⑦公司法定代表人；⑧监事会的组成、职权和议事规则；⑨公司利润分配办法；⑩公司的解散事由与清算办法；⑪公司的通知和公告办法；⑫股东大会会议认为需要规定的其他事项。

二、新企业创办的前期准备

（一）新企业的名称设计

企业名称是企业形象的首要元素，是企业文化浓缩的符号。有了好名称，才有利于建立起长久发展的企业。企业命名是企业文化、市场战略的识别系统，也是企业经营的重要形象设计。新企业的创建，需要一个代表承载企业理想的名称与之共同成长。

1. 企业命名的原则

企业名称是一个企业区别于其他企业或组织的特定标志。所以，从总体上来说，新企业的名称要有高度的概括力和强烈的吸引力，做到“名正言顺”。所谓“名正”，是指企业的名称首先要合法，需要遵循《企业名称登记管理规定》和《企业名称登记管理实施办法》，到工商行政管理部门申请注册。“言顺”是指企业名称要顺口、响亮，从传播的角度来看尽可能朗朗上口。具体说来，企业的命名要注意以下原则：

（1）应符合企业理念、服务宗旨，这样有助于企业形象的塑造。

（2）应简短明快。名称字数少、笔画少，易于和消费者进行信息交流，便于消费者记忆，同时还能引起大众的联想，寓意更加丰富。

（3）应具备自己的独特性。具有个性的企业名称可避免与其他企业名称雷同，以防大众记忆混淆，并可加深大众对企业的印象。

（4）应具有冲击力和气魄，给人以震撼。

（5）企业名称要响亮，易于上口，易于记忆和传播。

（6）企业名称要符合区域文化，富有吉祥色彩。

（7）企业名称要富有时代感。富有时代感的名称具有鲜明性，符合时代潮流，并能迅速为大众所接受。

(8) 企业名称要考虑世界各地的通用性。

2. 企业命名的方法

(1) 人名地名命名法。人名和地名一般具有特殊的含义，以人名和地名命名的企业名称，朴素简洁、响亮大方、寓意丰富。例如“青岛啤酒”“长江集团”“王致和臭豆腐”“王麻子”等。

(2) 寓意起名法。寓意起名法的核心是关注企业名称的寓意，大多运用寓意美好的字词，如祥、康、福、泰、恒、兴、庆、和、富、德、隆等。例如，“全聚德”烤鸭、“老凤祥”银楼、“同仁堂”药店等，都运用了吉祥美好的字词。

(3) 别名俗语命名法。很多企业在长期的经营过程中，虽然没有正式明确的商标和品牌的标识，但是拥有较强的社会影响力，潜移默化地形成了各自的品牌，这些品牌多是口语俗语。例如，“狗不理”包子、“老孙家”牛羊肉泡馍、“老干妈”辣椒酱等。俗语贴近生活，十分亲切自然，传播速度快、范围广，社会影响力大，生命力强，具有很多优点。

(4) 功能特点命名法。这是根据企业或者产品的特点来对企业或者产品进行命名的方法。这种命名方法直接明了，让人一眼就能了解企业或者产品的功能和特点。例如，“感冒通”“肠炎宁”，这些名字简单明确、易读易记，容易打造优秀品牌。

(5) 原料命名法。这是一种特殊的命名方法，特点是个性独特、引人注目。这样命名的企业和产品也不在少数，其中最具有代表性的就是“五粮液”了。“五粮液”是我国著名白酒品牌，是由高粱、玉米、小麦、大米、糯米五种粮食酿制而成的，故而名为“五粮液”。

(6) 商标命名法。这是根据商标来命名原来的企业的方法。这类命名法多是由于商标的品牌知名度和社会影响力大大超越企业本身。为了企业有更好的发展，用商标名称逐步取代原来的公司名称，如“乐百氏”。

(7) 音韵命名法。这种方法会根据发音来评判企业名称的好坏，而不太考虑其他方面的因素。最著名例子之一的就是“Coca-cola”（可口可乐）。“Coca-cola 是将“Cock”（公鸡）和“Cold”（冷）这两个单词各变换一个字母，“k”和“d 都变成“a”。“Coca-cola”本身并没有什么含义，但是它的字母结构很有意思，不仅好拼好念，更容易记忆，令人一下子就能记住这个名称。

3. 企业命名的禁忌

(1) 忌用不吉字。不吉字容易让人产生不好的联想，会影响到他人对主体的接受，不论是企业、个人还是商品。

(2) 忌雷同近似。现在不仅有山寨的产品，还有山寨的企业和商标。一些企业为了借用成功企业的品牌效应，注册字形或是发音类似的企业名称或商标。这样的名称不仅不能带来效益，其效果大都适得其反，引起消费者的厌恶。

(3) 忌用多音字。企业名称使用多音字，就像使用冷僻字一样，会使人们在称呼时造成很大不便，寓意本身就不够明朗。

（4）忌用意不良。例如，化妆品行业的企业，为博消费者眼球，想注册“海洛英”做商标，那么很可能乘兴而入，到商标局却又败兴而出。因为“海洛英”一词与毒品谐音，显然已经违反了公司及商标注册规则。

（5）忌用偏字。好的名字正像好的文章一样，能在平淡中见神奇，而不是靠冷僻字、多笔画字或异体字。例如，“四通”“方正”“金利农”“康师傅”这些名称，都是用的常用字。

（6）忌语意隐晦。语意隐晦容易让人看不懂。就像选用冷僻字一样，寓意虽好，但没有人懂，也就没有意义。

（二）新企业的地址选择

企业选址是关系到企业成败的一个至关重要的因素，也是创业初期涉及的几个问题之一。好的地理位置可以使一个普通的企业生存下去，糟糕的地理位置则可以使一个优秀企业失败。企业位置决定消费者是否易于接触企业。企业选址不同，给消费者的印象也会不同。虽然随着经济和技术的发展，空间上的差异对企业经营的影响逐渐减小，但是其依旧是影响企业发展的一个重要因素。因此，创业者有必要了解做出正确选址决策所需的信息和技能。

1. 影响企业选址的因素

（1）经济因素。在决定把一个企业设立在哪个区域时，主要考虑区域经济方面的情况。为什么人们居住在这个区域？他们的生活水平如何？其他企业为什么要设在这里？要对区域进行行业分析。是80%的人集中在同一个企业或少数几个企业呢，还是这个区域有很多企业？该区域各行业兴旺吗？该区域的企业活动具有季节性特点吗？企业正在搬出或者迁入吗？分析一下这些问题将会对初创企业产生的影响。

人们收入的多少决定其对商品（或服务）的需求。创业者要收集有关所选区域人们收入的信息，包括：家庭平均收入是多少？收入水平如何？就业情况如何？另外，交通情况也是重要的经济因素。

（2）政治因素。政府对市场的规制也是值得创业者重视的一个方面。创业者评估现在已经存在的以及将来有可能出现的影响到产品或服务、分销渠道、价格及促销策略等的法律和法规问题，将企业建在政府支持该产业的地区。当投资者到国外设厂时更应该考虑不同国家的政治环境，如国家政策是否稳定，有无歧视政策等。

（3）技术因素。新技术对高科技初创企业成功的作用是显而易见的，但技术本身的进步却更加难以预测。从某种意义上说，技术市场的变化是最为剧烈和最具不确定的因素。因此，为了能够了解和把握技术变化的趋势，许多企业在创业选址时，常常考虑将企业建在技术研发中心、科技孵化器附近，或建在新技术信息传递比较迅速、频繁的地区。例如，美国加利福尼亚州的硅谷在20世纪50年代以后逐渐成为美国电子工业的基地，不仅是高科技初创企业的“摇篮”，而且以电子工业为基础所形成的

“高科技风险企业团簇”被认为是20世纪产业集群的典范。

（4）人口因素。创业者应该对可能成为其消费者的人群有所了解。例如，如果要开一家文具店，就要了解哪里学生最多，因为这个群体购买文具最多。其他人口问题还包括：人口稳定性怎么样？人口搬进搬出正常吗？人口数量是上升还是下降？如果某地区人口增长迅速，很可能有较多的年轻家庭。选址时，对这些问题都要予以考虑。

（5）竞争因素。收集竞争者的相关信息，对竞争者进行研究。要知道你有多少竞争者，他们都在哪里；还要知道过去两年内有多少跟你业务相似的企业开张和关闭了；对间接竞争者（产品或服务与你近似的企业）的情况也要做些研究。有三种情况有利于开一家新企业：该区域内没有竞争者；竞争者企业的管理很糟；消费者对该产品的需求正在增加。

（6）发展规划。企业地址的选择要搞清楚城市建设的规划，既包括短期规划，又包括长期规划。有的地点从当前分析是最佳位置，但随着市场的改造和发展将会出现新的变化而不适合开店；反之，有些地点从当前来看不理想，但从规划前景看会成为有发展前途的新的商业中心区。因此，经营者必须从长远考虑，在了解地区内的交通、街道、市政、绿化、公共设施、住宅及其他建设或改造项目规划的前提下做出最佳地点的选择。

除以上需要考虑的因素之外，自然因素、社会文化因素等都可能影响创业者选址。这需要创业者根据自身的条件和创业项目的具体情况来决定。

2. 不同类型企业的选址

（1）生产型企业选址。生产型企业选择的地址交通要方便，以便于产品对外运出，生产用电要能满足，生产用水要有保证。除此之外，企业选址应尽量靠近原料基地和劳动力资源。另一方面，恰当的选址还应考虑当地税收优惠政策等因素。

（2）商业型企业选址。商业型企业经营地点的选择与商业圈有着密切的关系。一般一个城市内有若干个商业圈，每个商业圈有一定的辐射范围。处于商业圈内的企业相对经营情况良好，而处于商业圈之外的则经营情况一般。因此，商业型企业选址建议最好选择商圈核心地带，便于企业的宣传和与客户的接触。但是，商圈内店铺的房价或租金相对较贵，会对初创企业的经营支出构成压力。所以，在初创企业资金有限的情况下，可以选择租柜台、联合经营、委托代销等方式开展业务；也可以在商圈边缘客流量较大的地方进行选址，但是要在商圈内部进行广泛宣传，以吸引客户。

（3）服务型企业选址。服务型的企业包括的门类很多，每种类型的企业经营特点不一样，所以选址方式也不一样。但有一点是相同的，即必须有客流量。如果服务对象是针对居民的，则要在居民区附近选址；服务对象是针对学生的，则要在学校附近选址；服务对象是针对社团机关的，则要在机关附近选址。

此外，全国大部分城市都建有各类型的企业孵化器，为不同类型的中小企业和初创企业提供减免租金的办公空间，同时为其发展提供支持性服务（如财务方面、管理方面、技术方面和经营方面等)。公众、传媒和金融界也为企业孵化器中的企业提供很多支持，还可以享有税收优惠政策。企业的集聚效应营造出良好的创业氛围，使多个初创企业在同一屋檐下共同奋斗，较低的租金和共享现场服务增加了创业成功的机会。因此，企业孵化器也是初创企业选址的一个很好的选择。

3. 企业选址的步骤

一个科学而行之有效的选址过程，一般遵循市场信息的收集和研究、多个选点的评价、最终厂址的确定等步骤。

(1) 市场信息的收集和研究。在企业创业的早期阶段，不只是选址阶段，信息对创业者来说都是非常重要的。有研究表明市场信息的使用会影响企业的绩效，而市场信息与选址决策衔尾相随的关系更是显而易见。因此根据已经列出的影响选址的五项因素，创业者自己或借助专业的中介机构收集市场信息是出色地完成选址决策的第一步。

首先，创业者应考虑从二手资料中收集信息，因为对创业者而言，最明显的信息来源就是已有数据或第二手资料。这些信息可以来自商贸杂志、图书馆、政府机构、大学或专门的咨询机构。在图书馆可以查到已经发表的关于行业、竞争者、顾客偏好的去向、产品创新等信息，甚至也可以获得有关竞争者在市场上所采取的战略方面的信息；互联网也可以提供有关竞争者和行业的深层信息，甚至可以通过直接接触潜在消费者而获得必要的客户信息。

其次，创业者还应亲自收集新的信息，获取第一手资料。获得第一手资料的过程，其实就是一个数据收集过程，可使用多种方法，包括观察、上网、访谈、焦点小组、试验及问卷调查等。其中，焦点小组是一种收集深层信息的非正规化的方法。一个焦点小组由 10～12 名潜在顾客组成，他们被邀请来参加有关创业者研究目标的讨论。焦点小组的讨论以一种非正规的、公开的模式进行，这样可以保证创业者获得某些信息。

最后，就要对收集到的各方面信息进行汇总、整理。一般地，单纯对问题答案的总结可以得到一些初步的印象，接着对这些数据进行交叉制表分析可以获得更加有意义的结果。

(2) 多个选点的评价。通过对市场上各种信息的收集、汇总、整理以及初步的简单的定性分析后，创业者可以得出若干新企业厂址的候选地，这时便可以借助科学的定量方法进行评价。目前最常用的有关选址的评价方法有：量本利分析法、综合评价法、运输模型法、重心法和引力模型法等量本利分析法只是从经济角度进行选址的评价。实际上影响选址的因素是多方面的，同时各种因素也不一定完全能用经济利益来衡量，因此采用多因素的综合评价方法是选址评价中一个常用的方法。多因素评价就是先给不同的因素以不同的权重，再依次给不同选择下的各个因素打分，最后求出每个方案的加权平均值，哪个方案的加权平均值最高，哪个就是最佳方案。

当选址对象的输入与输出成本是决策的主要变量时，运输模型是一个很好的决策方法。运输模型的基本思想是：通过建立一个物流运输系统，选择一个能够使整个物流运输系统的运输成本最小的生产或服务地址。此模型尤其适合于输入与输出成本对企业利润影响巨大的情况。

在服务业选址中，市场因素是主要的选址决策变量。对顾客的吸引力，是服务业区位优势的体现 Laulajainen 与 Stafford 曾总结过服务业创业区位选择中应该坚持的两大原则。第一，占有总顾客 60% 的顾客高度集中区，组成主要贸易区；而与此相连的另外 20% 顾客集中区，组成次级贸易区，另外的 20% 则为外围区。服务企业选址应优先考虑将自己建在主要贸易区。第二，大商店比小商店具有较大的吸引力，即大商店有大的贸易区；大商店在给定的贸易区内具有较高的销售穿透性，而这种市场穿透性随着距离的增加而减弱。因此，创业者可考虑要么将自己的企业建大，要么将自己建在大商店附近。而“引力模型”恰好能够体现服务业这一决策特征，可以用来进行服务设施的选址决策。

(3) 确定最终地点。创业者依据已经汇总整理的市场信息，以及其所要进入的行业特点和自己企业的特征，借助以上一种或几种方法进行评估，最终完成选址决策，从而迈出自己创业至关重要的第一步。

（三）新企业的组织结构

企业组织结构是企业流程运转、部门设置及职能规划等最基本的结构依据常见的组织结构形式包括直线制、职能制、事业部制以及矩阵制等。随着社会和经济的发展，出现了一系列具有创新性质的组织结构形式，包括团队型组织、虚拟组织、扁平化组织等。这些新型组织结构形式的一个共同特点，是通过企业的组织重构简化内部组织结构，尤其是正式组织结构，可以弱化等级制度，促进组织内部信息的交流、知识的分享和每个成员参与决策过程，使得企业组织对外部环境的变化更敏感、更具灵活性和竞争实力。

1. 传统组织结构

(1) 直线制。直线制是一种最早也最简单的组织形式。它的特点是企业各级行政单位从上到下实行垂直领导，下属部门只接受一个上级的指令，各级主管负责人对所属单位的一切问题负责。企业不另设职能机构（可设职能人员协助主管工作），一切管理职能基本上都由行政主管自己执行。这种组织结构比较简单，责任分明、命令统一，要求行政主管亲自处理各种业务。直线制只适用于规模较小、生产技术比较简单的企业。

(2) 职能制。职能制组织结构是指各级行政单位除主管负责人外，还相应设立一些职能机构。例如，在总经理下面设立职能机构和人员，协助总经理从事职能管理工作。这种结构要求行政主管把相应的管理职责和权力交给相关的职能机构，各职能机构有权在自己的业务范围内向下级行政单位发号施令。因此，下级行政负责人除了接受上级行政主管指挥外，还必须接受上级各职能机构的领导。这种组织结构的管理工作比较精细，能充分发挥职能机构的专业管理作用，减轻直线领导人员的工作负担；

但其妨碍了必要的集中领导和统一指挥，形成“多头领导”，不利于建立和健全各级行政主管和职能科室的责任制。

(3) 直线-职能制。它是在直线制和职能制的基础上，取长补短，吸取这两种形式的优点而建立起来的。这种组织结构是把企业管理机构和人员分为两类：一类是直线领导机构和人员，按命令统一原则对各级组织行使指挥权；另一类是职能机构和人员按专业化原则，从事组织的各项职能管理工作。直线领导机构和人员在自己的职责范围内有一定的决定权和对所属下级的指挥权，并对自己部门的工作负全部责任；而职能机构和人员则是直线指挥人员的参谋，不能直接发号施令，只能进行业务指导。这种组织结构保证了企业管理体系的集中统一，充分发挥各专业管理机构的作用；但其职能部门之间的协作和配合性较差，办事效率低。

(4) 事业部制。事业部制是一种高度（层）集权下的分权管理体制。它适用于规模庞大、品种繁多、技术复杂的大型企业。事业部制是分级管理、分级核算、自负盈亏的一种形式，即一个企业按地区或按产品类别分成若干个事业部，从产品设计、原料采购、成本核算、产品制造一直到产品销售，均由事业部及所属工厂负责，实行单独核算，独立经营，公司总部只保留人事决策、预算控制和监督大权，并通过利润等指标对事业部进行控制。

(5) 矩阵制。在组织结构上，既有按职能划分的垂直领导系统，又有按产品（项目）划分的横向领导关系的结构，称为矩阵制组织结构。矩阵制组织是为了改进直线职能制横向联系差、缺乏弹性等缺点而形成的一种组织形式。它的特点表现在围绕某项专门任务成立跨职能部门的专门机构上。例如，组成一个专门的产品（项目）小组去从事新产品开发工作，在研究、设计、试验、制造各个不同阶段，由有关部门派人参加，力图做到条块结合，以协调有关部门的活动，保证任务的完成。这种组织结构形式是固定的，人员却是变动的，需要谁，谁就来，任务完成后就可以离开。项目小组和负责人也是临时组织和委任的。任务完成后小组就解散，有关人员回原部门工作。因此，这种组织结构非常适用于横向协作和攻关项目。

2. 新型组织结构

(1) 学习型组织。在学习型组织中，每个人都参与识别和解决问题，使组织能够进行不断的尝试改善和提高能力。学习型组织的基本价值在于解决问题，这正好契合初创企业的特征；与之相对应，传统组织设计的着眼点是效率。在学习型组织内，雇员参加问题的识别，这意味着要懂得客户的需要；雇员还要解决问题，这意味着要以一种独特的方式将一切因素综合起来考虑，以满足客户的需要。因此，组织通过确定新的需要并满足这些需要来提高其价值。学习型组织结构废弃了使管理者和工人之间产生距离的纵向结构，同样也废弃了使个人与个人、部门与部门相互争斗的支付和预算制度。团队是横向组织的基本结构，伴随着生产的全过程，人们一起工作，为客户创造产品。

(2) 团队型组织。团队是指一种为了某一目标而由相互协作的个体组成的正式群体。对于小企业来说，团队结构可以作为整个组织结构，提高企业的凝聚力；而对于大企业来讲，团队结构主要作为职能结构的补充，提高企业的灵活性和员工的工作效率。团队结构的主要特点是打破部门界限，并把决策权下放到工作团队员工手中。这种结构形式要求员工既是专才，又是全才。

(3) 虚拟组织。虚拟组织是利用一定的信息、通信技术，特别是国际互联网，将成员联系起来，具有虚拟的组织结构、虚拟的构成人员、虚拟的办公场所以及虚拟的核心能力的组织。虚拟组织是一种规模较小，但可以发挥主要商业职能的核心组织。虚拟组织的决策集中化程度很高，但部门化程度很低，或根本不存在。虚拟组织结构是小型企业的一个可行性选择，它可以通过充分利用外部资源来实现低成本扩张经营。它适用于可以快速对市场做出反应的产业，如时尚产业等。

(4) 无边界组织。无边界组织是在信息通信技术（特别是计算机网络）的支持下，通过以下系列调整建立的新的组织结构：通过取消组织垂直界限而使组织扁平化；通过设立多功能团队围绕工作流程运作来消除因职能部门存在而形成的组织水平界限；打破组织与客户之间的外在界限及地理障碍，实行全球化的经营战略以及企业之间的战略联盟，建立客户与组织之间的固定联系；通过远程办公，模糊组织界限。无边界组织并不表明企业不需要边界，而是表明企业不需要僵硬的边界。它使企业具有可渗透性和灵活性的边界，以柔性组织结构模式代替刚性模式，以可持续变化的结构代替原先相对固定的组织结构。

(5) 网络组织。在网络组织中，既强调等级，更强调协调。网络化组织的中心有一个由关键人物组成的小规模内核，为组织提供持久的核心能力。网络经济条件下，可以充分利用互联网强大的整合资源能力，进行网络化管理。通过对互联网的开发，将企业所面临的众多分散的信息资源加以整合利用，通过一个界面观察到很多不同的系统，从而实现迅速而准确的决策。

(6) 多元化组织。如今企业不再被认为只有一种合适的组织结构，企业内部不同部门、不同地域的组织结构也不再是统一的模式，而是根据具体环境及组织目标来构建不同的组织结构。目标决定战略，而战略决定结构。管理者要学会利用每一种组织工具，根据某项任务的业绩要求，选择合适的组织工具，从一种组织结构转向另一种组织结构。

三、新企业注册的流程

大学生创业要申请注册公司，就必须了解公司注册方面的法定程序和工作流程，然后针对每一个程序和流程的要求，预先做好计划并准备相关资料，以顺利完成注册工作。

（一）企业注册的一般流程

按照现行法律法规，创业者注册新公司需要遵循一定的流程，并需要到相应的政府部门登记审批。相关审批登记项目包括：公司核名、经营项目审批、公司公章备案验资、申领营业执照/组织代码证/税务登记证、银行开户、购买发票等，企业注册流程如图 9-2 所示。

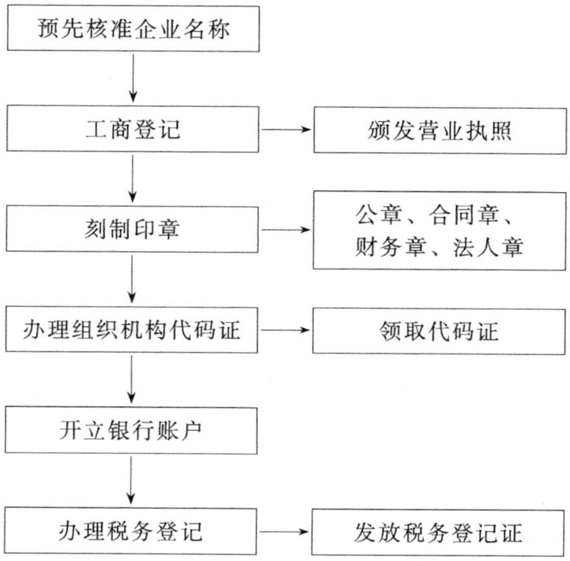

图 9-2　企业注册流程

1. 公司核名

注册公司第一步就是公司名称审核，即查名。创业者需要通过当地的工商行政管理局进行公司名称注册申请，由工商行政管理局进行综合审定，给予注册核准，并发放盖有市工商行政管理局名称登记专用章的“企业名称预先核准通知书”。此过程中，申办人需提供法人和股东的身份证复印件，并提供 2～10 个公司名称，写明经营范围、出资比例。公司名称要符合规范，例如，山东（地区名）＋某某（企业名）＋贸易（行业名）＋有限公司（类型）。

2. 经营项目审批

如新创企业的经营范围中涉及特种行业许可经营项目，则需报送相关部门报审盖章。特种许可项目涉及旅馆、印铸刻字、旧货、典当、拍卖、信托寄卖等行业，需要消防、治安、环保、科委等行政部门审批。特种行业许可证办理，根据行业情况及相应部门规定不同，分为前置审批和后置审批。

3. 公司公章备案

企业办理工商注册登记过程中，需要使用图章，由公安部门刻出。公司用章包括：公章、财务章、法人章、全体股东章、公司名称章等。

4. 验资

按照《公司法》规定，投资者需按照各自的出资比例，提供相关注册资金的证明，通过审计部门进行审计并出具“验资报告”。

5. 申领营业执照

工商局对企业提交的材料进行审查，确定符合企业登记申请，经工商行政管理局核定，即发放“工商企业营业执照”，并公告企业成立。相关材料包括公司章程、名称预先审核通知书、法人和全体股东的身份证、公司住所证明复印件（房产证及租赁合同）、前置审批文件或证件、生产型企业的环境评估报告等。

6. 申请组织机构代码证

企业必须申请组织机构代码证。具体过程是由企业提出申请，通过审定后到当地质量监督检验检疫局审批签章。

7. 办理税务登记证

税务登记证应到当地国税局办理。企业办理税务登记证应该提供的材料包括企业营业执照副本、组织机构代码证副本、经营场所产权证及租赁合同复印件法人身份证、公司章程、验资报告及公章。

8. 银行开户

初创企业需设立基本账户，可根据企业的具体情况选择开户银行。银行开户应提供的材料包括营业执照正本、组织机构代码证正本、公司公章法人章财务专用章、法人身份证、国地税务登记证正本等。

（二）新企业注册流程新政

为进一步深化行政审批制度改革，提高市场准入便利化程度，我国自 2013 年来，陆续推出企业注册登记制度改革新政。主要内容有：

（1）放宽注册资本登记条件。除法律、法规另有规定外，不再限制企业设立时股东（发起人）的首次出资比例和缴足出资的期限，实行由公司股东（发起人）自主约定认缴出资额、出资方式、出资期限等，并对缴纳出资情况真实性、合法性负责的制度。

（2）将企业年检制度改为年度报告制度，任何单位和个人均可查询，使企业相关信息透明化。建立公平规范的抽查制度，杜绝检查的随意性，提高政府管理的公平性和效能。

（3）按照方便注册和规范有序的原则，放宽市场主体住所（经营场所）登记条件，由地方政府具体规定。

（4）大力推进企业诚信制度建设。注重运用信息公示和共享等手段，将企业登记备案、年度报告、资质资格等通过市场主体信用信息系统予以公示；推行电子营业执照和全程电子化登记管理，与纸质营业执照具有同等法律效力；完善信用约束机制，将有违规行为的市场主体列入经营异常的“黑名录”，向社会公布，使其“一处违规、处处受限”，提高企业“失信成本”。

（5）启动“五证合一”登记制度改革。将由工商、质监、国税、地税、人力社保、统计等部门分别办理、各自发证（照），改为申请人“一表申请”，工商部门统一收件，质监、国税、地税、人力社保、统计部门并联审批，统一核发加载注册号、组织机构代码、税务登记证号（纳税人识别号）、社会保险登记证号和统计登记证号的营业执照。

推行注册登记制度改革，依照便捷高效、规范统一、宽进严管的原则，可以降低准入门槛，强化市场主体责任，促进形成诚信、公平、有序的市场秩序，最终目的是降低创业成本，激发社会投资活力。

第二节　新企业的管理

案例导读

阿里巴巴的创业管理

阿里巴巴的产品管理—持续创新推进创业企业健康发展

BBS构想和属于亚洲的独特模式让马云和自己的团队创造了阿里巴巴，良好的定位、稳固的结构、优秀的服务使阿里巴巴成为全球首家拥有超过2 400万网商的电子商务网站。为网商在线交易特别开发的诚信通和贸易通，是阿里巴巴的“哼哈二将”。诚信通主要用于解决网络贸易信用问题，而贸易通则是为企业提供在线洽谈的工具，它们的应用极大地促进了网络贸易的进行。据Aexa根据客户访问量的排名，阿里巴巴是世界上排名第一的国际贸易和中国本土贸易网络交易市场。

但是，马云并没有满足于阿里巴巴的成功。2003年4月开始在湖畔花园进行的淘宝网开发工作是马云的又一次豪赌，此时易趣已经占据了中国80%以上的市场份额。三年内免费、安全的支付体系和全新的B2C模式使得淘宝在问世的初期就受到了大众的关注和欢迎，人气蹿升。2006年5月，淘宝网以67.3%的市场份额大举超越eBay易趣（29.1%），同年7月，淘宝网注册用户达2 250万，超过eBay易趣。

阿里巴巴的文化管理—阿里味儿

投资虾米音乐，是阿里巴巴集团2013年的重要战略投资之一，而在两者的共同平台基因背后，是阿里集团的内部创业孵化体系。这一体系在阿里巴巴集团内部，被称为“阿里味儿”。这种味道是一种氛围、一种文化，更是一种内部创业精神。

阿里集团在招聘新人时，就关注求职者的创业精神。每一位应聘者，都会被直接或间接问及“你的梦想是什么”，阿里集团将这批有梦想的年轻人纳入自己体系之中，并给出一片创业的沃土。

不仅如此，在阿里体系内部，也形成了一种直接、开放的文化氛围。阿里巴巴的内网，也被称为“阿里味儿”。阿里味儿，是一个产生各种神帖的地方，也是阿里巴巴董事局主席马云常逛的地方。马云经常在这里发帖，而马云的帖子底下，常见到很多员工在给马云扣分。有指责他标点符号错误的，有不同意他观点的，有直接说“前戏太长，快点进入主题”的，这就是阿里的一种直接、开放的气味。

淘宝网的战略管理——过早的战略也是不合时宜的战略

2000年曾被当作阿里巴巴扩展海外市场的关键年。2000年1月份孙正义的2 000万美元到账，2月份马云到欧洲。“一个国家一个国家地杀过去。然后再杀到南美。再杀到非洲，9月份再把旗插到纽约，插到华尔街上去：嘿！我们来了！”这是当年马云的豪言壮语。

阿里巴巴的海外扩张始于2000年2月止于2001年1月。在这一年时间里，阿里巴巴每月烧掉近100万美金。到2000年底互联网泡沫破裂时，阿里巴巴的账上只剩下700万美元了。按当时的烧钱速度只能坚持半年多。到了2000年9月10日，人们在华尔街没有看到阿里巴巴的旗帜，人们却听见马云宣布：阿里巴巴进入高度危机状态。

这次决策的失误不仅使阿里巴巴浪费了许多宝贵的资金，而且一度使阿里巴巴陷入绝境。当互联网冬天来临时，风险投资商答应的新投资全部告吹。阿里巴巴近似疯狂的海外扩张不得不停了下来。

今天反思马云和阿里巴巴的国际化战略，可以得出这样的结论：阿里巴巴的国际化方向没有错，但是海外扩张太早了，至少早了5年。马云的人才国际化战略也没有错，但他一度过分迷信国际人才，过高估计了阿里巴巴的财力。马云和阿里巴巴为2000年的错误决策付出了惨重的代价。这个代价反映在金钱上就是2 500万美元宝贵的风险投资烧掉了一多半。

一、新企业容易遇到的管理问题

在企业初创阶段，由于往往是瞄准某一市场空白点，如果推销工作做得好，企业的成长性往往很好，投资回报率相对于其他阶段要高出许多，企业销售收入能够获得快速增长。由于已有资源不多，企业觉得承担风险的代价不大，勇于冒险，创业者充满了探索精神；创业者充满对未来的期望，往往能够容忍暂时的失误，因此这一时期的创业者对未来的期望值大于已有成就，内部结构简单，办事效率较高等，都是创业初期的典型优势。但也正因为以上优势，当企业由小到大快速成长之后，随着人员的膨胀、市场的扩展等，一些管理问题随之而来。

（一）资金不足

低估对现金和经营资金的需要是较普遍的现象，这源于创业初期创业者典型的热情心态。对于确定所要承担的义务而言，热情起到一定作用，不可或缺，而对资金需要的客观看法却与这种富有幻想的热情不相容。这种倾向实际上就是把成功的目标定得很高，而低估了对资金的需求。并且，企业的产品销量越大，出现资金不足问题的可能性就越大，企业的平均年销售增长若超过35%，企业的自有资金一般就不足以支撑这种增长，此时就难免遇到资金周转的困难。

为获得资金，企业常常犯一些基本的错误，如把短期贷款用于较长时间才能产生效益的投资项目；开始用折扣刺激现金流的产生，有时折扣太大以至于不足以弥补变动成本，结果是卖得越多、亏得越大；把股份转让给对“事业”毫无怜悯心的风险资本家等。

创业者应该逐渐重视企业的现金流量、贷款结构和融资成本等，必须要有符合实际的经营计划，而且要以“周”为单位来监控现金流量。记账的重点是现金流量，权责发生制会计虽有利于纳税和盈利分析，但对于及时监控企业生存却不见得有利。严格监控应收账目周转率和存贷周转率也是防止经营资金不必要增加的基本手段。

（二）制度不完善

创业初期，企业要不断面对意外出现的各种问题，如顾客投诉、供货商令人不满、银行不愿贷款、工人磨洋工等。由于没有先例规章、政策或经验可资借鉴，这就产生了企业的行动导向和机会驱动，这也意味着给规章制度和企业政策所留的空间很小。此时的企业正在试验、探寻成功的含意。一旦把成功的内涵搞清楚了，就会通过制订规章制度和政策来保证今后能取得同样的成功。这一阶段制订规章制度和政策有可能扼杀满足顾客需求的机会。但缺乏规章和政策，为了获取现金而过于灵活、采取权宜之计，又会使企业养成“坏习惯”。习惯成自然，而且这种习惯会持续到未来，对将来造成影响。

对于初创期的企业而言，这类坏习惯的代价不高、收益不小。但随着企业员工和客户的增加，坏习惯的价值下降了，代价却直线上升。这样的例子比比皆是。例如，为争取到订单，企业会千方百计去满足客户的需要，但随后却可能造成创业者对企业失控。在这种情况下，签订风险很高的大宗合同之后，结果可能是巨大的损失没有规章和政策，企业的管理就会混乱。虽然这对初创期的企业而言是正常的，却使企业非常脆弱、易受挫折，问题常常演变成危机，这种状况把管理人员变成了消防队员公司的管理也就只能是由危机到危机的“救火”管理。

（三）因人设岗

初创期的企业，人们所承担的责任和义务是重叠交叉的。例如，总经理可能既管采购，又管销售，还兼管设计；销售人员可能要承担一部分采买工作；会计人员有时又是办公室主任。这时的企业是围绕人来组织，而不是围绕工作本身进行组织。企业是按照缺乏规划的方式在成长，它只是对各种机会作出反应，而不是有计划、有组织、定位明确地去开发利用自己所创造的未来机会。

对于初创期的企业而言，事事优先是正常问题，当企业不断成长，不可避免地犯了些错误之后，就逐渐学会了哪些事不能去做。这是一个不断试错的学习过程，当初创期的企业出现了大的失误，如损失了市场份额、失去了大的客户或赔了一大笔钱时，企业就被推入了下一个生命阶段。

爱迪思认为，企业初创期成就越大，自满程度越高，所出现的危机就越大，推动企业变革的作用力也就相应得越大。此时企业终会认识到，自己需要一整套规章制度来明确该做与不该做的事情。规章制度的完善表明企业强调管理子系统的急迫性，这时企业过渡到下一个发展阶段。如果没有出现这种强调管理制度的情况，企业就会陷入被称为“创业者陷阱”或是“家族陷阱”的病态发展之中。爱迪思认为企业初创期出现的问题有些属于正常现象，随着企业的成长会慢慢解决，而有些问题则属于不正常现象，需要尽力避免。创业初期企业出现的正常与非正常现象如表 9-1 所示。

表 9-1 创业初期企业出现的正常与非正常现象

正常现象	非正常现象
所承担的义务没有因风险而丧失	风险使承担的义务消失殆尽
现金支出短期大于收入	现金支出长期大于收入
辛勤的工作加强了所承担的义务	所承担的义务丧失
缺乏管理深度	过早授权
缺乏制度	过早制订规章制度和工作程序
缺乏授权	创业者丧失控制权
唱“独角戏”但愿意听取不同意见	刚愎自用，听不进意见
出差错	不容忍出差错
家庭支持	缺乏家庭支持
外部支持	由于外部干预而使创业者产生疏远感

二、新企业管理的技巧和策略

新创企业成立之初往往都是白手起家。但小企业并不是规模小的大企业，尽管从规模、资金、员工人数等数量指标能够区分小企业和大企业，但这些指标并不能够从本质上揭示两者之间的区别。其关键差异在于计划性、创新能力、控制系统和竞争优势来源。

新创企业通常缺乏制订计划的能力，也不存在大量数据资料作为决策参考。因此，小企业往往没有像大公司一样的长远计划。但小企业经营者为了提高企业生命力，可能更加关注市场变化，更加贴近顾客，更加注重短期的快速反应能力和适应外部动荡不定的商业环境。

一般意义上往往认为，大企业具备创新所需的资金和人才，因此创新能力较强。但实践及相关数据表明，由于时滞等问题的困扰，大企业的创新能力往往落后于小企业。相反，小企业的创新效果较好，它们把最新科研成果实现产业化的周期明显比大公司要短。

小企业把绩效作为工作的唯一标准，产品出现偏差时及时纠正，员工安排出现漏洞时适时调整，无论对外部市场还是内部管理，都能够拥有较强的控制能力。大企业由于组织机构复杂、等级层次多，从而影响到信息传递速度和决策效率，经常会出现控制能力的削弱。

大企业竞争优势主要体现在两个方面：一是大批量生产领域，此时竞争优势与规模经济有关；二是多种大批量生产业务的联合，此时竞争优势与范围经济有关。而小企业一般会拥有大公司无可比拟的灵活性和专业化优势，灵活性保证了小企业决策迅速，船小好掉头；而专业化程度则表现为小企业的经营领域往往是某些利基市场，如规模较小的服饰配件或小家电，或某种专用设备、零部件、添加剂等专门化产品。

由此看来，小企业并不是规模小的大企业，简单地把大企业成功的管理经验应用于小企业，未必就能保证小企业经营获得成功。

（一）创业初期的职能管理

1. 创业初期的营销管理

有别于成熟企业，创业初期新企业拥有的资源极其有限，往往市场份额很小，地理分布也十分狭小，难以形成规模经济。新企业急切需要将企业创造的产品或服务出售，获得收入，如此才能体现企业的价值，同时也对企业进一步的成长奠定基础。卖出产品，换回收入，即销售是此时最重要的任务。创业初期的销售有时甚至是不赚钱的，为了吸引顾客从消费其他公司的产品和服务转移到自己的产品和服务上，即使不赚钱甚至赔钱也卖，所以创业初期的销售收入增长很快，但由于成本增加更快，加上价格往往在成本附近，所以出现销量很大却没有利润的困境。随着企业逐渐成熟，对已有的销售行为进行规范，对客户进行筛选和细化管理，对产品售前、售中、售后整个过程进行监控，整合所有销售相关的资源，把销售工作当成经营来做，逐步使销售收入与利润实现同步增长。

2. 创业初期的人力资源管理

创业初期人力资源管理的主要特点体现在，由于企业规模小，组织结构层次简单，决策权在主要创业者手中，决策过程简单，只要经营班子制订出可行性方案，就可迅速执行决策与执行环节少，使得决策集中高效，执行快速有力，对于市场变化能够迅速作出反应；创业初期的企业人财物、产供销、机构设置、生产方式、经营形式、利益分配、规章制度以及人员使用都由企业自主决定，机构精简、决策自主、反应灵敏、工作效率高，尤其是在用人机制上，创业企业有充分的用人自主权，能够吸引大批的人才加盟。

创业型人才和创业型企业有勇气和信心，有冲劲，却缺乏经验。往往是创业前什么事都好办，创业时什么事都难办，创业后什么事都怕不好。创业型人才一般年轻人居多，处事不够稳重，欠考虑，在创业初期热情高涨，情绪很能影响合伙人。他们考虑最多的是如何多拉业务、如何扩大业务圈、如何尽快提升销量、如何多进账。于是他们把更多的精力放在跑业务上，放在“钱”“利”“财”上，忽视了企业内部管理，如销售管理、生产管理、技术管理、采购管理、财务管理、后勤管理等，特别忽视了人员管理的重要性。

初创企业一般都是中小企业，人员配置少、身兼数职，所以不能忽视每一个人对企业的影响力。创业者不能把做企业想象得过于简单，更不能忽视人员管理。每个企业都离不开员工在其中发挥的作用，企业管理人员与基层人员决定了企业的方方面面。人安定，则企业安定；人复杂，则企业复杂。管理好人是企业第一要素，而人又是最复杂的动物，如果不加以管理，往往容易失控，甚至会波及身边人或更多人。一个小企业中，一个员工的情绪常常会不同程度地影响集体情绪甚至整个公司的情绪，不良情绪的出现往往会妨碍工作，扰乱管理，在一定程度上加速了不成熟公司的瓦解。

3. 创业初期其他职能管理

创业初期的系统相对集权，有可能使子系统之间严重失衡，缺乏计划和控制系统下高灵活性，没有实施专业化管理的土壤，如果各个部门之间的协调不好会降低工作效率。在计划方面，创业初期的企业应更多注重对市场机会的开发、把握，以现有可以利用的市场机会确定经营方向，包括远景目标（3～20 年）和实现远景目标的战略（1～3 年）；在领导方面，可通过与所有能互相合作和提供帮助的人们进行有效的沟通交流，并提供有力的激励和鼓舞，率领大众朝着某个共同方向前进；在控制方面，初创期企业应尽量减少计划执行中的偏差，确保主要绩效指标的实现。

总之，对创业初期的职能管理而言，没有规范化的管理方式，只有经过大量的实践后，才能结合企业实际情况，形成符合自身特点的管理风格。用人来定制度，然后再用制度来管理人，企业秩序的实现主要靠人员的主动性和自觉性，即以“人治”为主。

（二）为企业快速成长做好准备

企业成长是一个动态过程，是通过创新、变革和强化管理等手段积蓄、整合并促使资源增值进而追求企业持续发展的过程。企业成长包括“质”和“量”两个方面。企业成长的量，主要表现为企业经营资源的增加，即销售额、资产规模、利润等；企业成长的质，主要表现为变革与创新能力，指经营资源的性质变化、结构的重组等，如企业创新能力、环境适应能力等方面。

所谓成长型企业，是指在较长时期（如 5 年以上）内，具有持续挖掘未利用资源的能力，不同程度地表现出整体扩张的态势，未来发展预期良好的企业。一般情况下，人们将销售收入增长速度超过行业增长速度同时职工人数相对于创业初期有大幅度增加的企业界定为快速成长企业。

在一家公司的成长过程中，很难预料，快速成长的机会什么时候到来，但需要在企业内部做好成长准备。

1. 确定目标

在通用电气公司的战略规划中，首要的问题不是“什么市场有着最大的成长潜力?”而是“每一市场的最低成长限度是什么？我们能够赶得上它吗？哪个市场部分（即使在缓慢成长的市场中）为我们提供了最好的机会?”

企业的成长目标必须适当。企业需要把握能在风险和各种资源回报之间取得平衡的各种活动、产品和业务的组合。超过了平衡点，利润率的提高就会使风险大大增加；但低于平衡点，减小风险将会使生产率和利润率急剧下降，从而危及企业的市场地位。

2. 营造氛围

正因为IBM公司为成长做了多年的准备，它才能够在障碍一经消除以后立即开始成长。IBM公司发展的事例表明，一家公司为了能够获得成长能力，就必须在它内部营造一种继续学习的气氛。它必须使得所有成员都愿意准备承担新的、不同的、更重大的责任，并把这看成是理所当然的事。

3. 准备人才

创业者也可以从企业外部引进各类专家或专门人才。但是，从根本上说，成长必须是来自企业内部的，即使是通过兼并收购获得的成长。而且，成长必须建立在公司的核心优势之上。

4. 做好财务规划

必须为建立一个更大的企业做好财务上的规划。否则，当公司开始成长时，公司会发现自己处于财务危机之中，并可能因此使成长遭到挫折。对于中小型企业，即使是规模不大的成长，也会很快就超过企业的财务基础，在人们一般很少注意的领域中提出财务上的要求，使得现有的资本结构安排不起作用。财务战略对成长至关重要，其重要性不亚于产品战略、技术战略和市场战略。

三、新企业的风险控制和化解

创业过程需要承担一定的风险，包括负债、资源投入、新产品和新市场的引入以及关于新技术的投资。承担风险代表着把握机会。从财务角度看，可能的风险和预期报酬总是对应的，高报酬往往意味着高风险，当企业采用财务杠杆或投入资产以期获取高回报时，必须对项目的潜在风险保持高度警惕。德鲁克在《创新与企业家精神》一书中指出，成功的创业者不是盲目的风险承担者，他们采用各种方法降低风险。比如，通过调查、评估等降低不确定性，或者运用在其他领域内经过验证的方法和技术有效降低风险，加强竞争地位。

（一）新企业成长所面临的风险

企业成长面临的风险，根源于环境的不确定性增加和复杂性增强。新创企业缺乏必要的资源、声誉、组织结构、管理和控制系统、企业文化等关键要素，随时挣扎在死亡边缘；同时新兴市场尚未形成明确的需求稳定的供给清晰的市场架构和制度（例如渠道、产品标准、行业组织、企业边界等）；新兴市场的创业活动面对双重不确定性，不仅需要考虑外部不完备的市场，还需要在高度资源约束下创建新企业并确保成长。

1. 不确定性对新企业的挑战

成熟企业采取市场细分—目标市场—市场定位（segmentation-targeting-positioning）模式把握机会。管理者首先需要判断潜在市场，根据目标消费者特征区分成几个独立的细分市场并确定可能的购买力，再根据自身资源情况和预期回报率判断需要进入的市场，然后设计营销战略以占领该市场中尽可能大的份额。

然而，当创业者面临来自外部难以预测环境和内部目标模糊情境时，其创业过程是行动导向和互动成长的。创业者以三个初始条件为出发点：我是谁，拥有哪些特质、品位和独特能力；我了解什么，拥有哪些教育、训练、专长、经验和先前知识；我认识谁，拥有怎样的社会网络和专业网络。在此基础上，创业者判断自己能做什么，积极与熟人或偶然遇到的人互动，争取获得伙伴承诺并使资源不断扩张。最初市场是未知的，无法从市场调查开始，而是基于自己的人际网络，研究表明大部分创业者的第一个顾客是同事或亲戚朋友；通过最初的顾客向外扩展，可能有更多顾客加入，这样逐渐显现一个局部市场。在此基础上市场逐渐扩大，可以通过战略合作，也可以通过其他手段局部累积最终创造出一个新市场。

台湾政治大学科技管理研究所网站上的一篇文章指出，传统产业针对的产品市场生命周期是一个漂亮的钟形曲线，传统的企业管理追求纵向功能性管理，事事讲求如何增加效率与效益、降低成本。然而，在知识经济时代，产品市场的生命周期缩短，重点讲求如何快速进入和退出市场，迅速推出升级产品，竞争的关键转向产品生命周期的前端，新事业、新产品策略包括研发管理、创新管理、知识产权管理等应该成为企业管理的重点。

传统的企业管理理论强调要开展周密的市场调查和预测，要制订合乎逻辑的、严谨的经营计划等，从某种意义上说这只适用于那些拥有确定产品和市场的大公司。80%以上的创业者没有能力也不可能这样做，他们一旦有创业想法，往往在短期内开展创业活动他们要迅速把握机会。如果一切都论证清楚后，把资源都整合齐备了，机会也就没有了。现实世界中，风险和不确定性时时存在并且不可避免，创业初期的企业必须重视这种挑战。

爱文·杜迪克（Evan Dudek）认为在相对稳定的经营环境中，可持续竞争优势是可能获取的，但在动态复杂的不确定环境下，可持续竞争优势只是一种建议的理想状态，是企业非常渴望达到却极少能够实现的状态。建议以“机会创造与利用”（opportunity creation and exploitation）的概念替代可持续竞争优势的概念，这是一种组织上和心理上的应对状态，是追求成功战略假设的心理框架，是资源分配的试金石。机会创造与利用包括四个连续不断的阶段：机会创造与发现；机会识别、突破和利用；机会整合；机会分解与循环。

如果把杜迪克的机会创造与利用概念和约翰·萨瑟兰（John Sutherland）的经营环境分类结合起来，就会看到在不确定的环境中，四个阶段都有很大的变化，对企业的新事业发展以及新创企业的管理都有很好的借鉴作用。不同经营环境下的机会创造与利用情况如表 9-2 所示。

表 9-2　不同经营环境下的机会创造与利用情况

项　目	确定性环境	低可变性环境	高可变性环境	不确定性环境
机会创造与发现	有唯一正确选择，采用持续竞争优势概念	战略假设具有少数几种变化	需要非常多样化的多种假设	大量的假设，检验与产品推出阶段几乎不可区分
机会识别、突破与利用	对唯一正确选择进行大量投资	以若干方法进行适度投资	巩固明显成功	迅速放弃失败的方法
机会整合	设立障碍，利用类似垄断的条件	巩固成功，但不进行长期资源投入	通过检验尽力转向低可变性，保持资产的可移动性	此阶段被精简，在利用阶段已获得利益
机会分解与循环	逐渐系统地撤出资源，转移到相关或类似业务	当检验发现投资收益率可能下降时开始进行分解	随时迅速组织，重新部署资产	在利用阶段的顶峰开始进行分解

可见，在不确定性经营环境中，在初始条件和可能结果之间存在许多可能，也就是存在着无数的战略假设，因此初创企业成功的关键在于迅速放弃失败的方法，有效缩减产品开发的传统阶段，如产品的市场检验和产品推出同时进行，以有效地利用机会。在旧的机会的利用顶端就开始进行另一次机会的发掘工作，而不是等到已有机会的完全发掘。

2. 企业快速成长导致复杂性

初期的企业快速成长往往给企业家在工作和家庭等多方面带来变化。对 Inc. 500 的企业家调查发现，近 90%的企业家感受到快速成长所带来的变化。当问到“出现快速成长后企业最需要什么?”3%的企业家回答需要更多的员工，27%回答需要更多的钱，21%回答需要更好的经营组织和内部程序，10%回答需要有经验的管理人员，7%回答需要更大的场地，3%回答需要寻求建议。总之，伴随着企业快速成长，企业家首先面对的是内外部环境的复杂性。

企业快速成长显然会使顾客和竞争对手数量增加，会吸引各种组织（包括管制机构）的注意力，同时也需要获取更多的资源，企业内部的管理工作似乎“突然间”变得多而且杂乱，起初创业者（往往也是经营者）会加大时间投入以“救火”，但终会因为精力和能力的限制而不得不在组织内部设立各种职能部门和机构。但是，企业的规模急剧扩大，短时间内无法在内部培养和选拔出职能部门所需的全部称职人员，企业不得不招聘新的员工和有经验的管理人员。部门设立了，人员到位了，却没有相应的职责分工和计划控制系统，部门间的协调和配合与“救火式”的管理方式融合在一起，增加了企业整体管理的复杂性企业的快速成长吸引了众多的竞争对手，改变了行业内的竞争状况。行业内的大企业可以凭借资金、技术优势，并依靠其固有的销售网络等条件向成长中的中小企业发起挑战。行业内众多的小企业则会“搭便车”，对产品既不进行创新也不进行广告投入，只是一味地模仿，利用低成本和地域性销售优势抢占市场。众多竞争对手的加入使顾客及供应商有了更多的选择，提高了顾客及供应商的竞价能力，这迫使成长中的中小企业不得不调整市场战略以赢得新顾客和维持已有顾客，快速进行地域市场扩张，而地域扩张必然会受到各地文化、法律和市场环境的影响。这些情况都增加了企业活动所面临的不确定性，进而使企业面临的经营环境变得更加复杂。

环境的复杂性加大了企业的经营风险，同时对企业的经营管理工作提出一系列新的要求。首先是决策能力的提升。企业家的一项经营决策失误往往会导致整个企业经营的失败，例如爱多电器的主要股东纠纷引发爱多公司业务全面危机，巨人集团的巨人大厦决策导致巨人走向衰败。其次是组织运作的规范性与灵活性的兼容。企业要强化基础和规范化管理，但绝不能以丧失灵活性和对环境的适应能力为代价。再次是迅速整合资源。这些都是处于成长过程的新企业所要面临的挑战。所以，对不确定性引起的复杂性进行管理，是新企业成长过程中面临的主要管理问题。

(二) 新企业成长的限制和障碍

从数量上看，创业企业的数量可能很多，但能够实现成长的企业却不多，其中实现快速成长的企业则更少。一个企业不可能无限制地扩张，新企业的快速成长往往会受到内部的管理能力、市场及资金等多方面的制约。

1. 管理能力制约

彭罗斯把企业视为一种有意识地利用各种资源获利的组织过程。认为生产性资源（包括物质资源和人）是任何企业必不可少的，但对企业至关重要的并不是这些要素本身而是对它们的利用，亦即生产性服务。作为一种“功能”或“行动”，“服务”而非“资源”才是每个企业独特性的根源。生产性服务又有“企业家服务”（entrepreneurial services）和“管理服务”（managerial services）两个相对照的部分。前者用来发现和利用生产机会，后者用来完善和实施扩张计划。它们都是企业成长不可或缺的。不过在某种意义上，企业家服务对成长的动机和方向影响更深远，企业家管理是企业持续成长的必要条件。管理能力不足是企业成长的最大障碍，这种观点被称为“彭罗斯效应”（Penrose effect）。

企业在某个时点拥有的管理服务数量是固定的，这些管理服务，一部分要用于目前企业的日常运作（不扩大规模）；另一部分用于扩张性活动，比如开发新产品、开发市场。假定企业的管理队伍不变，在这种条件下，企业成长所需的新增管理服务来自两个途径：第一，随着组织结构的调整，工作程序化的增强，管理服务出现盈余，从而给企业带来持续的增长；第二，所谓“学习效应”由于管理者越来越熟悉企业的经营活动，使其可以在不降低现有工作质量的前提下，以管理服务来支持企业成长。因此，如果管理企业当前事务所需的管理服务与企业规模成一定比例，而且企业扩张所需新增管理服务与扩张规模也成定比例，则企业只能按照这一固定比率成长，否则就会出现管理危机，影响效率。

2. 市场容量的限制

市场是企业得以生存与发展的土壤。企业家创业往往基于创新，包括向消费者推出全新的产品和服务，或对现有的产品服务进行明显的改进。一旦企业实现了初期的快速成长，很快就会有其他企业跟进，它们或者进行简单的模仿，或者向前面创业的企业家一样予以改进和创新，可以说，先进入的企业成长速度越快，跟进的企业就越多，企业家就会在更短的时间内面临激烈的竞争，信息社会和市场开放使这种规律更加明显。

众多竞争对手的加入，使顾客有更大的选择空间。随着新产品在市场经营时间的延长，顾客对产品的成本、价格及众多企业间竞争的情况将了解得越来越充分，竞价能力自然就会变得越来越强，此时的顾客往往要求较高的产品质量或索取更多的服务项目、期待更低的价格。无疑，顾客竞价力增强使成长中的企业不得不调整市场战略以赢得新顾客和维持已有顾客在企业自身方面，新创建企业普遍是在行业内的细分市场创业与经营，随着企业规模的扩大，初期的目标市场容量将无法支撑企业快速发展，企业家必须寻求扩张。企业家一般通过地域扩张或产业延伸等途径实现扩张。企业在地域方面的扩张，往往受各地文化、法律和市场环境的影响；产业延伸则会面临多元化经营等相关的障碍。这些情况都会改变成长中的企业运作环境，环境变得复杂而且很少能够被预测，可预见性减少进一步导致了管理的复杂性。如果企业家不能很好地解决这些问题，市场的局限性就会变得明显，最终像一堵墙一样阻碍企业继续扩张与成长。

3. 资金的约束

企业的快速成长需要企业具备相应的资产，资产的来源主要有两种：负债和所有者权益。因为企业存在最优的负债结构，所以负债的多少取决于所有者权益的多少，进一步说，企业的增长取决于所有者权益的增长。成长的主要表现是销售额的增加，而销售额的增加又要求资产的增加，这就意味着需要更多的资金来增加资产。这样，尽管销售额的增加会为公司带来利润，但总体来看，现金流是负的资金问题也就随之产生。虽然公司可以通过提高财务杠杆来满足资金的需求，但一旦负债容量达到饱和，不能得到新的资金时，就会严重制约企业的成长。

4. 持续创新和战略规划能力的不足

富于创新是推动企业成长的主要动力。企业创立之后，创业者关注的核心问题是销售和生存，他们将大部分的精力和资源都投入到市场的拓展上，初期创新的推动力量会随消费者熟悉程度的增强和竞争对手模仿行为的增多而减弱，在缺乏资金、技术、人力资源和组织保证的情况下，中小企业的创新业绩会减弱，与竞争对手的模仿行为相比，由组织机制带来的改善随着企业的快速成长而显得力不从心，企业的创新机制需要从企业家个人行为转变为组织行为。

生存的压力迫使新创建企业更加注重行动而非战略思考，甚至许多人认为新创企业和中小企业没有也不需要战略。事实上，缺乏战略是制约企业成长的关键因素。

5. 创业者角色转变及管理团队建设的滞后

在企业规模很小、经营业务比较简单的情况下，仅仅依靠经营者个人的努力就可以支撑起企业的运转。但是，当企业规模扩大、经营活动范围扩展、组织层次增多之后，仅仅依靠经营者个人的力量绝对不够，必须依靠企业全体员工的共同努力。因此，随着小企业的发展，适当弱化经营者在小企业经营中的决定性作用，更好地发挥集体的力量，是十分必要的。

适当弱化经营者在小企业经营中的决定性作用，并不是要降低经营者在小企业中的作用，也不是单纯要把企业经营决策权从经营者手中分散给其下属，而是要把经营者个人的贡献转化成集体的成绩，将经营者成功的经营思想转化成企业文化的一部分，将企业融入社会整体之中，使企业的发展与社会的发展同步。这样的企业才真正会具有持久的竞争力量，才会具有长期生存与发展的根基，才能摆脱小企业因规模小而产生的种种困扰。创业元老是在企业创建初期与创业者一道打天下的群体。为了突出创业者的贡献，在报道中经常介绍和强调创业个人的作用，使人产生创业成功往往是创业者个人功劳的错觉。事实上，大多数创业活动都是群体贡献的结果，多数创业伙伴与创业者一同创业，有时一些合作者可能并没有直接参与企业的创建与运营，他们在企业外部提供了很多的支持。

创业元老的处置问题成为我国企业家必须要面对的一道关卡。原因是多方面的，既有创业元老的观念和技能无法适应企业发展的要求，但因为占据决策岗位制约了企业人力资源建设与管理问题；也有因为在创业初期没有明确的书面合作协议，对企业成长缺乏规划，进而在扩张过程中出现了利益冲突等方面的问题；还有由创业元老组成的创业团队成员在企业发展方向及重大经营决策等方面存在严重分歧而引发的创业团队裂变问题等。

（三）成长型企业管理重心的变化

所谓成长型企业，是指那些在一定时期具有持续挖掘未利用资源能力，不同程度地呈现整体扩张态势，未来发展预期良好的企业。在企业生命周期模型中，这些企业已经度过了为生存而战的婴儿期，处在学步期到盛年期之间。成长型企业往往拥有优质的产品或比较成熟的项目，具备较快的发展速度和很大的发展空间，对未来增量发展有着积极的预测，同时也有着宏伟的目标。但成长型企业管理系统比较薄弱，更多依靠的是老板和个人的执行力，主要靠领导的权威推动企业的运作，而不是靠机制去运作。

成长期的新企业与创业初期的新企业相比，在管理上的重点相应发生变化，表现为：

1. 注重整合外部资源，追求外部成长

中小企业的人、财、物资源相对匮乏，注重借助其他（既包括竞争对手也包括合作者）力量发展壮大自身，便显得更加重要。这也是快速成长企业特别擅长的策略。而通过上市获得短缺资源并迅速扩大规模是实现成长的捷径之一。

首次公开发行公司股票（initial public offerings，IPO），是指企业通过证券交易所首次公开向投资者发行股票，以期募集用于企业发展资金的过程。IPO 通常是企业家的梦想，标志着成功、财富和市场的认可。IPO 不仅获得了公司发展所需要的大量资本，它还为企业家创造了大量财富。在资本市场发达的今天，创业者通过在国内国外证券交易所上市，一夜之间创造了许多财富神话。如陈天桥创建的盛大网络公司在美国的 NASDAQ 交易所上市，黄光裕创立的国美集团在香港证券交易所上市，百度公司创始人李彦宏将百度公司成功在 NASDAQ 挂牌交易，都使得这些创业者在短期内实现了数百亿元财富的聚集。

2. 管理好保持企业持续成长的人力资本

快速成长企业的一个共同成功要素是其强有力的人力资源管理。快速成长企业的经营者并不一定要受过高等教育，但他们要雇佣一大批有能力的下属，他们通过构建规模较大的管理团队以便让更多的人参与决策。

（1）良好的工作环境。包括有竞争力的工资收入、利润、良好的工作条件以及健康保险等，因为小企业的员工需要承担企业破产的风险，企业有义务为员工解除后顾之忧。良好的工作环境还包括一些不十分明显的特征，如为员工提供明确、持续的指导，并为他们提供开展工作所必需的各种资源。

（2）成长的机会。成长的机会使员工感到安全，它的表现形式多种多样，对于不同的员工，成长机会代表着不同的事情，或者是晋升，或者是工作丰富化，但人们需要改变一个错误观念，即为员工提供稳定的工作和适度的退休金，员工就会感到安全。员工的安全感来自他们在学校或工作中掌握的各种技术与能力，公司为员工提供的学习技术和能力的机会越多，就越能鼓励员工去学习，同时公司为员工提供的保证未来安全的帮助也就越大。

（3）员工有机会分享公司的成功。小企业所能提供的工资水平总是比不上大企业，更为不利的是，小企业有失败、兼并和被收购的倾向。事实上，小企业的员工总是承担公司的一部分经营风险，一旦企业倒闭，他们的生活也就没了保证。所以，只有让员工分享企业的成功才是公平的办法。一些优秀的小企业采用利润分享计划，即让员工持股，并且可以根据需要随时兑换成现金，就是一种很好地让员工参与利润分享的办法。

3. 从创造资源到管好用好资源

新企业的成长是靠资源的积累实现的。但是，如果企业积累的资源未被企业占有，而是被企业中的个人（不管是创业者、高层管理者还是一般的员工）占有，都必将威胁企业的成长。例如，东方数据公司在某石油物理勘探公司内，主要从事海上及陆地勘探资料的数据处理和地质解释。由于多年的积累和抢先投资购入先进设备，目前的东方数据公司无论在设备的领先程度还是人员的素质和经验方面都走在国内的前列。特别是大型SUN计算机的引进，不仅使公司获得巨大订单，一年内收回投入，也使东方数据公司拥有了自己技术设备方面的核心竞争力，提高了服务的质量和效率水平。因此公司的利润水平始终保持在稳定的较高水平，每年平均都在500万元以上。东方数据公司在地质数据处理及解释行业，已经得到较为广泛的认可，并逐步积累了充足的技术经验与优势。但是由于公司资源被个人占用的情况较为明显，客户管理工作不够周密，以至于造成公司业务和人才的流失，公司自己“培养”了一大批竞争对手。

因此，需要从注重创造资源转向管理好已经创造出来的资源，从资源“开创”到资源的“开发利用”。需要采取必要的措施，管理好客户资源，管理好有形、无形资产，通过现有资源创造最大价值。

4. 形成比较固定的企业价值观和文化氛围

企业价值观是支持企业发展的灵魂，虽然是无形的，却渗透在企业发展的方方面面。大多数快速成长企业都有比较固定的企业价值观，用以支持企业的健康发展。对小企业而言，企业价值观一般是企业创建者自身价值取向的体现，这种取向直接影响着企业的发展。对成功企业的研究表明，在企业发展过程中，只有很少一部分企业根本改变了原有的价值取向，大部分企业的价值观变化甚微。企业价值观的固定性保证了企业发展的稳定性，也便于企业管理者与员工掌握企业发展过程中的关键点。

快速成长企业的创建者非常热爱他们自己所从事的事业，他们审时度势，制订符合社会发展的价值观念，并倾注全部心血使企业的价值观延续下去。

5. 注重用成长的方式解决成长过程中出现的问题

每个企业在成长过程中都会遇到各种各样的障碍，有的企业在障碍面前止步不前，甚至衰败了；有的企业则将阻碍变成动力，适时变革，积极应对，实现了新的发展。通过对企业实际做法的考察发现，差别在于经营者应对障碍的方式方法不同：一般中小企业经营者采取的是被动的方式，用“救火式”的方法应对发生的各种问题，结果是“按下葫芦起来瓢”，问题反而更多、更复杂；企业家则采取了另外的方法，他们注重变革和创新，用成长的方式解决成长过程中出现的问题。

用成长的方式解决成长过程中出现的问题，其本质是推动并领导变革。从快速成长企业的实际经验看，企业家在以下几方面往往表现得更为突出。

(1) 注重在成长阶段主动变革。创新和变革是推动企业乃至社会发展的主要力量，但需要付出成本。企业在创业初期特别是成长阶段实施变革的成本小，因为成长性强可以为企业提供变革所需要的资源，可以吸引优秀的员工，进而减轻来自内部的变革阻力。

（2）善于把握变革的切入点。企业变革不可能一下全面展开，需要科学地把握切入点，由点到面，层层深入。太太药业公司从改变销售政策入手推进变革，海尔集团从砸冰箱树立质量意识入手等都是这种策略的成功典范。这种策略有许多好处，首先是变革的成本比较小，能够发挥探测性研究的功效。其次是见效快。变革的阻力主要是人们对未来发展的顾虑，对变革能成功的可能性持有疑虑。把握好切入点，从局部推进变革，往往可以在短期内取得效果，进而增强人们对变革的信心。再次是这种方式的变革容易被控制，不至于造成失控。

（3）重视人力资源的开发。计划变革但找不到合适的人才实施变革，是企业家在成长过程中经常面临的最大困境。注重人才积蓄，采取更为积极的人力资源政策，注重从内外部广泛挖掘人才，这对变革的成功乃至企业发展来说，是最重要的。

第四，注重系统建设。构建经营系统是企业开展日常经营管理工作的“平台”，建立成功企业的重要任务之一是建立辅助这些日常经营活动的体系——经营系统。弗莱姆兹这样描述经营系统：建立经营系统是为了有效地工作，一个公司不仅要从事生产或服务，而且要合理地管理基本的日常经营活动。这包括会计、制表、采购、做广告、招聘人员、培训、销售、生产、运输和相关系统。企业在创建初期容易忽略经营系统的建立和发展，但随着一个企业在规模上扩大，特别是当规模超过了其组织管道的运作能力，这些系统就会承受到越来越大的压力和紧张。

6. 从过分追求速度转到突出企业的价值增加

前面已经提到，当企业过分追求速度时，往往带来的问题是，销售收入增加很快，而利润却没有增加，企业的价值没有得到增值，因此，当企业成长到一定程度时，企业需要管理好价值链。因此，当企业发展到一定程度时，就需要向价值增加快的方面转移和延展，以获得最大的价值增加。正如“蓝海战略”的核心精髓价值创新，就是对所在行业所提供的传统顾客价值的一种“颠覆式”创新，通过重点打造顾客在意的价值要素，而在其他要素上提供适当价值，剔除不必要的要素，不仅能够为顾客提供卓越的价值感受，还能够使企业以低成本的方式实现获取所谓差异化和低成本的双重好处。

延伸阅读

创业期管理：简单就是撒手锏

新创办公司的管理制度以简单适用为原则。创业期企业主要是抓好人和财两个方面。人事管理方面，制订考勤制度、奖惩条例、薪资方案等制度。财务方面，制订报销制度现金流量以及预算、核算和控制成本等制度。具体操作中，有以下一些建议：

（1）明确企业目标，达成共识。创业者应该将企业的目标清晰化、明确化。有了目标，才有方向，才有一个共同的远景，这种共识能够大大减少管理和运作上的摩擦。

（2）明确“谁听谁的”和“什么事情谁说了算”，并用书面的正式文件规定下来。组织架构设计中最根本的问题就是决策权限的分配。因此明确每位核心成员的职责对管理是否畅通非常关键，否则创业者的兄弟意气会让管理陷入混乱。

(3) 由于创业期规模较小，许多问题都可以直截了当地进行沟通，大家都应遵循开诚布公、实事求是的行为风格，把事情摆到桌面上来讲，不要打肚皮官司。

(4) 在公司内部形成一个管理团队，定期交换意见，讨论诸如产品研发、竞争对手内部效率、财务状况等与公司经营策略相关的问题。一般采取三级管理结构：决策层、管理层、一般员工。

(5) 制订并尽量遵守既定的管理制度。强调人人都必须遵守，不能有特权，也不能朝令夕改。当公司发展到一定的程度并初具实力时，就要意识到自身能力上的缺陷，尽可能聘请一些管理方面的专业人才来共图大业。

(6) 加强财务监控。研究表明，许多初创企业在一年内就倒闭的直接原因是财务管理不善，应收账款中的坏账太多，频频发生流动资金短缺问题。创业者要特别注重财务监控问题，不能简单地把财务管理视作"记账"，要由有专业技能的专人负责，并且有相应的激励机制和评估体系。

(7) 避免社会关系对工作关系的干扰。创业期企业里的员工多半有亲属关系或地缘学缘关系，相互之间有着千丝万缕的社会关系，这些关系在一定程度上影响着企业内正常的工作关系。按规范进行企业管理往往比较困难，规范的制度体系缺乏必要的实施环境。

课堂讨论

1. 试讨论一下，新企业成长容易遇到哪些管理难题？
2. 新企业成长管理的技巧与策略有哪些？

模拟实训

团队任务：

任务 1：调研 2～3 家企业，详细了解其开办过程及在创业阶段遇到的关键事件，讨论其行动策略及对后续成长的影响。

任务 2：针对团队项目，考察 2～3 家新企业的生长过程，对其注册、选址以及处理与利益相关者关系的重要事件进行分析整理。

任务 3：将团队项目资料整合成一份完整的新企业生长过程调研报告。

任务 4：按照互动对象的差异对本团队新企业生长关键性事件进行分类，制作展示 PPT。

任务 5：按照成员分工，对其他团队的至少 2～3 个调研项目（最好是不同行业的创业项目）进行事件过程分析，将时间控制在 3 小时左右，以在练习过程中了解和认识新企业生长过程的关键事件及处理策略与技巧，培养自己的企业家思维方式。

个体任务：

任务 1：掌握开办新企业的流程和管理技巧。

任务 2：熟悉开办新企业常见的问题及解决对策。

任务 3：根据团队分工，进一步搜集自己所负责部分的资料，深化对新企业管理独特性的认识。

本章小结

1. 创业者在决定创办公司时，首先应根据个人实际，结合各种类型企业的责任承担模式，选择合适的企业组织类型。一般来说，个人独资企业和有限责任公司形式比较适合初创企业。

2. 好的名字可以反映公司的文化、理念、个性，为企业树立良好形象提供了前提保证。一个企业名字的好坏对企业的发展影响巨大。

3. 初创企业选址很重要，对于实体型创业企业尤为重要。

4. 合理激励是新创企业留住人才的重要手段，包括薪酬激励、精神激励、荣誉激励事业激励、信任激励和情感激励等多种方式。

5. 创新力和控制力是企业成长的两个关键点。不断培养和发掘两个关键点并处理它们之间的关系，是新创企业走向成功的必经之路。

给大学生的建议

1. 企业管理是企业负责人的必备技能，大学生在校期间就要有意识地学习、补充有关建设、营销、财务等基本企业管理知识。

2. 大学生可充分利用在校期间的创业和实习等机会，注意学习、总结企业管理知识，为以后的创业实践储备必要的实际技能。

3. 人是创业成功的最重要因素，创业不仅对创业者有较高的素质要求，对创业团队成员、企业员工都有较高要求。如何吸引和留住优秀人才是每位创业者必须要思考的重要问题。

4. 大学生在创业时要树立品牌意识，采取有效的营销策略，善于控制成本，能够吸引和留住优秀人才，这是新创企业管理的基本要求。

参考文献

[1] 孙洪义. 创新创业基础[M]. 北京：机械工业出版社，2017.

[2] 李涛. 大学生创新创业导引[M]. 北京：高等教育出版社，2017.

[3] 李秀华. 大学生创新与创业[M]. 长春：吉林大学出版社，2015.

[4] 周鲲鹏. 大学生创新创业基础[M]. 北京：科学出版社，2018.

[5] 李家华. 创业基础[M]. 北京：清华大学出版社，2018.

[6] 李伟. 创新创业教程[M]. 北京：清华大学出版社，2015.

[7] 张德琦. 创造性思维与创新方法[M]. 北京：化学工业出版社，2018.

[8] 冯丽霞，王若洪. 创新与创业能力培养[M]. 北京：清华大学出版社，2013.

[9] 丁欢，汤程桑. 创新与创业教育指导[M]. 南京：南京大学出版社，2015.

[10] 明熙凤. 职业规划与创新创业[M]. 济南：山东人民出版社，2015.

[11] 陈尊厚，王宪明. 创新与创业[M]. 北京：经济科学出版社，2014.

[12] 黄道平，华坚. 创新、创业与就业[M]. 北京：机械工业出版社，2017.

[13] 王艳茹. 创业基础如何教[M]. 北京：清华大学出版社，2017.

[14] 李肖鸣. 大学生创业基础[M]. 北京：清华大学出版社，2018.

[15] 李肖鸣，葛玉辉. 大学生创业评测[M]. 北京：清华大学出版社，2010：113—114.

[16] 彼得·德鲁克. 创新与创业精神[M]. 上海：上海人民出版社，2002：25.

[17] 布鲁斯·R. 巴林格. 创业管理：成功创建新企业[M]. 张玉利等译，北京：机械工业出版社，2006.

[18] 爱文·杜迪克. 战略创新——形成创造性战略的革新思想和工具[M]. 王德忠，译. 北京：机械工业出版社，2003：145.

[19] 朱虹. 创业是希望的种子[N]. 人民日报，2014-02-24.

[20] 燕宏. 大学生创新创业一体化实践平台建设研究[J]. 中国报业，2019(08)：36.

[21] 黎怡姗，吴大放，刘艳艳. 高校大学生创新创业现状及成因分析[J]. 高教学刊，2019(09)：43.

[22] 郝杰，吴爱华，侯永峰. 美国创新创业教育体系的建设与启示[J]. 高等工程教育研究，2016(02)：7.

[23] 马永斌，柏喆. 大学创新创业教育的实践模式研究与探索[J]. 清华大学教育研究，2015，36(06)：99.

[24] 李亚员. 大学生创新创业教育的目标、原则及路径优化[J]. 思想理论教育，

2015(10)：83.

［25］尚大军. 大学生创新创业教育的课程体系构建[J]. 教育探索，2015(09)：86.

［26］徐松美. 新常态下融入“互联网＋”的大学生创新创业[J]. 中国青年社会科学，2015，34(05)：61.

［27］王占仁. 高校创新创业教育观念变革的整体构想[J]. 中国高教研究，2015(07)：75.

［28］王焰新. 高校创新创业教育的反思与模式构建[J]. 中国大学教学，2015(04)：4.

［29］杨晓慧. 我国高校创业教育与创新型人才培养研究[J]. 中国高教研究，2015(01)：39.

［30］邓淇中，周志强. 大学生创新创业教育体系的问题与对策[J]. 创新与创业教育，2014，5(01)：33.

［31］胡桃，沈莉. 国外创新创业教育模式对我国高校的启示[J]. 中国大学教学，2013(02)：91.

［32］王丽娟，高志宏. 大学生创新创业教育研究[J]. 中国青年研究，2012(10)：96.

［33］刘伟. 高校创新创业教育人才培养体系构建的思考[J]. 教育科学，2011，27.

［34］李世佼. 大学生创新创业教育体系的构建[J]. 黑龙江高教研究，2011(09)：119.

［35］蒋德勤. 高校创新创业教育师资队伍建设探析[J]. 中国高等教育，2011(10)：34.

［36］黄林楠，丁莉. 构建大学生创新创业教育模式的探索[J]. 高等工程教育研究，2010(06)：158.

［37］陈希. 将创新创业教育贯穿高校人才培养全过程[J]. 中国高等教育，2010(12)：4.

［38］施冠群，刘林青，陈晓霞. 创新创业教育与创业型大学的创业网络构建——以斯坦福大学为例[J]. 外国教育研究，2009，36(06)：79.

［39］吴泽俊. 高校创新创业教育及其启示[J]. 南昌工程学院学报，2007(05)：18.

教师教学资源服务指南

关注微信公众号“**高教财经教学研究**”，可浏览云书展了解最新经管教材信息、申请样书、下载课件、下载试卷、观看师资培训课程和直播录像等。

课件及资源下载

电脑端进入公众号点击导航栏中的“教学服务”，点击子菜单中的“资源下载”，或浏览器输入网址链接http://101.35.126.6/，注册登录后可搜索相应资源并下载。

样书申请及培训课程

点击导航栏中的“教学服务”，点击子菜单中的“云书展”，了解最新教材信息及申请样书。

点击导航栏中的“教师培训”，点击子菜单中的“培训课程”即可观看教师培训课程和“名师谈教学与科研直播讲堂”的录像。

联系我们

联系电话：（021）56718921　　　　高教社管理类教师交流QQ群：248192102